文化政策学要説

根木 昭・佐藤 良子 =著

悠光堂

はじめに

　今日、文化芸術を取り巻く政治、経済は、大きな変化の様相を見せている。日本にあっては、未曽有の被害をもたらした東日本大震災からの復興を進めるとともに、2020年の東京オリンピック・パラリンピックに向けた準備のさなかにある。視点を国外に向ければ、新興著しい東アジア諸国をはじめ、激しく揺れ動く国際社会の中で、日本は難しい舵取りを迫られている。このような時代において、真に人々の心のよりどころとなる文化芸術は、これまでにもまして重要な役割を果たしていくことが期待されていると言えよう。

　一方、固有の研究領域としての文化政策学は、それほど長い歴史を持つわけではない。日本では1990年頃から、文化経済学、文化経営学（アートマネジメント論）が各々研究分野として発展の緒についたが、これらの先行分野に続き、文化政策学としての研究の本格化は、21世紀に入る頃からとされている。

　これにより、文化政策研究を経済学、経営学の観点にのみ委ねるのではなく、政策学の観点から研究が進められるようになった。同時に、大学において、独立の文化政策関係学部・学科が設置され始めたことも、学問領域としての確立を後押ししたと考えられる。

　この分野において、著者の根木は、『文化政策概論』（共著、1996年）に始まり、『日本の文化政策―「文化政策学」の構築に向けて―』（2001年）、『文化政策学入門』（2010年）等多数の著書により、"実学"としての文化政策学の構築を目指し、自身の研究成果の体系化を図ってきた。

　しかし、上述のように、社会の変化の中で文化政策学もまた、常に新たな課題と向き合うこととなる。その一例が、2012年に制定された「劇場、音楽堂等の活性化に関する法律」である。詳細は本文に譲るが、劇場、音楽堂等の公共性に言及した本法は、経済性、効率性のみに捉われることなく、文化芸術の特質を踏まえた取組を国や地方公共団体に求めたものとして、極めて重要な意義があると考えられる。

　本書は、このような最新の文化政策に関する研究動向を踏まえ、文化政策学の階梯として寄与することを目指し、基本的な事項を吟味する必要性から、発案に至った。さらには、これから文化政策学を学ぶ学生諸君に要点を把握してもらうためには、どのようなテキストが望ましいの

か、という問題意識も込められている。

　本書の構成は、次のとおりである。第1章（担当：根木）では、文化政策の意義と基本的な在り方について、文化芸術振興基本法に基づく解釈及び日本の文化政策の歴史を踏まえ、考察を行っている。第2章（担当：根木・佐藤）では、文化政策の組織、法制と予算について、日本の現実態を概観している。第3章（担当：根木）では、文化政策の基本理念と、二大領域である芸術文化政策及び文化財政策について把握している。以上が日本の文化政策全般に通底する概念あるいは基本的事項について整理した部分と言うことができる。

　続いて、第4章（担当：佐藤、一部につき根木）では、国の第3次「文化芸術の振興に関する基本的な方針」（2011年2月8日閣議決定）に基づき「日本版アーツカウンシル」の試行が開始される等、近時の国の政策の動きを踏まえ、文化芸術活動への「支援行政」の構造を把握している。第5章（担当：佐藤）では、国及び地方公共団体による文化施設の設置と管理・運営、すなわち「設置者行政」の実態を把握し、関係法を踏まえ、現状と課題を分析している。以上は、文化政策の発現形態としての「支援行政」、「設置者行政」の具体的内容について整理した部分である。

　最後に、第6章（担当：根木）では、文化政策をめぐる課題として、文化芸術の「公共性」と「公共財性」の捉え方について考察し、さらに、文化政策の新たな枠組みの構築に向けた展望に触れつつ、締め括りとしている。

　以上のように、本書は"実学"としての文化政策学を最近の動向を踏まえつつ包括的に論じるとともに、大学のテキストとしても活用できることを念頭に、その構成、説明にできる限り配慮した。しかし、著者の一人の途中逝去により、前後若干の不統一がある恐れもある。また、本書で取り扱う内容は、原則として2015年度までのデータに基づくものである。

　このような趣旨及び経緯でまとめられているため、本書の構成と内容については、いろいろな立場からのご批判があろうかと思われる。読者の皆様から、忌憚のないご指摘、ご叱正を賜れば幸いである。

2016年10月

著　者

『文化政策学要説』目次

はじめに　　3

第1章　文化政策の意義と基本的な在り方 （根木昭）

第1節　文化政策の意義　　14

　1　文化政策が対象とする「文化」　　14

　　1－1　文化の一般的な定義　　14

　　1－2　文化の具体的な領域　　16

　　1－3　文化の三つの態様　　17

　2　文化政策の対象領域と機能　　18

　　2－1　五つの対象領域　　18

　　2－2　五つの機能と対象領域との相関　　20

　　2－3　文化政策の二大領域とそのねらい　　22

　3　文化政策の二元構造とその性格　　24

　　3－1　文化政策の三つの発現形態　　24

　　3－2　給付行政と規制行政　　25

　　3－3　二元構造の由来　　27

第2節　文化政策の基本的な在り方　　29

　1　文化政策の主体と内容不関与の原則　　29

　　1－1　文化政策の主体と民間との相互連携　　29

　　　1－1－1　文化政策の主体　　29

　　　1－1－2　民間との相互連携　　30

　　1－2　内容不関与の原則と文化政策形成過程の洗練　　32

　　　1－2－1　内容不関与の原則とその担保　　32

　　　1－2－2　文化政策形成過程の洗練　　33

　2　教育との協調と文化政策の広がり　　34

　　2－1　「文教」への位置付けと分離論　　34

　　　2－1－1　戦後の「文教」への位置付け　　34

　　　2－1－2　教育との分離論　　35

　　2－2　教育との連携と文化政策の広がり　　36

－ 5 －

2－2－1　教育との連携の必要性　36
2－2－2　文化政策の実質的な広がり　38
3　アートマネジメントとの異同　39
3－1　アートマネジメントの提起とその概念・機能　39
3－1－1　アートマネジメントの提起　39
3－1－2　アートマネジメントの概念と機能　40
3－2　アートマネジメントと文化政策の交錯　41
3－2－1　文化政策の発現形態とアートマネジメントの
機能の交錯　41
3－2－2　マクロな面での重なり　42

第2章　文化政策の組織、法制と予算（根木昭・佐藤良子）

第1節　文化政策の組織（根木昭）　46
1　文化庁　46
1－1　文部科学省と文化庁　46
1－2　文化庁の組織　48
1－3　審議会と日本芸術院　50
1－4　文部科学省生涯学習政策局　52
2　独立行政法人　53
2－1　国立文化機関の独立行政法人化　53
2－2　独立行政法人の目的と傘下の機関　54
2－2－1　国立美術館　54
2－2－2　国立文化財機構　55
2－2－3　日本芸術文化振興会　56
3　地方公共団体　57
3－1　都道府県・市町村と文化政策の根拠　57
3－2　首長部局と教育委員会　58
3－3　文化の振興に関する財団　59
第2節　文化政策の法制（根木昭）　61
1　文化に関わる基本法制　61
1－1　文化芸術振興基本法と文化芸術振興基本方針　61
1－2　文化芸術創造享受権　62

１－３　行政組織法の中の文化法制　　64
　２　文化に関わる個別法制　　65
　　２－１　文化の振興に関する法制　　65
　　２－２　文化的所産の保存と活用に関する法制　　67
　　２－３　その他の法制　　69
　３　地方公共団体の文化法制　　70
　　３－１　地方自治法と地方教育行政法　　70
　　３－２　文化振興条例と文化振興計画　　71
　　３－３　文化財保護条例と文化施設設置条例　　72
第３節　文化政策の予算（佐藤良子）　　74
　１　文化庁の予算　　74
　　１－１　国の文化に対する予算　　74
　　１－２　文化庁予算の推移　　76
　　１－３　文化庁予算の内訳　　77
　２　地方公共団体の文化関係経費　　79
　　２－１　地方公共団体の文化関係経費の推移　　79
　　２－２　芸術文化経費における近年の特徴　　80
　３　民間企業等によるメセナ活動　　82
　　３－１　メセナ活動の概要　　82
　　３－２　メセナ活動費の総額と税制優遇による寄附制度　　84
　　　３－２－１　メセナ活動費の総額　　84
　　　３－２－２　税制優遇による寄附制度　　85
　　３－３　芸術文化助成財団の活動　　86

第３章　文化政策の基本理念と二大領域（根木昭）

第１節　文化政策の基本理念と国際文化交流の推進　　90
　１　文化芸術振興の基本理念　　90
　　１－１　最も基底に置かれる理念　　90
　　１－２　文化政策の方向性を示す理念　　91
　　１－３　基本理念の構造　　92
　２　文化政策の理念・目的・目標　　94
　　２－１　文化政策の理念　　94

２－２　文化政策の目的と目標　95
　３　国際的水準の芸術文化と多様性のある地域文化の振興　96
　　３－１　文化形成の歴史的ダイナミズム　96
　　３－２　文化の地理的展開　97
　　３－３　国際的水準の達成と国内的均衡・多様化の推進　99
　４　文化政策を通底する国際文化交流　100
　　４－１　国際文化交流政策の意義　100
　　４－１－１　国際文化交流政策の位置付け　100
　　４－１－２　国際文化交流政策の性格　101
　　４－２　国際文化交流政策の構造　103
　　４－２－１　国際文化交流政策の趣旨・内容　103
　　４－２－２　国際文化交流政策の体系　104
第2節　芸術文化の振興　106
　１　芸術文化政策の意義　106
　　１－１　芸術文化政策の位置付け　106
　　１－２　芸術文化政策の性格　108
　２　芸術文化政策の構造　109
　　２－１　芸術文化政策の理念・目的・目標　109
　　２－２　芸術文化政策の体系　110
　３　選択支援主義の拡大と文化の普及　111
　　３－１　「パラダイムの転換」論　111
　　３－２　選択支援主義の範囲の拡大　112
　　３－３　文化の普及　114
　４　文化発信の基礎と 2020 年東京五輪　114
　　４－１　文化発信の基礎となる考え方　114
　　４－２　文化発信と 2020 年東京五輪　116
　５　地域文化政策との関係　117
　　５－１　地域文化政策の意義　117
　　５－２　地域文化政策の性格　118
　　５－３　国の役割と限界　119
　　５－４　「創造都市論」との関係　120
第3節　文化財の保護　122

1　文化財政策の意義　122
　1－1　文化財政策の位置付け　122
　1－2　文化財政策の性格　124
2　文化財政策の構造　125
　2－1　文化財政策の理念・目的・目標　125
　2－2　文化財政策の体系　126
3　選択保護主義の原則とその拡大　127
　3－1　「文化遺産」の用語の一般化　127
　3－2　文化財の対象範囲の拡大　128
　3－3　文化財の総合的把握　129
　3－4　地域における文化財の総合活用　130
4　文化財に関する国際協力　131
　4－1　世産遺産条約、無形文化遺産条約　131
　4－2　その他の国際協力　132
　4－3　国内制度の国際的な枠組みへの連動　133

第4章　文化芸術活動への支援　―支援行政―
（記名部分を除き佐藤良子）
第1節　国による支援の枠組み　138
1　支援の沿革　138
　1－1　支援の開始から芸術文化振興基金創設まで　138
　1－2　芸術文化振興基金創設から現在まで　140
　　1－2－1　「アーツプラン21」の創設まで　140
　　1－2－2　「文化芸術創造プラン（新世紀アーツプラン）」の
　　　　　　　創設以後　141
　1－3　文化庁と振興会の棲み分けの変遷　143
2　支援の現状　144
　2－1　文化庁　144
　2－2　日本芸術文化振興会　146
　2－3　二元体制による棲み分け　148
3　今後の在り方（根木昭）　150
　3－1　支援の多様化と多重化・多元化の必要性　150

３－２　東京五輪文化プログラムへのアプローチ　152
第２節　日本芸術文化振興会による支援の構造　154
　１　支援事業の全体的な構造　154
　　１－１　支援事業の目的と性格　154
　　　１－１－１　文化庁の文化芸術振興費補助金による事業　154
　　　１－１－２　芸術文化振興基金による事業　155
　　１－２　支援事業の体系　157
　２　舞台芸術を中心とする支援事業の枠組み　158
　　２－１　対象となる団体と実績　159
　　２－２　対象となる活動　160
　　　２－２－１　トップレベル事業　160
　　　２－２－２　基金事業　161
　　２－３　対象となる経費　161
　３　「日本版アーツカウンシル」の試行とPD・POの役割　163
　　３－１　PDCAサイクルの重視とPD・POの導入　163
　　３－２　審査の仕組みとPD・PO　164
　　３－３　事後評価等とPD・PO　164
　　３－４　PD・POの機能・役割と今後の課題　165

第5章　文化施設の設置と管理・運営　—設置者行政—
　　　　　　　　　　　　　（佐藤良子）

第１節　国の文化施設　169
　１　設置者行政の一般的意義　169
　　１－１　意義と構造　169
　　１－２　文化施設の運営形態　170
　２　国による文化施設の設置・運営　172
　　２－１　国が文化施設を設置・運営する意義　172
　　２－２　国立の博物館・美術館とその設置主体　173
　　２－３　国立の劇場とその設置主体　174
　３　国立劇場とその活動　175
　　３－１　国立劇場の沿革　175
　　３－２　各施設と主たる公演　176

3－3　事業の概要　177
　4　新国立劇場とその活動　178
　　4－1　新国立劇場の沿革　178
　　4－2　三つの劇場とその特徴　179
　　4－3　事業の概要　180
第2節　地方公共団体の文化施設　183
　1　公立文化施設の成り立ち　183
　　1－1　前身としての公会堂　183
　　1－2　公立文化施設の広がりと専用ホール化　184
　　1－3　設置者行政の主体の変遷　185
　　1－4　公立文化施設と公民館　186
　2　公立文化施設の運営の基盤　187
　　2－1　設置目的と運営方針の明確化　187
　　　2－1－1　明確化の要請　187
　　　2－1－2　劇場法における明示　188
　　2－2　専門的人材の配置　189
　　　2－2－1　専門的人材配置の流れ　189
　　　2－2－2　劇場法における明記　190
　3　公立文化施設の類型と利用の実態　191
　　3－1　芸団協と公文協による類型化　191
　　　3－1－1　芸団協　191
　　　3－1－2　公文協　192
　　3－2　施設利用の実態と類型との相関　193
第3節　劇場、音楽堂等の現状と課題　195
　1　地方自治法上の「公の施設」と指定管理者制度　195
　　1－1　公の施設　195
　　1－2　指定管理者制度の導入　196
　　1－3　「営造物」性の再確認の必要性　198
　　　1－3－1　営造物と公の施設　198
　　　1－3－2　「公の施設」概念による認識の変化　199
　　　1－3－3　「施設」から「機関」へ　200
　2　「劇場法」の制定　201

2－1　「劇場法」の意義　201
　　2－2　劇場、音楽堂等の定義　202
　　2－3　劇場、音楽堂等の事業　203
　3　劇場、音楽堂等への支援と課題　204
　　3－1　支援の構造　204
　　3－2　劇場、音楽堂等の課題　206

第6章　文化政策をめぐる課題 （根木昭）

第1節　文化芸術の「公共性」と「公共財性」　211
　1　実定法及び行政計画における捉え方　211
　　1－1　公共性　211
　　　1－1－1　文化芸術振興基本法　211
　　　1－1－2　文化芸術振興基本方針　212
　　　1－1－3　基礎となる文化審議会答申　214
　　1－2　公共財性　215
　　　1－2－1　文化芸術振興基本方針　215
　　　1－2－2　文化財保護法と劇場法　216
　2　経済学上の捉え方と法学上の概念の借用　218
　　2－1　経済学上の「外部性」概念とその限界　218
　　　2－1－1　経済学諸家の見解　218
　　　2－1－2　「外部性」概念の限界　219
　　2－2　法学上の「総有」概念の借用　220
　　　2－2－1　共同所有の三形態　220
　　　2－2－2　「国民全体の社会的財産」　221
　　　2－2－3　文化芸術の「総有」　222
第2節　文化政策の二元構造の克服　225
　1　文化の新たな三態様　225
　　1－1　「芸術文化」の再構成　225
　　1－2　「生活文化」の再認識　227
　　1－3　「環境文化」の新措定　228
　2　「二元的把握」に関する課題　230
　　2－1　「創造・発展」と「保存・継承」の"連続性"　230

－ 12 －

2－2　「給付行政」と「規制行政」の"近接性"　231
　　2－3　「管理・運営」における二系列の"融合"　233
　3　文化政策の新たな枠組みの構築に向けて　234
　　3－1　文化の新たな三態様を基礎とする把握　234
　　3－2　二元構造の相対化　235
　　3－3　新たな枠組みへの布石　237

参考資料　241

参考文献　299

索　引　303

第1章　文化政策の意義と基本的な在り方

第1節　文化政策の意義

　文化政策が対象とする「文化」は、文化芸術振興基本法に基づき政府が策定する「文化芸術の振興に関する基本的な方針」において、「人間が理想を実現していくための精神の活動及びその成果」として、その定義付けがなされている。

　また、文化政策は、五つの対象領域（文化の振興と普及、文化財の保護、著作権の保護、国語の改善、宗務行政の運営）、五つの機能（文化の頂点の伸長、文化の裾野の拡大、文化財の保存と活用、文化の国際交流の推進、文化の基盤の整備）として把握される。五領域は有機的に関連するとともに、五機能とも相関関係にある。また、文化政策は、「文化の振興と普及」及び「文化財の保護」の二大領域を中心に展開されている。

　そして、この文化政策の二大領域においては、支援行政、保護行政、設置者行政という、三つの（政策の）発現形態が見られる。また、給付行政、規制行政という、二つの異なる性格が混在している。

　現実の文化政策は、この二大領域を基礎とする二元構造となっている。すなわち、欧米起源の芸術文化を含め多様な展開をしている"近現代文化"の創造・発展と、我が国固有の"伝統的文化"の保存・継承の二系列から構成されている。この二元構造は、それなりの合理性があって成立したといえるが、今後は、これを再構成することが求められる。

1　文化政策が対象とする「文化」

1－1　文化の一般的な定義

　文化芸術振興基本法（以下「基本法」という）に基づいて政府が策定する「文化芸術の振興に関する基本的な方針」（以下「基本方針」という）では、「文化」を次のように定義している[1]。

　すなわち、最も広義の文化は、「人間の自然との関わりや風土の中で生まれ、育ち、身に付けていく立ち居振る舞いや、衣食住をはじめとす

る暮らし、生活様式、価値観等、およそ人間と人間の生活に関わる総体を意味する」とする。しかし、この意味の文化を政策の対象とすると、極めて広範多岐にわたり、いわば政策全般に及ぶことになるため、“文化政策が対象とする文化”は、「人間が理想を実現していくための精神活動及びその成果」として捉えている。

いずれも、文化の一般的な定義といえるが、後者すなわち“文化政策が対象とする文化”は、人間の精神的な活動、とりわけ創造的な営為とそれから得られた成果という点に範囲が画されている。次項で見るように、この定義をもとに文化の具体的な領域が導き引き出されている。すなわち、①芸術文化、生活文化、国民娯楽といった文化の態様と、②文化財、著作権、国語、宗教など文化の諸領域を横断する事象ないし概念との、二つの観点から認識されている。

一方、上記の基本方針の根拠となる基本法は、「文化芸術」の語を使用している。しかし、この文化芸術についての定義は、同法ではなされていない。基本方針は、基本法第7条に基づいて政府が定める行政計画である。基本方針の中で定義された「文化」が、基本法が使用している「文化芸術」と同義かどうかは必ずしも明確ではないものの、同方針全体の文脈をたどっていく限り、「文化」と「文化芸術」は、おおむね同じ意味で用いられていると考えられる。

そもそも基本法は、はじめ「芸術文化基本法（案）」として国会に上程されたが、“芸術文化”の語は、芸術を中心とする文化という意味や、芸術そのものを指す場合もあるため、文化全般を含むことを明確にするとともに、芸術も前面に出した方がよいとの配慮から、最終的に現在の名称に落ち着いたものと考えられる。提案者も、「芸術を中心とする文化として受けとめられる芸術文化ではなくて、それぞれの分野が並立なものとしてとらえられる文化芸術とした」と説明している[2]。

このような経緯にかんがみ、基本法の文化芸術は、“芸術を含む文化”と同じ意味と考えてよい。それとともに、文化芸術という語は、文化と芸術を一連のものとして捉えることによって、芸術の創造性も前面に出ることになり、政策対象としての文化の意味がより端的に表されるものとなっている。今日の文化政策においては、従来の「文化」に代わり、このような法律上の用語である「文化芸術」が使われることが多くなっ

ているが、それは、以上のような理由によるものと考えられる。

いずれにしても、基本方針の「文化」に関する定義は、同時に、基本法にいう「文化芸術」についての定義と見なして差支えないであろう。

1-2　文化の具体的な領域

以上は、文化ないし文化芸術（以下「文化」の語に包括する）の一般的な定義であるが、文化は多くの領域（ジャンル）をその中に含んでいる。また、各領域を横断するような事象ないし概念として表されることもある。文化政策においては、文化の具体的な領域を、次のように認識している。

旧文部省設置法では、政策対象としての文化を、「芸術及び国民娯楽、文化財保護法に規定する文化財、出版及び著作権その他の著作権法に規定する権利並びにこれらに関する国民の文化的生活向上のための活動をいう」と定義していた（第2条第9号）。そして、この規定と旧文部省組織令、旧文部省設置法施行規則の諸規定を総合的に勘案し、旧設置法の下では、文化の具体的な領域は、「芸術文化」、「生活文化」、「国民娯楽」、「文化財」、「国語」及び「著作権」と捉えていた。

「生活文化」と「国語」は、上記の旧文部省設置法の定義の中で明記されていないが、旧文部省組織令第97条の地域文化振興課の所掌事務に「生活文化」が規定され、また、旧設置法第5条第82号で「国語の改善と普及」が位置付けられているため、この二領域も文化の具体的な領域として把握されていた。

現行の文部科学省設置法には、この文化の定義は存在しないが、旧法の定義がほぼ踏襲されていると考えられる。

また、文化芸術振興基本法では、文化芸術の具体的な領域として、芸術（第8条）、メディア芸術（第9条）、伝統芸能（第10条）、芸能（第11条）、生活文化・国民娯楽・出版物等（第12条）、文化財等（第13条）、国語等（第18条、第19条）、著作権等（第20条）を挙げて規定している。これに見るように、同法でも、芸術文化をさらに、芸術、メディア芸術、伝統芸能、芸能に細分しているほかは、旧文部省設置法及び現文部科学省設置法と同じ捉え方をしていると考えてよい。

なお、宗教に関しては、これを文化の範囲に加えると、文化の振興と

－ 16 －

いう場合に宗教の振興につながり、無宗教の自由との関係で、憲法第20条の信教の自由に抵触するおそれがあることから、文部科学省設置法は（旧文部省設置法も）、宗教を形式上の文化の範囲から除いている。しかし一方で、文化庁の任務には加えており（文部科学省設置法第3条、第18条）、その意味で、実質上は文化の範囲に取り込んでいるといえる。また、文化芸術振興基本法は、文化芸術の振興に係る法律であるため、上記と同様の理由から、そもそも宗教については規定していない。

　このように、文化の具体的な領域は、①芸術文化、生活文化、国民娯楽といった文化の態様（文化芸術振興基本法では、芸術文化をさらに、芸術、メディア芸術、伝統芸能、芸能に細分）と、②文化の諸領域を横断する事象ないし概念（文化財、著作権、国語、宗教等）の、二つの観点から捉えられている。ただし、文化芸術振興基本法案に対する国会の附帯決議でも指摘されているように、文化の範囲はこれに限定されることなく、文化のあらゆる分野が含まれると考えられる[3]。

1−3　文化の三つの態様

　以上に見たとおり、文化政策においては、「文化の態様」を、芸術文化、生活文化、国民娯楽の三つに整理し、それぞれ次のように認識している。「芸術文化」とは、文学、音楽、美術、演劇、舞踊、伝統芸能、映画等の各ジャンルを含み、文化の精華としてその上部構造を形づくるものである[4]。「生活文化」とは、茶道、華道、香道、礼法等の生活芸術、盆栽、盆石、錦鯉、料理、服飾、室内装飾等の生活全般にわたる文化をいう[5]。「国民娯楽」とは、囲碁、将棋等の健全な娯楽を指すものとする[6]。

　そして、これらは、図式的には、芸術文化を頂点とし、その下に、生活文化と国民娯楽が上下関係又は並列関係として位置し、全体として三層又は二層構造の体系として理解されているもののようである。

　後述するように、これら文化の三態様は、文化政策の対象領域の一つである「文化の振興と普及」（＝芸術文化政策）の主要な内容となっているが、今一つの重要な対象領域である「文化財の保護」（＝文化財政策）の中では、かなり疎遠な位置付けとなっている。

　しかし、文化財政策の対象となる有形文化財及び無形文化財は、芸術上価値の高いものが中核となっており（文化財保護法第2条第1項第1

号、第2号)、その意味で、これらは芸術文化そのものとしても捉えられる。

　また、文化財政策では、生活文化である有形・無形の民俗文化財の保護が図られている。これら民俗文化財は、ともすれば過去のものとされ、現在の生活文化とは切り離されがちであるが、全国各地に残る祭礼行事や民俗芸能は、今なお地域の生活に結びついており、地域文化の重要な部分を形づくっている。自治体文化行政では、生活文化をまちづくりまで含む広い観点から捉えており、かつての文化庁の文化政策推進会議も、生活文化とは、「人が生活するに当たって限られた時間・空間・ものを使って織りなす暮らしのスタイル」(1992年報告)との認識を示した[7]。

　このため、民俗文化財については、文化財政策のみならず、生活文化の側面を担うものとして、芸術文化政策の対象とすることが求められる。また、上述の文化政策推進会議による生活文化の捉え方に沿って生活文化を広く捉えるとともに、国民娯楽は生活文化に含めて再構成することが適当と考えられる。

　さらに、文化財政策における不動産文化財の保護は、新たな人文的景観＝環境文化の創出につながっている。この点については、これまで文化政策の観点から論じられることはなかったが、新たに環境文化という態様を考えることが要請される。また、博物館・美術館、劇場・音楽堂等の文化施設は、都市景観の重要な部分を形成している。従って、これらの文化施設も、環境文化の観点から捉えることが求められる。

　以上のことから、今後は、「芸術文化」、「生活文化」、「環境文化」の三つの態様を措定し、《芸術文化の振興》、《生活文化の形成》、《環境文化の醸成》という観点から、文化政策を再構築していくことが求められる。この新たな文化の三態様については、改めて第6章第2節で考察することにする。

2　文化政策の対象領域と機能

2－1　五つの対象領域
　現在、国＝文化庁による文化政策の"対象領域"は、「文化の振興と普及」、「文化財の保護」、「著作権の保護」、「国語の改善」及び「宗務行

政の運営」の五領域からなる。これらの各領域は、図 1-1 に示すように、文化創造のプロセスにおいて密接に関連している。

人間の根底にあって、文化創造の原動力である「思想・信条」、「信仰」及び「情動」によって「創造活動」が展開され、その所産である「創造物」が創成される。

創造物のうち、質の高いものは、思想・信条、信仰に影響を与え、情動を刺激し、それによって創造意欲が触発され、より質の高い創造活動が展開されていく。このような循環の過程を、文化の「普及」（及びその効果）として捉えることができる。また創成された創造物で価値あると認められ、文化財ないし文化遺産として定着したものは、保存によって世代を超えて継承され、これを活用することによって、思想・信条、信仰と情動を刺激し、新たな創造活動を導いていく。この循環の過程を、文化の「伝承」（及びその効果）の名で呼ぶことができる。

これらの循環の速度が速ければ速いほど創造活動は活発化し、また、循環の環が大きくなればなるほどその規模が拡大し、全体として文化の水準を向上させていくことになる。

創造活動と普及・伝承の過程で、手段として使用され、結果として表出するのが「言語（国語）」である。国語は、国民の生活を形づくる根源的な要素であり、その国の文化の表層に位置するとともに、文化そのものの表出でもある。また、創造物は、これを生み出した人の人格的・財産的価値の結晶であり、多くの労力を費やしてもなお創造活動への意欲を喚起させるためには、創造者にこれについての「権利（著作権）」を認め、保護することが必要である。著作権の制度は、文化の創造が活発に行われるための基礎ないし基盤を提供するものである。

文化政策の五つの対象領域は、このプロセスの各局面において相互に関連付けられながら、それぞれの方向に展開されている。

すなわち、図中の「創造」と「普及」に関わる部分は「文化の振興と普及」、伝承に関わる部分は「文化財の保護」として展開され、「著作権」及び「国語」についても、それぞれ固有の領域が形成されている。そして、「信仰」に関わる部分は、宗教活動が組織的活動として行われることから、宗教団体に法律上の人格を付与し、その適正な運営が図られるための指導助言を行うこととして、「宗務行政」の範疇が成立している。

各領域の発現の在り方ないし方向は異なるが、以上のように、"文化の創造"という側面で有機的に関連し、これを原点としながら多面的に展開する構造となっている。

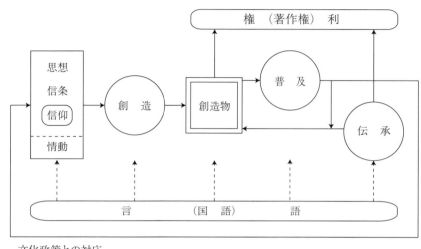

作成：根木昭
図 1-1　文化創造のプロセスと政策対応の枠組み

２－２　五つの機能と対象領域との相関
　文化政策は、その"機能"という観点から捉えれば、「文化の頂点の伸長」、「文化の裾野の拡大」、「文化財の保存と活用」、「文化の国際交流の推進」及び「文化の基盤の整備」の五つの機能として認識される。
　文化政策は、「文化の頂点の伸長」と「文化の裾野の拡大」を、縦軸・横軸にして展開されている。文化の頂点の伸長とは、文化の精華である芸術の振興を指す。芸術は、文化一般を牽引し、その水準は、一国の文化の質を象徴的に表すものといえる。文化の裾野の拡大は、地域文化の振興と重なり合い、これには、文化の均霑（＝文化格差の是正）

と地域文化の自律性の確立の両面が含まれる。文化の裾野の拡大によって、文化の頂点はおのずから高まり、頂点の高まりはまた、文化一般の水準を引き上げ、裾野をさらに押し広げる。両者の相互作用により、全体として文化の向上が図られていく関係にある。

「文化財の保存と活用」は、後述するように、対象領域「文化財の保護」を機能面から捉えたものである。保護の内容には、保存と活用の両面が含まれる。対象領域では保護という包括的な語を使用し、機能面では保存と活用に分けて用いたものである。

「文化の国際交流の推進」は、我が国の文化の幅を広げ、これに厚みと深みを加えるとともに、芸術の創造活動に刺激を与え、その発展を助長する。そこでは、我が国の芸術創造活動が、国際場裡において評価に値するものとなることが期されている。

「文化の基盤の整備」は、文化の創造・発展、保存・継承のための基礎の確立という広範な側面を担う。文化芸術団体等の組織の形成、文化芸術施設等の物的基盤の整備、文化芸術に係る情報システムの整備、文化芸術を担う人材の育成などを内容とする。

前項の五つの対象領域とこれら五つの機能は、図1-2に見るような相互の対応関係となっている。

対象領域「文化の振興と普及」においては、「文化の頂点の伸長」と「文化の裾野の拡大」を中心に、「文化の国際交流の推進」、「文化の基盤の整備」が機能として発揮される。なお、細かく見れば、対象領域「文化の振興と普及」の中の〈芸術の振興〉が「文化の頂点の伸長」に、〈文化の普及〉が「文化の裾野の拡大」に対応する。

対象領域「文化財の保護」においては、「文化財の保存と活用」を中心に、「文化の国際交流の推進」、「文化の基盤の整備」の機能が含まれる。前述したように、保護の内容には保存と活用の両面が含まれるため、機能の面ではこれが分けて用いられる。

その他の三領域は、「文化の基盤の整備」に包括されるが、「著作権の保護」は、「文化の頂点の伸長」、「文化の裾野の拡大」、「文化の国際交流の推進」にも関係する。

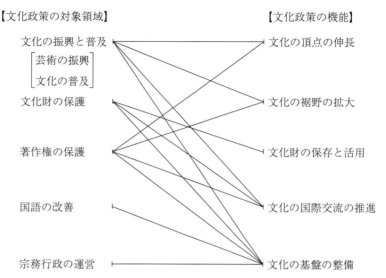

作成：根木昭
図1-2　文化政策の対象領域と機能との相関関係

2－3　文化政策の二大領域とそのねらい

　文化政策の対象五領域のうち、「文化の振興と普及」と「文化財の保護」の二大領域が、文化政策における双璧をなすといってよい。

　「文化の振興と普及」の領域では文化芸術の「創造・発展」を、「文化財の保護」の領域では文化芸術の「保存・継承」を究極のねらいとする。また、前者は、文化政策（行政）の発現の形態では「支援行政」として現れ、その性格は「給付行政」である。一方、後者は、発現の形態では「保護行政」として現れ、その性格は「規制行政」である。さらに、両者に共通するものとして、「設置者行政」の発現形態があるが、この性格は「給付行政」といえる。

　「支援行政」、「保護行政」及び「設置者行政」、「給付行政」及び「規制行政」については次項で詳述し、ここでは、二大領域がねらいとする「創造・発展」と「保存・継承」を中心に整理することとする。

　まず、「創造・発展」とは、文化芸術に対し、創意工夫による新たな創作活動の推進とそれによる当該分野の発展を主体とする作用である。前述のように、「文化の振興と普及」の領域における究極のねらいとい

える。

　ところで、「文化の振興と普及」は、さらに〈芸術の振興〉と〈文化の普及〉に分けられる。前者は、芸術文化の「創造・発展」を直接的に担うものであり、狭義の芸術文化政策として重要な領域を形成している。後者には、前述したように、文化の均霑すなわち文化格差の是正と、地域文化の自律性の確立の両面が含まれ、地域文化政策の主要な内容をなしているが、普及を通じて「創造・発展」を間接的に担っている。「文化の振興と普及」の全体—すなわち、〈芸術の振興〉と〈文化の普及〉を含む—は、広義の芸術文化政策として捉えられる[8]。

　いずれにしても、「文化の振興と普及」の対象領域では、後述する「支援行政」として発現し、「創造・発展」は、この支援行政により実現される内容ということができる。

　次に、「保存・継承」とは、文化財の持つ価値（後述するように、文化遺産にはオーセンティシティ、自然遺産にはインテグリティの概念が用いられる）の維持・継承を主体とする作用である[9]。前述のように、「文化財の保護」の領域における究極のねらいである。

　「文化財の保護」は、明治以来の長い歴史を有し、文化財政策として文化芸術の「保存・継承」を担って展開されている。文化財政策は、文化財保護法の運用を中心に推進されており、世界的に見てもその先駆性は高く評価される。

　そして、「文化財の保護」の対象領域では、後述する「保護行政」として発現し、「保存・継承」は、この保護行政により実現される内容ということができる。

　我が国の文化政策は、「文化の振興と普及」と「文化財の保護」の二大領域を基礎に、次項に述べるような二元構造として展開されている。なお、後述するように、この二大領域による二元構造は、非欧米諸国にあっては、近代化の過程で採らざるを得なかった枠組みであるが、今後は、この構造を相対化し、新たな地平を開拓していくことが望まれる。

3　文化政策の二元構造とその性格

3－1　文化政策の三つの発現形態

　前項で述べた「文化の振興と普及」と「文化財の保護」の二大領域は、①支援を中心とするか、保護を中心とするか、②給付的性格を持つか、規制的性格を持つか、などの性格上の違いとなって現れている。いわば、この二大領域は、それぞれ別の系列をなしている。その意味で、後述するように、我が国の文化政策は二元構造となっている。ここでは、文化政策の発現形態の側面から、二大領域の性格の違いを整理してみよう。

　文化政策は、これを法的側面から見れば、文化行政法の内容として把握され、文化行政の語に置き換えることができる。そして、文化政策における「文化の振興と普及」及び「文化財の保護」の二大領域では、「支援行政」、「保護行政」及び「設置者行政」が、文化政策（行政）上の具体的な"発現形態"として現れる。

　「支援行政」とは、文化芸術の創造・発展を図るため、国又は地方公共団体が、民間の文化芸術機関（文化芸術団体、文化芸術施設）に対して支援し、その発展を図る形態の行政をいう。我が国では民間の文化芸術団体の活動が主体であるため、文化政策において、これらに対する支援行政は重要な地位を占めている。

　前述したように、文化政策の対象領域の「文化の振興と普及」には、〈芸術の振興〉と〈文化の普及〉が含まれ、前者では「文化の頂点の伸長」の機能が、後者では「文化の裾野の拡大」の機能が、それぞれ発揮されることになる。そして、これらの機能を発揮するための行政的な発現が「支援行政」である。すなわち、「支援行政」は、「文化の振興と普及」の領域における中核的な内容をなすものといえる。なお、「支援行政」は、文化芸術の「創造・発展」の側面を担うものであることはいうまでもない。

　「保護行政」とは、文化財の保存・継承を図るため、国又は地方公共団体が、文化財を指定・選定・登録・選択し[10]、及び無形の文化財の保持者・保持団体を認定し、有形文化財の場合はその所有者に対し、無形の文化財の場合はその保持者・保持団体等に対し一定の制約を加えるとともに、支援を図る形態の行政をいう。

第1章　文化政策の意義と基本的な在り方

　文化政策の対象領域の「文化財の保護」においては、「文化財の保存と継承」という機能が発揮される。そして、この機能を発揮するための行政的な発現が「保護行政」である。従って、「保護行政」は、対象領域「文化財の保護」の主要な内容をなすものといえる。また、「保護行政」は、文化芸術の「保存・継承」の側面を担うものである。

　以上に対し、「設置者行政」とは、文化芸術の振興・普及を図るため、国又は地方公共団体が、文化芸術機関（文化芸術施設、文化芸術団体）を設置し、その管理・運営を図る形態の行政をいう。「管理・運営」とは、設置者行政において示された文化芸術機関の理念・目的・目標の実現を図ることを主体とする作用である。

　文化芸術機関の設置（及び管理・運営）は、「文化の振興と普及」、「文化財の保護」のいずれの対象領域にも共通するとともに、「文化の基盤の整備」という機能として発揮される。その意味で、「設置者行政」は、支援行政、保護行政とは別異のものであるが、これらと連動し、又はこれらを包含することもあり得る。

3－2　給付行政と規制行政

　ここでは、「文化の振興と普及」、「文化財の保護」の二大領域の相違を、給付行政的性格を持つか、規制行政的性格を持つか、という観点から整理することとする。

　前述したように、文化政策は、文化行政法上は文化行政として認識されるが、文化行政はまた、「給付行政」と「規制行政」という二つの性格を持つ。

　「給付行政」とは、社会保障行政、資金の助成行政、施設の供給行政など、国民の生存に配慮し、又は国民の利益を増進する公行政のことであり、行政と相手方とは、契約関係、継続的関係、協力・協調関係にあり、双方の立場は対等である。一方、「規制行政」とは、国民の権利を制限したり、義務を課したりする公権的行政のことをいい、相手方に対する行政行為（処分）として一方的に発現され、かつ一過性で相互に対抗関係に立っている。

　給付行政における契約関係とは、純然たる民法上の契約ではなく、行政上の契約としての性格を持つため（手続上の流れは「要綱」として定

－ 25 －

められることが多い）、一定の制約を伴うが、一方的な行政行為（処分）とは異なり、基本的には双方が対等の立場に立っている。継続的関係とは、助成金の交付や施設の供与は一過性のものでなく、ある一定期間継続する関係として成立していることを指す。協力・協調関係とは、給付主体（行政）とその相手方が、規制行政におけるような対立関係にあるのではなく、同一方向を目指した両者の合同行為ともいい得る性格を持つことを指す。

　なお、給付行政に対する相手方の権利性としては、社会保障や公企業の利用のように、一定の給付への権利が保障されている場合と、企業や文化団体への助成、自由な使用に供される文化施設を含む公共施設のように、営業や文化活動の自由が存在するのみで、給付への権利性が希薄な場合があると解されている[11]。

　対象領域「文化の振興と普及」では、前述したように、主として「支援行政」として現れ、文化芸術の「創造・発展」を実現の内容とするため、その性格は、文化芸術活動への助成を中心とする「給付行政」である。また、「設置者行政」としても現れるが、これも文化施設の提供等の「給付行政」に相当するといってよいであろう[12]。

　なお、給付行政にあっては、行政指導として発現する場合が少なくないため、文化行政においては、行政過程全体の流れの中で、その適正な形成と発動が求められる。

　一方、対象領域「文化財の保護」では、前述したように、主として「保護行政」として現れ、文化芸術の「保存・継承」を実現の内容とし、行政行為（処分）（指定等）に伴い、相手方に一定の受忍義務を負わせるため、その性格は「規制行政」である。また、ここでも「設置者行政」としても現れるが、この点に関する限り、「給付行政」としての性格も併せ持っているといえる[13]。

　なお、「文化財の保護」においては、規制行政が中心であるとはいえ、文化行政としての観点から相応の修正を試みることも必要と考えられる[14]。

　以上のように、原則として、「支援行政」（＝創造・発展）は「給付行政」に、「保護行政」（＝保存・継承）は「規制行政」に、それぞれ相当すると考えてよいであろう。

第1章　文化政策の意義と基本的な在り方

3−3　二元構造の由来

　これまでに見たとおり、我が国の文化政策は、大きくは、次のとおり、二大領域を中心とする二系列からなる二元構造として把握される。

　また、機能の「文化の基盤の整備」の一環をなす「設置者行政」も含めて詳細に示せば、図1-3のように表される。なお、この図中では、「創造・発展」、「保存・継承」、「管理・運営」について、アートマネジメントの機能としても表記しているが、この点については第2節第3項で触れる。

○対象領域：「文化の振興と普及」
⇒機能：「文化の頂点の伸長」（芸術の振興）、「文化の裾野の拡大」（文化の普及）
⇒発現形態：「支援行政」（及び「設置者行政」）
⇒作用／実現の内容：「創造・発展」
⇒性格：「給付行政」

○対象領域：「文化財の保護」
⇒機能：「文化財の保存と活用」
⇒発現形態：「保護行政」（及び「設置者行政」）
⇒作用／実現の内容：「保存・継承」
⇒性格：「規制行政」（及び「設置者行政」の面では「給付行政」）

　対象領域「文化の振興と普及」の系列は、欧米起源の芸術文化を含め、今日多様な展開をしている“近現代文化”の創造・発展を担うものである。一方、対象領域「文化財の保護」の系列は、我が国固有の“伝統的文化”の保存・継承を担うものといってよい。

　非欧米諸国にあっては、近代を迎え、欧米文化の受容による普遍化の方向と自国文化の保護による個性化の方向の相克に直面した。我が国の文化政策が二元構造を採っている所以も、明治維新（1868年）以来、普遍化と個性化の止揚・融合を目指す芸術文化政策（＝前者の系列）と、主として個性化の方向を目指す文化財政策（＝後者の系列）が、系列を異にして定着した結果によるといえる。

− 27 −

従って、この二元構造は、成立の経緯からしてそれなりの合理性があり、現に文化政策の責任官庁である文化庁の行政組織も、これに沿った構成となっている[15]。

　しかしながら、このような二元構造は、今後改めることが求められる。それは、これまでにも触れたように、文化の三態様を、「芸術文化」、「生活文化」、「環境文化」として捉え直し、それを基礎として二元構造を相対化し、新たな枠組みを構築する時期にきていることによる。このことは、第6章第2節において、今後の課題として触れることとする。

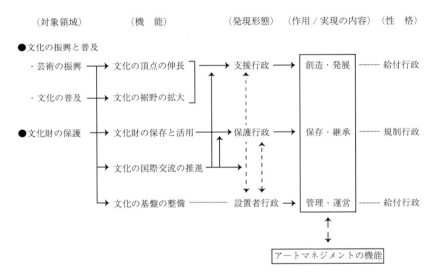

作成：根木昭
図1-3　文化政策の二元構造

第1章　文化政策の意義と基本的な在り方

第2節　文化政策の基本的な在り方

　文化政策においては、文化政策の主体と内容不関与の原則、教育との協調、アートマネジメントとの異同、の三つの点から、その基本的な在り方を考察する必要がある。文化政策の主体を幅広く捉える考え方や、文化と教育との関係の分離論が提起されて久しい。また、文化政策とアートマネジメントを混同した捉え方も見受けられる。

　文化政策の主体は、国・地方公共団体と一定範囲の責任を有する独立行政法人等とすることが適当である。このことを踏まえた上で、民間との連携が図られ、内容不関与の原則が堅持され、文化政策の形成過程が洗練されていく必要がある。

　文化政策は、これまで「文教」の一環に位置付けられてきた。これに対し、その分離論が提唱されたが、理念的、現実的にも、文化政策において教育との連携の必要性はますます高まっている。一方で、「文教」の枠を超えた文化政策の実質的な広がりも見られる。

　アートマネジメントについては、広義の概念により文化政策と混同して捉えられる傾向がある。しかし、狭義の概念に基づく文化芸術の創造・発展、文化財の保存・継承、文化芸術機関の管理・運営という機能面が特に重要である。これらは、文化政策の三つの発現形態の対象及び実体であり、両者が交錯する場面でもある。一方、文化政策は総合性を帯びつつあり、今後、広義のアートマネジメントへの接近も想定する必要がある。

1　文化政策の主体と内容不関与の原則

1－1　文化政策の主体と民間との相互連携

1－1－1　文化政策の主体

　文化政策は、国・地方公共団体と文化に関わる一定範囲の責任を持つ社会の合法的な代表者による施策の総体である。従って、文化政策の主体も、国・地方公共団体と文化に関わる一定範囲の責任の帰属が認められる者とするのが適当である。このような認識は、文化行政法上の行政

－ 29 －

主体の概念とも一致する。現在、文化行政法上の行政主体は、国・地方公共団体のほか、文化に関わる一定範囲の責任を有する独立行政法人等である。文化政策の主体も、このような文化行政法上の行政主体と同一と見なされる。

このような考え方に対して、文化政策の主体を、国・地方公共団体のみならず、文化芸術団体、文化芸術NPO、企業、企業メセナ、一般市民など、民間部門も含めて幅広く捉えようとする見方がある[16]。しかし、このような見解は、以下に見るとおり、文化に関わる事業などの「実務面」や、文化政策の対象領域の「実体面」で多数の主体が関わっているということに着目しているに過ぎないといえる。

文化に関わる事業やプロジェクト等の「実務面」では、確かに、文化芸術団体、文化芸術NPO、企業、企業メセナ、一般市民など、多くの主体が関わっている。この場合における国・地方公共団体の役割は後退し、間接的な支援者の立場となるのが通常である。しかし、実務面におけるそのような実態があることと、政策面における民間部門の関与とは全く別の事柄であり、両者を混同することは適当ではない。

また、「文化の振興と普及」は、文化政策の対象領域の一つであり、文化政策によって実現されるべき「実体面」である。この実体面では、国、地方公共団体、文化芸術団体、文化芸術NPO、企業メセナなど、それぞれが一定の役割を担っており、その主体は多様な者から構成される。しかし、これらは、実体面における"活動主体"ではあっても、"政策主体"ということはできない。

政策それ自体と以上のような諸側面とを混同し、それによって政策主体と活動主体を同一視することは適当とはいえず、それぞれ別の事柄として認識することが必要と考えられる。とりわけ、政策評価・行政評価が求められている今日、責任を取り得ない者まで政策主体に含めることは、評価の対象を曖昧にし、評価そのものを著しく困難にする。

1-1-2 民間との相互連携

文化政策の主体は以上のように解されるが、その範囲を広く捉えようとする論者のいうとおり、今日、多くの民間部門が文化政策に関わるようになってきた。その実態は、①文化芸術に関する事業やプロジェクト

の実務面、②「文化の振興と普及」という文化政策によって実現されるべき実体面、③文化政策形成過程への国民（住民）の参加、④文化政策の評価への国民（住民）の参加、の４つに整理できる。

上記の①及び②は、先に触れた事柄である。近年、文化芸術NPO等のいわゆる中間法人の活動が盛んになり、個人によるボランティア活動も年々活発化している。これらの活動には、文化芸術事業、文化施設の運営、文化芸術の支援など多様なものがあるが、とりわけ支援活動は、国・地方公共団体、企業メセナの手が及ばない間隙に柔軟に対応できるところにその利点がある。これらの団体や個人の諸活動に対し一定の評価を行い、文化政策推進の全体的な枠組みの中に位置付けていくことが求められる。

とりわけ今日、企業メセナをはじめとする経済界からの文化芸術への支援の機運が高まっている。また、文化は、経済活動に多大の影響を与えるとともに、新たな需要や高い付加価値を生み出し、多くの産業の発展に寄与することが認識され始めた。文化と経済との間を結ぶ強力な絆をつくることが、今後の文化政策の重要な役割となっている。

一方、③については、文化芸術振興基本法が、第２条（第８項）と第34条の２カ条にわたって、文化芸術の振興及びその政策形成への民意の反映について規定し、同法を受けて策定された「文化芸術の振興に関する基本的な方針」でも、第一次から現行の第四次（2015年５月22日閣議決定）まで、その必要性や体制整備について言及している。地方公共団体の文化振興条例でも、同様の規定が設けられる傾向にある。また、④については、行政改革により、政策評価・行政評価が導入され、国の各省の政策評価は自己評価が中心であるものの、独立行政法人や地方公共団体では、民間の第三者（国民・住民）を含めた外部評価が導入されている。

文化政策は、従来の文化芸術団体―国（地方公共団体）二者間の関係から、以上のような民間部門を含む三者間の関係に転換しており、今後は、民間部門を協同者（パートナー）として位置付けるとともに、これら各主体相互の役割分担を明確にし、互いに連携協力できるような仕組みを構築していくことが必要である。

文化政策の形成過程や評価への国民（住民）の参加も、連携協力の一

環をなすものである。文化に関する審議機関や外部評価委員会への国民（住民）の参加はすでに緒についているが、全体的なシステムの形成がこれからの大きな課題といえる。

1－2　内容不関与の原則と文化政策形成過程の洗練

1－2－1　内容不関与の原則とその担保

　文化政策の主体を前項の範囲に限定することは、活動主体の活動内容に関わらないこと、すなわち「内容不関与の原則」と関連している。

　1945年8月、ポツダム宣言の受諾とともに、我が国は文化国家としての道を歩むこととなった。このため、戦前・戦中に、文化芸術活動に大きな制約を加えた治安維持法、新聞紙法、映画法等は廃止され、政府による統制・干渉は排除された。そして、かつての文化統制に対する反省から、国民の文化芸術活動の自由が認められること、すなわち、国・地方公共団体（＝政策主体）は、文化芸術活動に対しては間接的な支援を行うにとどまり、特にその内容に干渉することは厳に慎むべきであるという姿勢が貫かれることとなった。それは、「内容不関与の原則」として、今日に至るまで堅持されている。

　文化芸術振興基本法も、文化芸術活動を行う者・団体の自主性の尊重（前文、第2条第1項）、創造性の尊重（同条第2項）を謳うとともに、同法の目的は、このような文化芸術活動を行う者・団体の自主的な活動の促進を旨とすることを明言し（第1条）、内容不関与の原則を法的に担保している。

　また、第一次「文化芸術の振興に関する基本的な方針」は、「文化芸術の振興における国の役割は、文化芸術活動の主体である国民の自発的な活動を刺激し、伸長させるとともに、国民すべてが文化芸術を享受し得るための諸条件を整えることを基本」とするとして、内容不関与の原則を確認している。この趣旨は、現行の基本方針にも踏襲されているものと考えてよいであろう。

　なお、前節で見たように、文化政策は、文化芸術の創造・発展を担う給付行政と、文化芸術の保存・継承を担う規制行政の二つの性格を持っている。規制行政は、国民の権利義務に関わるため、法律の手続きに則っ

て行われるが、給付行政にあっては、必ずしも法律の根拠によることなく、行政の裁量の範囲が大きい。しかし、給付行政も、行政過程全体の中で適正な手続きと公平性・透明性が求められる。そして、内容不関与の原則は、そのような適正な手続き、公平性・透明性の確保によって、行政過程の各局面はもとより、全体の流れの中で担保されることになる。

　いずれにしても、文化政策の主体には、以上のような内容不関与の原則の堅持が求められ、その意味からも、政策主体と活動主体との混同は避ける必要がある。

　なお、英国では、戦後、芸術評議会（Arts Council of Great Britain）が設置されたが、その初代会長に任命されたケインズが、運営に当たって提唱したアームズ・レングス（arm's length）の原則は、我が国の内容不関与の原則と同じ内容といってよいであろう。

1-2-2　文化政策形成過程の洗練

　一般に、政策の形成は、政策策定機関（審議会等）による政策目標・基本方針・基本計画の策定と答申（又は意見の開陳）、これを受けた行政府による実施計画の策定とその遂行、そして、政策全般の策定機関へのフィードバックによる評価ないし修正という過程をたどっている。

　文化政策の形成においては、審議会等の場を通じて、学識経験者、文化芸術団体代表者などによる意見の反映ができる仕組みとなっており、また、それを通じて政策形成過程の適正さが確保されるようになっている。しかし、前述したように、国民（住民）参加に関する全体的なシステムの形成はこれからの課題である。また、従来、評価システムは極めて弱体であった。政策評価・行政評価が導入されたとはいえ、日常的な政策運営における評価の具体的な方法が開発されていく必要がある。今後、文化政策形成においては、国民（住民）参加により民意が反映できる仕組みに一層の磨きがかけられるとともに、評価システムを開発し、実効性あるものにしていくことが求められる。

　また、政策形成の過程では、最終段階はもとより、各局面において政策決定が行われる。このような政策決定については、政策科学の立場から、科学的手法（管理科学等において開発された計量分析の手法）を導入・援用すべきことがつとに主張されてきた。一方、文化芸術の領域に

は、価値観等の不確定で計量化できにくい要素が本来的に内在している
ため、これら科学的手法の導入はほとんど未着手の状況にある。しかし
ながら、文化政策も政策である以上、政策決定の誤謬を最小限にとどめ
ることが必要である。そのためには、今後、これらの手法の開発に努め
ていくことが必要であろう。

　なお、前述したように、文化政策は、今後、民間部門による文化芸術
支援の動向を視野に入れ、総合的な観点から進められる必要がある。こ
のことは、文化政策が総合的なマネジメントとしての機能を持ちつつあ
ると考えられる。その意味で、文化政策は、広義のアートマネジメント
の概念とその外延において相当程度合致するものと考えられる。

　文化政策は、今後、このようなマネジメントとしての認識を持ちつつ、
その政策形成の過程を一層洗練させていくことが必要であろう。

2　教育との協調と文化政策の広がり

2－1　「文教」への位置付けと分離論

2－1－1　戦後の「文教」への位置付け

　戦後、早い時期の国会において、文化は、民主主義の理念の帰結とし
て観念された。そして、民主主義を担う国民の人格形成という観点から、
教育と相即不離の関係にあるものとされ、その結果、文化は、広く「文
教」の中の"創造"を担うものとして位置付けられた。この方向は、国
＝文化庁の文化政策において今日まで貫かれている。

　1947 年、片山哲内閣総理大臣は、衆議院本会議において、民主主義
は文化の向上を来たすものであり（7 月 2 日施政方針演説）、文化国家
建設のために教育問題を重要と考える旨を表明している（10 月 19 日答
弁）。森戸辰男文部大臣も、文化国家においては、文化費が国費の最大
の部分となることではじめてその目標が達せられるとし、また、教育改
革が日本の文化国家へ進むための最も重大な方途と確信する旨を述べて
いる（7 月 2 日答弁）。これらのことから、当時の政府は、民主主義の
定着と文化国家の建設を表裏一体のものとして捉え、それが教育を通じ
て実現されるとの強い認識があったと考えられる [17]。

このことは、法的にも明記され、1947年に制定された旧教育基本法の前文では、民主的で文化的な国家の建設という理想の実現は、「根本において教育の力にまつべきもの」であり、そのため、「普遍的にしてしかも個性ゆたかな文化の創造をめざす教育を普及徹底しなければならない」と規定された。そして、学校教育法ほかの教育関係法令においても同様の趣旨を規定することで、文化国家の内容に具体性を与えようとした。

　加えて、森戸文部大臣は、文部省の持っている「文教の面」の中で、「学術の面」と「文化の面」が強調される時代となっており、「教育と学術と文化の三つが均等に取り扱われ、これらの発展を期することによって、文化国家の方途が確立されてくる」旨を強調している（1948年4月14日衆議院文化委員会）。また、このため、"文化省"の構想に対しては、「純粋な文化の育成」と「教育」の二面は、「共通する領域が非常に多い」ため、「一つの異なった側面として取り扱われること」に「相当な理由」があるとして、これを退けている（1947年8月19日同委員会）。

　なお、この当時は、六・三制の実施による教育改革が焦眉の急となっており、現実には教育の仕事が多過ぎ、文化・芸術に力が注がれなかったことを大臣自らが認めている（1948年4月14日同委員会）[18]。

　とはいえ、戦後間もない時期に示された以上のような考えの下に、文化は、教育、学術とともに「文教」の括りの中に位置付けられ、今日に至っている。そして、文化は、学術と並んで"創造"の領域を担い、教育は"学習"の面を担うものと観念されている。いわば、教育と学術と文化は、三位一体の存在として認識されているといえよう。

2−1−2　教育との分離論

　このような、教育との関連で文化を捉えようとすることに対して、1970年代の末、梅棹忠夫氏によって、教育はチャージ（充電）であるが、文化はディスチャージ（放電）であり、両者の方向は全く異なるため、教育の文脈の中で文化を捉えるのは不適切だという問題提起がなされた[19]。

　この見解は、1980年代の「文化の時代」、「地方の時代」の標語の下に推進された、いわゆる"自治体文化行政"に理念的な根拠を与えた。それは、当時、地方公共団体の文化行政が、芸術文化の振興と文化財の

保護を中心とする文化庁－教育委員会の系列を離れ、首長（都道府県知事、市町村長）部局により"生活文化"の観点から総合的に推進されようとしており、そのための裏付けを提示したことである。

これを契機に、地方公共団体の文化行政は、首長自らの主導により、"生活文化"全般を包み込み、"まちづくり"を念頭に置いた幅広いものとして展開されるようになった。そして、地域文化政策は、観念上ではあるが、他の政策の上位に位置付けられ、他の政策を包括する総合政策としての色彩を強めるようになった。いわば、地域文化政策には、総合化の方向が見られるようになったといってよい。

1990 年代のバブル経済の崩壊に伴う地方財政の悪化の中で、自治体文化行政は著しく後退したが、行政改革による地方分権の推進などにより、地域文化政策の総合性は一層強められており、今日、地方公共団体においては、文化振興全般は首長部局が所管し、教育委員会は、芸術文化の一部と文化財を所掌するのが一般的な態様となっている。その意味で、地方公共団体にあっては、文化と教育が部分的に分離した形となっている。

一方、国レベルでも、1990 年代に入ってから、文教の枠外にある諸法令において、上位概念として文化ないし文化的生活の語が用いられ、他の政策領域の文化への接近が見られるようになった。このため、国にあっては、文化庁による中核的な文化政策に加え、他省による文化関連施策が並列して行われ、いわば分散化の傾向が著しくなっている。

とはいえ、国の場合は、文化庁を包括する文部科学省の「文教」の括りの中で、文化と教育とは、依然として強い関連性が保たれている。

2－2　教育との連携と文化政策の広がり

2－2－1　教育との連携の必要性

前項で見たとおり、これまで、国の文化政策は、「文教」の括りの中で展開されてきた。すなわち、文化は、学術と並び「文教」の中の"創造"を担う部分として認識され、また、教育すなわち"学習"とも不可分の関係と見なされている。旧教育基本法は 2006 年に改正されたが、新教育基本法においても、教育作用を通じての文化の振興という趣旨は、新

第 1 章　文化政策の意義と基本的な在り方

たに加わった伝統の継続ないし尊重と相まって、いささかも変わっていない。

　さらに、2001 年に制定された文化芸術振興基本法と、同法に基づき政府が定めた「文化芸術の振興に関する基本的な方針」（これまで第一次から第四次まで策定）においては、学校教育との連携を強調し、2012年制定の「劇場、音楽堂等の活性化に関する法律」と「劇場、音楽堂等の事業の活性化のための取組に関する指針」（2013 年文部科学省告示）でも、このことをさらに強調するとともに、劇場、音楽堂等と大学の連携にも触れている。

　いうまでもなく文化は、初等中等教育の段階では児童生徒の文化的素養や情操を培い、高等教育においては、芸術家をはじめ文化芸術関連人材の養成を担っている。とりわけ昨今では、アウトリーチ活動が盛んとなり、学校教育との関係は一層深まってきている。また、文化芸術活動と生涯学習活動とは紙一重の関係にあり、社会教育・生涯学習と文化とは、そもそも重なり合う部分が多い。1990 年に「生涯学習の振興のための施策の推進体制等の整備に関する法律」が制定されてから、生涯学習政策と文化政策は、ますます緊密化の度を強めつつあるといえる。

　教育と文化の分離論の提唱により、いわゆる自治体文化行政が格段の進展を見たことは評価できる。しかし、そもそも文化芸術活動は、放電＝発散したあげく無に帰するのではなく、それまでの蓄積（＝充電）を示す一つの階梯となるものであり、教えを受けつつさらなる研鑽を積み、円熟の境地を求めようとする、優れて教育的・自己啓発的な活動である。その意味で、教育と文化は相互に密接不可分の関係にあり、両政策は、今後さらに強い関連性を持って推進される必要がある。

　前述したように、地方公共団体の文化政策は、首長部局と教育委員会に分属しているが、学校教育との連携、社会教育・生涯学習との緊密化が求められるようになった今日、とりわけ教育を内に含んだ形で進められていくことが必要と考えられる。

　一方、国にあっては、文部科学省―文化庁の枠組みの中で、教育政策と文化政策が「文教」政策の一環として進められている。上に見たような、教育と文化の不可分の関係から、文化政策の「文教」への位置付けとそれによる教育との協働は、文化庁が対象とする文化政策の中核領域

－ 37 －

に関する限り、今後とも基本的に踏襲されるべきであろう。

2－2－2　文化政策の実質的な広がり

　先にも触れたが、1990 年代以降、「文教」の枠外にある法律において、法目的を達成する場合の上位概念に、文化ないし文化的生活を用いる例が多くなっている。これらは、目的ないし理念規定にとどまり、その内容は極めて曖昧であるが、具体的な施策との関連では、次のような変化が見られる。

　例えば、観光や地域振興においては、文化の成果を単なる資源として活用することから、これを育成・開発する方向へと重点が移っている。また、1980 年代までは、文化施設の設置などハード面の整備を目的としたが、1990 年代以降は、文化を中核に据えた地域振興といったソフト面の重視へと変わり、今日では、市民の豊かな文化活動を支えるための諸条件の整備に力点が移っている。

　そこでは、前節で見た文化庁が対象とする文化の範囲を超えた文化概念の拡大が見られる。すなわち、都市景観、歴史的景観、自然景観等のアメニティから、観光産業、文化産業、メディア産業等を含む、いわば"生活の質の向上"を念頭に置き、"生活文化"の視点に立った幅広いものとしての文化が認識されている。

　そして、各省は、近年それぞれの立場から、これらを対象とした文化関連施策を講ずるようになってきた。このため、国にあっては、文化庁が対象とする「狭義の文化」（中核領域）と、各省が対象とする「広義の文化」（関連領域）が併存する形となっている。その意味で、国の文化政策は分散化の傾向にあるといえる。

　一方、地方公共団体にあっては、1980 年代以降の自治体文化行政の進展とともに、生活環境全般が対象とされ、文化の捉え方も広い意味の"生活文化"が念頭に置かれてきた。従って、地方公共団体の文化政策は、早くから「広義の文化」を中心とし、また、首長の主導の下に総合化の方向がとられてきたといえる。

　国レベルでの分散化、地域レベルでの総合化などに見る文化政策のある種の混乱は、文化概念の拡大によるものである。このことは、教育との連携・協調をベースに展開してきた文化庁の文化政策、とりわけその

文化概念の捉え方に変更を迫るものといえる。この点については、改めて第6章第2節で考察することとする。

3 アートマネジメントとの異同

3-1 アートマネジメントの提起とその概念・機能

3-1-1 アートマネジメントの提起

1966年、米国のW.J. ボウモルとW.G. ボウエンによる著書"Performing Arts The Economic Dilemma"（池上惇・渡辺守章監訳『舞台芸術 芸術と経済のジレンマ』芸団協出版部、1994年）は、舞台芸術団体の財政分析によって舞台芸術が経済的に自立不可能であることを指摘するとともに、舞台芸術の公共性を踏まえて、文化芸術活動に対し公的支援が必要とされる根拠を示した。以来、米国では、文化と経済に関する研究が盛んになるとともに、新たにアートマネジメントの必要性が提起された。

その結果、文化と経済に関する研究分野として文化経済学が、アートマネジメントに関する研究分野として文化経営学（アートマネジメント論）（以下では、便宜上「文化経営学」の名称を使用する）が提唱された。両分野は、いわば車の両輪として、その後の研究を深めていくことになる。

とりわけ、アートマネジメントに関しては、舞台芸術には必然的に赤字が伴うものの、官民から支援を受けようとすると、その収支を明確にする必要があること、また、支援者が多岐にわたることになれば、文化芸術団体にとって資金調達（fund raising）の機能が必須となってくることなどのことから、これを担うアートマネジメント人材が求められるようになった。そして、経営大学院を中心に、文化経営学に関する教育・研究も進められるようになった。

我が国では、1990年の芸術文化振興基金の創設、企業メセナ協議会の発足などを契機に、アートマネジメントの必要性が認識され始めた。その背景としては、①文化芸術施設の事業展開の脆弱性、②文化芸術団体の財政基盤強化の必要性、③企業メセナなど支援者側の関心の高まり、

④人材確保の必要性の認識、などを挙げることができる。

　そして、同年代の前半から、国（文化庁）・地方公共団体によってアートマネジメント研修が開始されるとともに、いくつかの大学で、文化経済学や文化経営学に関する学科や授業が開設され、アートマネジメント人材の養成が図られるようになった。

　なお、我が国では、かねてから、「文化の振興と普及」、「文化財の保護」を中心とする文化政策が進展していたこともあり、文化経済学、文化経営学の導入から少し遅れはしたものの、文化政策に関する研究分野としての文化政策学も提唱された。その結果、今日では、文化経済学、文化経営学、文化政策学の三分野が成立している。

　ちなみに、文化経済学は、文化経営学及び文化政策学の一般的な基礎学問として位置付けられ、文化経営学及び文化政策学は、そのような文化経済学の基礎の上に応用分野として成立する学問分野ということができる。

３−１−２　アートマネジメントの概念と機能

　アートマネジメントは、狭義には、文化芸術機関（文化芸術団体、文化芸術施設）及びこれらが実施する文化芸術活動に係る管理・運営（＝経営）をいい、広義には、文化芸術活動をめぐる三要素としての芸術家等の創造性、聴衆を中心とする社会、これらを支える資本の、それぞれの間の連携・接続の機能全般をいう。

　アートマネジメントについては、「芸術と社会の出会いをアレンジすること」、「芸術と社会をつなぐ仕事」などの表現に見られるように、広義の捉え方が多い[20]。この意味の広義説は、文化芸術をめぐる社会変化のダイナミズムの中で、アートマネジメントを巨視的に捉えようとするものであり、そのこと自体は確かに重要である。

　しかしながら、そのような社会の変化の中にあって、とりわけ今日求められているのは、文化芸術機関（団体と施設を含む）がいかに適切に管理され、文化芸術活動がいかに効果的に運営されているかについての具体的な方法論である。換言すれば、具体的な実務の場面において適用が可能で実践的な、狭義の意味のアートマネジメントが要請されている。すなわち、広義の意味のアートマネジメントを基底に置きながらも、狭

義の概念を中心としたアートマネジメントの方法論の開発が焦眉の急になっているといえる。

　また、従来のアートマネジメント論に欠落していたのは、文化財の保護に係る部分である。有形の文化財と無形の文化財は、保護の手法や形態が異なっており、きめ細かなマネジメントが求められる。また近年は、文化的景観や文化財の総合的把握（関連文化財群）など、不動産文化財を中心とする文化財の広域的・総合的な把握が課題となっている。それに対応するには、地域住民の参画を得た文化財の保護が必要となっており、この領域においてもアートマネジメントが必要となっている。

　以上を踏まえて、アートマネジメントの具体的な機能を整理すれば、①文化芸術の創造・発展を図ること、②文化財の保存・継承を図ること、③文化芸術機関の管理・運営を図ること、に要約される。すなわち、アートマネジメントは、文化芸術の「創造・発展」、文化財の「保存・継承」、文化芸術機関の「管理・運営」という、いわば機能面を直接担うものといってよいであろう。

３－２　アートマネジメントと文化政策の交錯

３－２－１　文化政策の発現形態とアートマネジメントの機能の交錯

　文化政策は、対象領域「文化の振興と普及」及び「文化財の保護」において、「支援行政」、「保護行政」及び「設置者行政」の三つが、具体的な発現形態として現れる。

　この三つの発現形態によって実現を図ろうとする対象及び実体は、①文化芸術の創造・発展、②文化財の保存・継承、③文化芸術機関の管理・運営、にほかならない。すなわち、これらは、文化政策の観点からは、政策の発現によって実現が図られる対象であり実体であると考えられる。換言すれば、政策面から見れば、これらは、静的なものとして捉えられているといってよい。

　しかし一方、前項で見たように、これらは、狭義のアートマネジメントの具体的な機能そのものである。すなわち、文化政策の三つの発現形態によって実現が図られようとする対象及び実体は、アートマネジメントの観点からすれば、アートマネジメントの具体的な機能そのものであ

る。換言すれば、狭義のアートマネジメントは、文化政策の三つの発現形態を内に含みながら、その動的な側面として展開される機能と見なすことができる。

　従って、その限りにおいて、文化政策の発現形態とアートマネジメントの機能は交錯していると見ることができる。すなわち、文化芸術の「創造・発展」、文化財の「保存・継承」、文化芸術機関の「管理・運営」は、政策の実体面であるとともに、アートマネジメントの機能面という二つの顔を持つものとして認識できるであろう（図1-3参照）。

　なお、アートマネジメントを広義に解する立場からは、文化政策とアートマネジメントがしばしば混同される傾向がある。それは、「文化を広く社会的環境形成の中に位置づけようとする政策転換」を認識の前提とし、それに伴い、文化政策の主体を広く解しようとする立場に立っている[21]。また、今日、文化政策には総合性が求められるようになっており、いわば、総合的なマネジメントとしての機能を持ちつつあるということができる。後述するように、これらのことは、文化政策が、広義のアートマネジメントの概念と外延において相当程度重なり合うものとなりつつあると見ることもできる。

　しかし、今日なお、実務の面で求められているのは、狭義のアートマネジメントの方法論である。このことを念頭に置けば、文化政策の発現形態とアートマネジメントの機能との交錯を踏まえ、これを出発点としてそれぞれの在り方を考察していくことが、現実の要請と期待に応えられる所以といえる。

　また、文化政策と広義のアートマネジメントも混同されるべきものではなく、それぞれの実体は、当然ながら両者の性格に応じて現れ、また展開されるものであることを認識しておくことが必要である。

３－２－２　マクロな面での重なり

　先に触れたとおり、今日、文化政策には総合性が求められるようになり、いわば、文化政策は総合的なマネジメントとしての機能を持ちつつあるということができる。これらのことは、文化政策が、広義のアートマネジメントの概念と外延において相当程度重なり合うものになりつつあると見ることもできる。

特に近年、文化芸術活動に対する支援は、行政主体による一面的なものにとどまることなく、第三セクターを通ずるなど、複合的かつ多様なものとなっている。また、企業メセナなど民間部門による支援の比率も高くなってきている。このような状況に対応し、支援行政は、各セクターの動向を視野に入れつつ、公・私の連携と役割分担を踏まえた総合的な観点から支援を進めることが必要となっている。

文化財の保護に係る保護行政も、地域住民の参画を得てはじめてその全きを得ることができる。とりわけ、不動産文化財を活用した地域づくり、まちづくりには、地域の多様な主体を巻き込んだ総合的な手法が求められる。設置者行政における文化施設の管理・運営においても、指定管理者制度の導入に伴い、民間部門の参画を含む総合的な視野が必要となっている。

文化政策をめぐるこのような状況の変化は、文化政策が単なる行政の"執行"ということから大幅な脱皮を求められていることを意味している。換言すれば、文化政策は、総合的なマネジメントとしての機能を保持しつつあるということができる。

そのような性格を持つに至った文化政策は、広義のアートマネジメントの概念と相当程度重なり合う。すなわち、芸術家等の創造性、聴衆を中心とする社会、これらを支える資本の、それぞれの間の連携・接続の機能全般という広義のアートマネジメントの捉え方は、マクロ的な観点から総合的なマネジメントとしての性格を持ちつつある文化政策と、その外延においてかなり合致するということができるであろう。

文化政策と広義のアートマネジメントは、軽々に混同されるべきでないとはいえ、今後、文化政策が、実体的に広義のアートマネジメントの性格を備え、次第にこれに接近していくことは想定しておくことが必要であろう。

注

1　広狭二義の文化概念は、文化審議会答申「文化を大切にする社会の構築について～一人一人が心豊かに生きる社会を目指して」（2002年4月）を初見とし、以後、「文化芸術の振興に関する基本的な方針」の第一次（2002年12月10日閣議決定）、第二次（2007年2月9日同）、第三次（2011年2月8日同）、第四次（2015年5月22日同）を通じ、一貫して本文のように定義されている。そして、"文化政策が対象とする文化"には、このうちの狭義の概念が用いられている。

2　第153臨時国会の衆議院文部科学委員会（2011年11月21日）における答弁。

3　文化芸術振興基本法案に対する国会の附帯決議において、「本法は文化芸術のすべての分野を対象とするものであり、例示されている分野のみならず、例示されていない分野についても、本法の対象となるものである」としている（衆議院文部科学委員会附帯決議第2号及び参議院文教科学委員会附帯決議第2号）。

4　文化庁『我が国の文化と文化行政』（1988年）では、「芸術各分野の現状」として、音楽、舞踊、演劇・演芸、美術、文芸、映画の六ジャンルを対象に解説していた（pp.105-127）。

5　文化庁編『文化行政のあゆみ―文化庁創設10周年にあたって―』、1978年、pp.105-127。

6　文化庁編・前掲書、p.94。

7　文化庁・文化政策推進会議報告「文化政策推進会議審議状況について」、1992年、p.43。

8　本文に述べたように、対象領域「文化の振興と普及」は、さらに〈芸術の振興〉と〈文化の普及〉の二つの項目に区分される。〈芸術の振興〉の「芸術」は、本文の各所で使用している「芸術文化」と同義であるが、この二つの項目を説明する場合は、〈文化の普及〉との違いを際立たせるため、〈芸術の振興〉という語を用いることとする。

9　世界遺産条約において、オーセンティシティ（真実性 authenticity）とは、文化遺産について、「遺産がオリジナルな状態を保っていることについて疑いがない状態」をいうものとされ、1964年のヴェニス憲章において、国際的合意に基づく修復の基本原理とされた。一方、自然遺産については、インテグリティ（完全性 integrity）の概念が用いられている。我が国の文化財保護法上の文化財には、世界遺産条約の文化遺産、自然遺産が含まれるため、同条約の概念を借用することが適当と考え、本文のような定義とした。

10　「指定」は有形文化財・無形文化財・民俗文化財・記念物に、「選定」は文化的景観・伝統的建造物群に、「登録」は有形文化財・有形の民俗文化財・記念物に、「選択」は無形文化財・無形の民俗文化財に係る行政行為である。

11　例えば、村上武則編『応用行政法〔第二版〕』有信堂高文社、2001年、p.8、pp.14-16、pp.19-20。

12　なお、自主事業に関しては、舞台芸術の企画制作や美術作品の企画展示は当該機関自らが行うが、これらを国民（住民）の鑑賞に供するという意味では給付行政にほかならない。

13　文化財の保護に係る設置者行政にあっては、当該機関によって文化財を保存・継承するという役割が大きい一方、それらを国民（住民）の閲覧ないし観覧に

第1章　文化政策の意義と基本的な在り方

　　供するという面では給付行政としての性格を持つ。
14 重要文化財等の指定は、理論上は行政行為（処分）として一方的にできるが、実務上は相手方の同意を得て行われている。このように、文化財の保護では、規制行政の抑制的な運用が行われているといってよい。
15 文化庁の組織は、前者については主として文化部、後者については主として文化財部が対応している。
16 例えば、後藤和子『文化と都市の公共政策』有斐閣、2005年、pp.101-104。後藤和子編『文化政策学―法・経済・マネジメント―』有斐閣コンパクト、2001年、pp.9-10。池上淳・端信行・福原義春・堀田力編『文化政策入門―文化の風が社会を変える―』丸善ライブラリー、2001年、p.12。
17 1947年7月2日の衆議院本会議における片山哲総理大臣の施政方針演説では、「社会方面に浸透いたしまする民主主義は、文化の向上を来すこととなり、国際方面に及びまする民主主義は、平和主義の浸透をなす結果を来す」としている。また、7月3日の衆議院本会議における森戸辰男文部大臣の答弁では、「文化国家は、…文化の優越する国家であり、…文化国家におきましては、文化費が国費の最大の部分になることによって、初めてその目標が達せられる」としつつ、「教育改革というものが、今日、日本の文化国家へ進んでおりまする最も重要な方途と確信」するとしている。10月19日の衆議院本会議における片山哲総理大臣の答弁でも、「政府といたしましては、文化政策にもっとも力を入れており、…文化国家建設のために教育問題を重要に考えている」としている。
18 1948年4月14日の衆議院文化委員会における森戸辰男文部大臣の発言では、「文部省の持っております文教の面では、二つの面がもっとも強く強調される時代に向かって」おり、その一つは「学術の面」、もう一つは「文化の面」であり、「教育と学術と文化の三つが均等な形で取り扱われ、これらの発展を期することによって、文化国家への方途が確立されてくる」としている。また、1947年8月19日の衆議院文化委員会における答弁では、「純粋な文化の育成ということと教育ということとの二面」は、「共通する領域が非常に多いので一つの異なった面として取り扱われることも相当の理由」があるとして、当時の文化省の構想も退けている。
19 第一回全国文化行政シンポジウム「自治と文化−地方の時代をめざして−」（1979年）における特別講演。
20 例えば、伊藤裕夫「第5章 芸術創造の経営学」池上惇・植木浩・福原義春編『文化経済学』有斐閣ブックス、1998年、p.147。伊藤裕夫「序章 アーツ・マネジメントを学ぶことは」伊藤裕夫・片山泰輔・小林真理・中川幾郎・山崎稔恵『新訂アーツ・マネジメント概論』水曜社、2004年、p.16。清水裕之「Ⅰ アーツ・マネジメントとは」清水裕之・菊池誠・加藤種男・塩谷陽子『新訂 アーツ・マネジメント』（財）放送大学教育振興会、2006年、p.11。
21 例えば、伊藤裕夫他・前掲書、2004年、p.12。後藤和子・前掲書、2005年、pp.101-104。後藤和子編・前掲書、2001年、pp.1-2、9-10。池上惇他編・前掲書、2001年、p.12。

第2章　文化政策の組織、法制と予算

第1節　文化政策の組織

　文化政策の主体は、国、独立行政法人、地方公共団体に分かれる。また、地方公共団体が設立した文化の振興に関する財団も、文化政策の主体としての役割を担ってきた。

　国にあって、文化政策の責任官庁として設置されているのは文化庁である。文化庁は、文部科学省の外局に位置付けられ、その内部組織は、長官官房、文化部、文化財部からなっている。また、文化庁には、審議会と日本芸術院が置かれている。なお、文部科学省生涯学習政策局は、文化政策と関係が深い生涯学習（社会教育）政策を担っている。

　国にあっては、独立行政法人が設立され、国立の文化機関を設置し、管理・運営している。近年の行政改革により、従来の文化庁所管の施設等機関と特殊法人が転換したものである。現在は、独立行政法人国立美術館、独立行政法人国立文化財機構、独立行政法人日本芸術文化振興会の三独立行政法人が設置されている。

　地方公共団体（都道府県、市町村）にあっては、文化政策は基本的に自治事務として展開されているが、文化財保護と宗務行政は法定受託事務となっている。また、首長部局と教育委員会で、相互に文化政策の役割分担がなされている。なお、文化の振興に関する財団も、文化政策の一部を担う意図で設置されてきた。指定管理者制度の導入で民間企業等と競合することもあるが、その性格は基本的には変わらないといってよい。

1　文化庁

1−1　文部科学省と文化庁

　憲法上、国の行政権を行使する最高の機関は内閣である（憲法第65条）。この内閣の統轄の下に、内閣府のほか、省、委員会及び庁が置かれている（国家行政組織法第1条、第3条第2項）。省は、文部科学省

− 46 −

ほか十の省があり、委員会及び庁は、省の外局として置かれている（同法第3条第3項、第4項）。

　各省の長は、内閣総理大臣が国務大臣の中から任命し、それぞれの行政事務を分担管理する（同法第5条）。外局の庁は、本省の大臣の一般的な統轄の下にあるが、これと相対的に独立し、一定のまとまった事務を、その長である長官の下に一体的に処理することが適当である場合に設けられている。

　文部科学省は、省の一つとして、文部科学省設置法によって設置されている。文部科学省の任務は、同法第3条において、「教育の振興及び生涯学習の推進を中核とした豊かな人間性を備えた創造的な人材の育成、学術及び文化の振興、科学技術の総合的な振興並びにスポーツに関する施策の総合的な推進を図るとともに、宗教に関する行政事務を適切に行うこと」と規定されている。これらは、「教育・生涯学習」、「学術・科学技術」、「スポーツ」及び「文化」の振興と、「宗教」に関する行政事務に要約される。この第3条の任務規定をもとに、第4条において、第1号から第93号にわたり所掌事務が詳しく規定されている。

　そして、文部科学省設置法は、第13条において、国家行政組織法第3条第2項（外局設置の根拠）の規定に基づいて文化庁を置き、第17条においてその長は文化庁長官とすること、第18条において、文化庁は、「文化の振興及び国際文化交流の振興を図るとともに、宗教に関する行政事務を適切に行うことを任務とする」としている。すなわち、先の文部科学省の任務のうち、「文化の振興」と「宗教に関する行政事務」を外局の文化庁に割り振っている。

　それとともに、第19条において、第4条の文部科学省の所掌事務のうち、主に以下の事務を文化庁の所掌として規定している[1]。

　○文化の振興に関する企画・立案、援助・助言に関すること（第77号）
　○文化の振興のための助成に関すること（第78号）
　○劇場、音楽堂、美術館その他の文化施設に関すること（第79号）
　○公・私立の文教施設の整備に関する指導・助言に関すること（第38号）
　○公立文教施設の整備のための補助に関すること（第39号）
　○文化に関する展示会・講習会等の催しを主催すること（第80号）

○国語の改善・普及に関すること（第81号）

○外国人に対する日本語教育に関すること（第36号）

○著作権・出版権・著作隣接権の保護・利用に関すること（第82号）

○文化財の保存・活用に関すること（第83号）

○アイヌ文化の振興に関すること（第84号）

○宗務行政に関すること（第85号）

○国際文化交流の振興に関すること（第86号）

○ユネスコ活動の振興に関すること（第87号）

なお、庁には、企画立案機能を持つ政策庁と政策の実施に係る実施庁があるが（国家行政組織法第7条第5項）、文化庁は政策庁として位置付けられている。このため、文化庁長官が、原則としてその任務に係る企画立案の権限を持つ。ただし、文部科学大臣の一般的な統轄下にもあるため、事柄の軽重によりその権限を分け持つ体制となっている[2]。

1－2　文化庁の組織

文化庁の長は、文化庁長官である（文部科学省設置法第17条）。文化庁の内部組織は、文部科学省組織令に定められている。長官の下に次長が置かれ（第93条）、その下に、長官官房、文化部、文化財部が置かれている（第94条）。

長官官房には、審議官（第98条）の統轄の下に、政策課、著作権課、国際課が置かれている（第99条）。政策課は、人事、総務、会計に係る事務のほか、文化の振興に関する基本的な政策の企画・立案に関する事務等を所掌している（第100条）。著作権課は、著作権の保護・活用に係る事務等を（第101条）、国際課は、国際文化交流の振興に係る事務や著作権等に関する条約に関する事務等を所掌している（第102条）。いずれも、文化部、文化財部の両部を横断する業務といえる。

文化部には、部長の統轄の下に、芸術文化課、国語課、宗務課が置かれている（第103条）。芸術文化課は、"近現代文化"の「創造・発展」に係る事務等を所掌している（第104条）。国語課は、国語の改善等に係る事務等を所掌し（第105条）、宗務課は、宗教行政を所掌している（第106条）。

文化財部には、部長及び文化財鑑査官（第98条）の統轄の下に、伝

統文化課、美術学芸課、記念物課及び参事官が置かれている（第107条）。文化財部全体が"伝統的文化"の「保存・継承」に係る業務を担っている。このうち、伝統文化課は、主として無形文化財、民俗文化財、文化財の保存技術に係る事務を（第108条）、美術学芸課は、主として建造物以外の有形文化財に係る事務を（第109条）、記念物課は、主として記念物、文化的景観、埋蔵文化財に係る事務を（第110条）、参事官は、主として建造物である有形文化財、伝統的建造物群に係る事務を（第111条）、それぞれ所掌している。

　なお、文部科学省組織規則等により、さらに専門分化した室も置かれている。長官官房にあっては、政策課に会計室（第79条）、文化広報・地域連携室、文化芸術創造都市振興室、国立近現代建築資料館が、著作権課に著作物流通推進室が（第80条）、国際課に国際文化交流室が（第81条）、それぞれ置かれている。文化部にあっては、芸術文化課に支援推進室、文化活動振興室が（第82条）、宗務課に宗教法人室が（第84条）、それぞれ置かれている。文化財部にあっては、伝統文化課に文化財保護調整室（第85条）、文化財国際協力室が、美術学芸課に美術館・歴史博物館室、古墳壁画室が（第86条）、記念物課に世界文化遺産室が（第87条）、それぞれ置かれている。

　また、室以外に、いくつかの課には、各種の専門官も置かれている。例えば、国語課に日本語教育専門官が置かれているなどがその例である。文化庁の組織の全体図は、図2-1に見るとおりである。

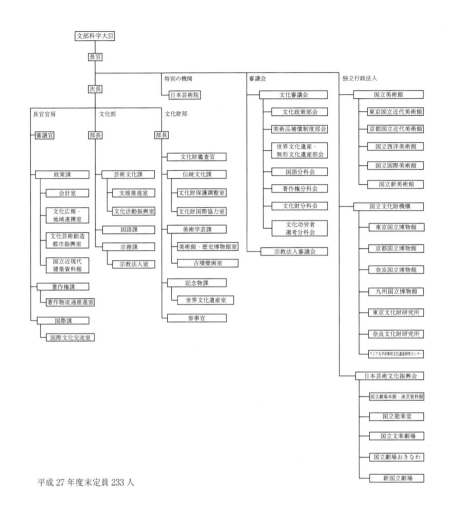

平成27年度末定員233人

出典：文化庁『平成27年度 我が国の文化政策』、2015年、p.1
図2-1 文化庁の組織

1－3 審議会と日本芸術院

　文化庁には、文化審議会と宗教法人審議会が置かれている（文部科学省設置法第20条～第22条）。文化庁の組織内における位置付けは、図2-1に見るとおりである。

　文化審議会は、文部科学大臣又は文化庁長官の諮問に応じて、文化庁

－ 50 －

の任務に関する重要な事項を調査審議し、又は意見を述べることを任務としている（同法第21条）。また、審議会には、国語、著作権、文化財、文化功労者選考の各分科会、文化政策、美術品補償制度、世界文化遺産・無形文化遺産の各部会が置かれている（文化審議会令第5条、第6条）。政府が定める「文化芸術の振興に関する基本的な方針」は、文部科学大臣が文化審議会の意見を聴いてその案を作成することとされているが（文化芸術振興基本法第7条）、文化政策部会がその実質的な審議を行っている。このように、文化審議会は、政府全体の文化芸術振興の基本方針を審議するという、極めて重要な役割を有している。

　一般に、政策の形成は、政策策定機関（審議会等）による政策目標・基本方針・基本計画の策定と答申（又は意見の開陳）、これを受けた行政府による実施計画の策定とその遂行、そして、政策全般の策定機関へのフィードバックによる評価ないし修正という過程をたどる。その意味で、文化審議会は、政策策定機関として位置付けられる。

　宗教法人審議会は、宗教法人法に基づく権限事項を処理するが（文部科学省設置法第22条、宗教法人法第71条）、宗教法人の規則を認証しない決定をする場合、報告の徴収と質問を行う場合、事業の停止命令をする場合、認証の取消しを行う場合、及び不服申立てに対する裁決又は決定に関しては、必ず附議することとされている（宗教法人法第14条第3項等）。

　これに見るように、宗教法人審議会は、憲法第20条に定める信教の自由を確保するため、所轄庁の行政行為（処分）をチェックするとともに、不服申立てに対しては審査機関としての機能を付与されている。

　文化庁には、特別の機関として日本芸術院が置かれている（文部科学省設置法第23条）、文化庁の組織内における位置付けは、図2-1に見るとおりである。

　日本芸術院は、芸術上の功績顕著な芸術家を優遇するための栄誉機関であり、その会員には年金が支給される（同法第23条第4項、日本芸術院令第1条）。院長のほか会員120人以内で組織され、第一部（美術）、第二部（文芸）、第三部（音楽、演劇、舞踊）から構成されている（日本芸術院令第2条）。また、日本芸術院は、毎年、卓越した芸術作品を制作した者等に恩賜賞と日本芸術院賞を授与している。なお、日本芸術

院は、戦前の帝国芸術院（1937年）、帝国美術院（1919年）を前身としている。

1－4　文部科学省生涯学習政策局

　文部科学省本省は、文化政策と関係が深い生涯学習（社会教育）政策を、内局の生涯学習政策局が担っている。

　文部科学省組織令第4条は、生涯学習政策局の所掌事務の中で、「文化」に係る事務として、「…文化に係る情報通信の技術の活用に関する基本的な政策の企画及び立案並びに推進に関すること」（第5号）、「…文化及び宗教に係る調査及び研究に関する基本的な施策の企画及び立案並びに調整に関すること」（第11号）、「…文化及び宗教に係る統計に関すること」（第12号）を規定している。従って、同局は、これらに関する限り、文化に関しても一般的に関与することになっている。

　また、教育基本法、社会教育法により、図書館、博物館は社会教育の一環に位置付けられ、同局は、図書館、博物館を一般的に所管している。このことを踏まえ、文部科学省組織令第4条は、同局の事務として、「公立及び私立の図書館、博物館……の整備に関する指導及び助言に関すること」（第20号）、「公立の図書館、博物館……の整備のための補助に関すること」（第21号）、「独立行政法人国立科学博物館の組織及び運営一般に関すること」（第32号）を規定している。図書館、博物館は、文化政策と生涯学習（社会教育）政策の複合領域であるといってよいであろう。

　なお、上記のとおり、独立行政法人国立科学博物館は、生涯学習政策局の所掌するところとなっており、生涯学習（社会教育）を担う機関として位置付けられている。従来、国立科学博物館は、文部科学省の施設等機関であったが、行政改革に伴う独立行政法人国立科学博物館法の制定（2001年、施行は2003年）により、独立行政法人国立科学博物館が同館を設置し、管理・運営を行う体制となっている。

2　独立行政法人

2－1　国立文化機関の独立行政法人化

　旧文部省設置法（及び同組織令）は、文化庁の施設等機関として国立国語研究所、国立博物館、国立近代美術館、国立西洋美術館、国立国際美術館、国立文化財研究所の設置を規定し、また、特殊法人日本芸術文化振興会に係る事項（芸術文化振興基金、国立劇場、新国立劇場）の所掌を根拠付けていた。

　これら施設等機関は、1999 年、独立行政法人通則法の制定と並行して、独立行政法人国立国語研究所法、独立行政法人国立美術館法、独立行政法人国立博物館法、独立行政法人文化財研究所法が制定され、2000 年10 月 1 日から独立行政法人に移行し、これらの設置に係る規定は、文部科学省設置法からは削除された。その後、2007 年には、独立行政法人国立文化財機構法が制定され、国立博物館と文化財研究所が統合された。また、国立国語研究所は、2009 年、国立大学法人法の大学共同利用機関法人人間文化研究機構に移行した。

　一方、特殊法人日本芸術文化振興会も、従前の日本芸術文化振興会法に代わり、独立行政法人日本芸術文化振興会法が制定され、2003 年 10月 1 日から独立行政法人に移行した。

　以上のような経緯により、2015 年現在、独立行政法人国立美術館、独立行政法人国立文化財機構、独立行政法人日本芸術文化振興会の三独立行政法人が、設置者行政として、国立の文化機関の設置・管理・運営を行う体制となっている。

　なお、これらの機関は文化庁の直接の所掌を離れたが、独立行政法人の中期目標は文部科学大臣によって定められるとともに、中期計画も文部科学大臣の認可に係らしめられるなど（独立行政法人通則法第 29 条、第 30 条）、文化庁との関係は依然保持されている。また、独立行政法人の事業も、ほぼ以前の事業を継承しており、その性格の大筋は変わらないものと考えてよい。文化庁との組織上の関係は、図 2-1 に見るとおりである。

　ところで、第 1 章第 2 節で触れたとおり、文化政策は、国・地方公共団体と文化に関わる一定範囲の責任を持つ社会の合法的な代表者による

施策の総体である。従って、文化政策の主体も、国・地方公共団体と文化に関わる一定範囲の責任の帰属が認められる者とするのが適当である。

　このような認識は、文化行政法上の行政主体の概念とも一致する。すなわち、一般に行政主体とは、行政上の法律関係において、自己の名で権利を行使し、義務を負い、その法的効果が帰属する主体をいい、現在、文化行政法上の行政主体は、国・地方公共団体のほか、文化に関わる一定範囲の責任を有する独立行政法人等に集約される。文化政策の主体も、このような文化行政法上の行政主体と同一と観念される。

　従って、上記の三独立行政法人は、文化政策の主体として位置付けられる。

2－2　独立行政法人の目的と傘下の機関

　独立行政法人国立美術館、独立行政法人国立文化財機構、独立行政法人日本芸術文化振興会の目的と、各独立行政法人がその傘下に包括する機関は、次のとおりである[3]。

2－2－1　国立美術館

　独立行政法人国立美術館は、美術館を設置して美術（映画を含む）に関する作品その他の資料を収集し、保管して公衆の観覧に供するとともに、これに関連する調査及び研究並びに教育及び普及の事業等を行うことにより、芸術その他の文化の振興を図ることを目的としている（独立行政法人国立美術館法第3条）。

　傘下には、五つの美術館を擁しており、各美術館の事業概要は、次のとおりである。

○東京国立近代美術館（東京都）
・近・現代美術に関する作品の収集・保管・陳列、調査研究
・フィルムセンターにおける日本と世界の映画フィルム・映画関係資料の収集・保存、上映等、調査研究

○京都国立近代美術館（京都市）
・近現代美術、特に関西を中心とした西日本の作品等の収集・保管・陳列、調査研究

－ 54 －

第2章　文化政策の組織、法制と予算

○国立西洋美術館（東京都）
・フランス政府から寄贈返還された松方コレクション及びその他の西
　洋美術に関する作品等の収集・保管・陳列、調査研究
○国立国際美術館（大阪市）
・日本美術の発展と世界の美術との関連を明らかにするために必要な
　美術に関する作品（主に1945年以降）等の収集・保管・陳列、調
　査研究
○国立新美術館（東京都）
・全国的な公募展への施設の提供、新美術の動向に焦点を当てた企画
　展の開催、展覧会カタログを中心とした美術情報・資料の収集・公
　開、教育普及、調査研究

2－2－2　国立文化財機構

　独立行政法人国立文化財機構は、博物館を設置して有形文化財（文化
財保護法第2条第1項第1号に規定する有形文化財をいう）を収集し、
保管して公衆の観覧に供するとともに、文化財（同項に規定する文化財
をいう）に関する調査及び研究等を行うことにより、貴重な国民的財産
である文化財の保存及び活用を図ることを目的としている（独立行政法
人国立文化財機構法第3条）。
　傘下には、七つの機関を擁しており、各機関の事業概要は、次のとお
りである[4]。
○東京国立博物館（東京都）
・日本を中心に広くアジア地域にわたる美術・考古資料等の有形文化
　財の収集・保存・管理・公開、調査研究、教育普及
・美術に関する図書・拓本・写真等の資料の収集・公開
○京都国立博物館（京都市）
・古都京都の優れた古器宝物を中心に、京都及び近傍社寺等の美術全
　般の収集・保存・管理・公開、調査研究等
・文化財保存修理所における国宝・重要文化財の修理・保存処理・模
　写等
○奈良国立博物館（奈良市）
・仏教美術を中心とした文化財の収集・保存・管理・公開（正倉展を

－ 55 －

含む）、調査研究等
・文化財保存修理所における文化財の修理・保存処理
○九州国立博物館（太宰府市）
・日本文化の形成をアジア史的観点から捉えるための美術、歴史・考古資料等の収蔵・展示、教育普及、博物館学の充実
○東京文化財研究所（東京都）
・有形文化財、無形文化財等を中心とする基礎的な調査研究、科学技術を活用した先端的手法による研究
・保存・修復に関する我が国の国際協力拠点
○奈良文化財研究所（奈良市）
・平城宮跡、藤原宮跡の発掘調査
・建造物、古文書等の文化財の調査研究
・飛鳥保存のための調査研究、展示普及
○アジア太平洋無形文化遺産研究センター（堺市）
・アジア太平洋地域の無形文化遺産の保護を推進する拠点
・アジア太平洋地域の無形文化遺産保護の研究者・研究機関の支援

2－2－3　日本芸術文化振興会

　独立行政法人日本芸術文化振興会は、①芸術家・芸術団体が行う芸術の創造・普及活動、その他の文化の振興・普及活動に対する援助を行うこと、②我が国古来の伝統的な芸能の公開・伝承者の養成・調査研究等を行ってその保存・振興を図ること、③我が国における現代の舞台芸術の公演・実演家等の研修・調査研究等を行ってその振興・普及を図ることにより、芸術その他の文化の向上に寄与することを目的としている（独立行政法人日本芸術文化振興会法第3条）。

　このうち、①は、文化庁からの補助金と芸術文化振興基金の運用による果実を原資とする文化芸術団体等への支援である。また、②によって国立劇場が、③によって新国立劇場が設置・運営されている。①は支援行政であり、②と③は設置者行政である。従って、日本芸術文化振興会は、支援行政と設置者行政という性格の異なる事業を併せ行っている。

　このうち、①については、文化庁でも支援は行われており、従って、我が国の支援行政は、文化庁と日本芸術文化振興会が、それぞれ棲み分

けをしながら行う二元体制となっている。支援行政については、第4章において詳述する。

次に、②は、国立劇場の設置・運営である。国立劇場は、文化政策の対象領域「文化財の保護」すなわち文化財政策の一環として、無形文化財である伝統的な芸能の保存・振興を目的として設置されている。国立劇場本館（東京都）のほか、国立能楽堂（東京都）、国立文楽劇場（大阪市）、国立演芸場（東京都）、国立劇場おきなわ（浦添市）を擁する一大劇場群を形成している。設置者行政と国立劇場については、第5章で詳述する。

最後に、③は、新国立劇場の設置・運営である。新国立劇場は、文化政策の対象領域「文化の振興と普及」すなわち芸術文化政策の一環として、オペラ、バレエ、現代舞踊、現代演劇等の現代舞台芸術の振興・普及を目的として設置されている。オペラ劇場、中劇場、小劇場（いずれも東京都）を擁し、公益財団法人新国立劇場運営財団に管理・運営を委託している。設置者行政と新国立劇場についても、第5章で詳述する。

3　地方公共団体

3－1　都道府県・市町村と文化政策の根拠

地方公共団体は、地方自治法により、普通地方公共団体（都道府県、市町村）と特別地方公共団体（東京都の23区等）に区分されている（第1条の3）。普通地方公共団体のうち、市町村は、「基礎的な地方公共団体」であり、主として「地域における事務」を処理する（第2条第2項、第3項）。都道府県は、「市町村を包括する広域の地方公共団体」であり、「広域にわたるもの、市町村に関する連絡調整に関するもの、市町村が処理することが適当でないと認められるもの」を処理する（同条第5項）。

都道府県と市町村は対等の関係にあるが、市町村は、「都道府県の条例に違反してその事務を処理してはならない」（同条第16項）とされ、また、第二号法定受託事務を含め、地方自治法第245条以下に規定する一定の事項に関し、都道府県の関与が認められている。

なお、特別地方公共団体のうち東京都の特別区は、ほぼ市と同等の地方公共団体として位置付けられている（第281条の2第2項）。

現在、地方公共団体の事務は、自治事務と法定受託事務の二つからなる。自治事務は、「法定受託事務以外のものをいう」と規定されているが（第2条第8項）、地方公共団体がその権限に基づいて処理する事務一般が含まれると考えてよい。文化関係の事務は、基本的にこの自治事務に含まれる。

　一方、法定受託事務とは、国が本来果たすべき役割に係るもの（第一号受託事務）を都道府県、市町村又は特別区が処理するとされている事務、都道府県が本来果たすべき役割に係るもの（第二号受託事務）を市町村又は特別区が処理するとされている事務である（第2条第9項）。文化関係の法定受託事務は、文化財保護法及び宗教法人法に係る事項とされている。

　以上のとおり、文化に関する事務は、地方公共団体の自治事務の中に基本的に含まれており、これに文化財保護法及び宗教法人法に係る法定受託事務が加わって、全体としての文化関係事務が構成されている。このような文化に関する事務を遂行する行政領域として、地方公共団体の文化政策が成立している。従って、地方公共団体の文化政策の一般的な根拠は、地方自治法の如上の規定に基づいている。

3−2　首長部局と教育委員会

　地方公共団体には、執行機関として、長、委員会、委員が置かれている（地方自治法第138条の4第1項）。

　長（都道府県知事、市町村長）は、当該地方公共団体を統轄し、これを代表する（第147条）。長の権限に属する事務を分掌するための内部組織は、俗に首長部局と呼ばれている。一方、地方公共団体に置くこととされている委員会の一つに教育委員会がある（第180条の5）。教育委員会は、「教育、学術及び文化に関する事務を管理し及びこれを執行する」（第180条の8）ことを任務としている。

　1980年代以前には、教育委員会が、文化財の保護とともに、芸術文化についても所掌するのを常としていた。しかし、80年代に入ってから、「文化の時代」、「地方の時代」が標榜され、いわゆる「自治体文化行政」が強力に推進されるようになり、文化政策については首長部局がその役割を担うようになった。

教育委員会の任務に関する上述の規定（第180条の8）に見る限り、教育委員会は、文化について所掌することになっている。しかし、2001年の地方自治法改正前の旧法における教育委員会の事務の列挙（別表第三、別表第四）の中で、純粋に文化に関するものは、文化財の保護に係る事務だけであった。このことは、「地方教育行政の組織及び運営に関する法律」（以下「地方教育行政法」という）でも同様で、教育委員会の職務権限として、「文化財の保護に関すること」（第21条第14号）を規定するのみである。

1980年代以降、首長部局において「自治体文化行政」が推進されるようになったのは、地域振興全般との関係もさることながら、文化財の保護以外の事務が、教育委員会の所掌として明記されていなかったことにもその一因があるといえる。

今日、首長部局は、文化財を除き、文化一般と芸術文化の一部を所掌するのが通例となっている。なお、宗教法人に係る事務は、宗教法人法により、法定受託事務として、都道府県知事が所轄庁の立場で行うこととされている（第5条第1項）。

一方、教育委員会は、文化財の保護と芸術文化の一部を所掌するのが多くの例となっている。特に文化財の保護については、文化財保護法により、重要な事務及び法定受託事務は教育委員会が処理することとされている（第184条）。なお、地方教育行政法で（旧地方自治法でも）、文化財の保護が教育委員会の権限として明記されているのは（第21条第14号）、文化財保護法と連動したものと解される。

このように、地方公共団体における文化政策の組織は、首長部局と教育委員会に分かれており、それぞれの部局で分担しながら地域文化政策が推進されている。

3－3　文化の振興に関する財団

地方公共団体では、文化政策を推進するに当たり、文化の振興に関する財団を設立し、当該地方公共団体内における文化に係る各種の事業を実施させている例が多い。

これらの財団は、行政が事業を自ら実施するよりは、第三セクターを設置して行う方が、より専門性と効率性を発揮できるという趣旨のもと

に、いわゆる自治体文化行政が進展した1980年代に多く設置された。また、これらの財団は、当該地方公共団体の出資による公共的団体として設立され、委ねられた特定の分野に関し、当該地方公共団体の文化政策の一端を担うものとして設立された。

　これらの財団に委ねられた特定の分野とは、「市民の文化芸術活動に対する支援」と「文化芸術施設の管理運営」を中核とする。すなわち、支援行政と設置者行政に係る分野といえる。すなわち、財団は、この両分野を中心に、当該地域の文化政策の主体として機能してきたといってよい。

　その後、1990年代のバブル経済の崩壊とともに地方財政が悪化し、かつ行政改革が進む中で、これらの財団が担ってきた分野のうちの一つである文化芸術施設の管理運営については、2003年の地方自治法改正で導入された指定管理者制度により、民間事業者等と同じ位置付けとなった。このため、必ずしも安定的に管理委任を受ける立場ではなくなった。しかし、民間事業者等と競争関係になったとはいえ、指定管理者制度が導入された文化芸術施設の大半は、なおこれらの財団に管理委任している状況にある。

　前述したように、もともとこれらの財団は、当該地方公共団体の文化政策の一部を担うために設置されており、その役割は指定管理者となっても変わらず、依然として文化政策の主体としての役割を担っていると考えてよいであろう。

　なお、国の場合にならい、これらの財団の地方独立行政法人化を検討すべきであろう。地方独立行政法人による文化芸術施設の管理運営が認められているのは博物館のみであり、劇場・音楽堂等は除外されている（地方独立行政法人法第21条第5号、同法施行令第4条）。劇場・音楽堂等の管理運営、文化芸術活動に対する支援という地域の文化政策の重要な部分は、財団が地方独立行政法人に転換してこれを担うのが適当である。

第2章　文化政策の組織、法制と予算

第2節　文化政策の法制

　文化政策の法制は、大きくは、文化に関わる基本法制、文化に関わる個別法制、地方公共団体の文化法制、の三つからなる。

　文化に関わる基本法制には、一般基本法である文化芸術振興基本法（政府が策定する「文化芸術の振興に関する基本的な方針」を含む）のほか、教育基本法及び文化財保護法もその一環に位置付けられる。なお、文化芸術振興基本法には、「文化芸術創造享受権」が明記された。また、文部科学省設置法、独立行政法人関係法は、文化に関わる行政組織を定めており、基本法制の一環に含められる。

　文化に関わる個別法制としては、文化の振興に関する法制（文化芸術振興基本法、独立行政法人日本芸術文化振興会法ほか）、文化的所産の保存と活用に関する法制（文化財保護法、著作権法）、その他の法制（文化芸術関係の機関・施設、顕彰、宗務行政、文化芸術関係団体の法人化に関する法令、文化に関する条約）に区分される。

　地方公共団体の文化法制は、地方自治法と「地方教育行政の組織及び運営に関する法律」が基礎となっている。そして、各地方公共団体では、文化振興条例、文化財保護条例、各種文化施設設置条例を制定している。また、文化振興条例に基づき文化振興計画を策定している例も多い。

1　文化に関わる基本法制

1－1　文化芸術振興基本法と文化芸術振興基本方針

　文化に関わる基本法制の根幹をなすのは、2001年に制定された文化芸術振興基本法である。同法は、前文において、文化芸術の「公共性」を、文化芸術の本質と効用の両面から根拠付けるとともに、第2条においては、文化芸術振興の「基本理念」を八項目にわたって規定するなど、我が国の文化政策の基本的な在り方を示している。さらに、「文化芸術の振興に関する基本的な方針」（以下「文化芸術振興基本方針」又は「基本方針」という）の策定を政府に義務付け、また、文化芸術振興の基本的な施策の方向性を、対象ジャンル等の事項ごとに詳細に規定している。

　なお、このほか、教育基本法（1947年制定、2006年改正）が「教育」

の側面から、文化財保護法（1950 年制定）が「文化財」の側面から、文化政策ないし文化芸術の振興の基本に関する規定を置いている。ただし、教育基本法は、教育作用を通じて文化の振興に言及しているにとどまり、文化財保護法も、その範囲は文化財の保護に限定されている。この二法は、文化芸術振興基本法が制定されるまでは、文化芸術振興の基本に関わる法的な淵源といえたが、文化芸術振興基本法の制定により、同法が基本法制の第一義的な地位を占めるに至ったといえよう。

　ちなみに、この三つの法律の関係は、次のように整理できる。すなわち、文化芸術振興基本法は、文化政策ないし文化芸術の振興に関する一般基本法であり、教育基本法は、教育の観点からその実現を目指す特別基本法として位置付けられる。また、文化財保護法は、それ自体が完結した体系を持つが、文化芸術振興基本法の制定に伴い、その下に整序付けられたと見なされる。

　前述のように、文化芸術振興基本法は、政府に「文化芸術振興基本方針」の策定を義務付けている（第 7 条第 1 項）。文化芸術振興基本方針は、「文化芸術の振興に関する施策を総合的に推進するための基本的な事項その他必要な事項」を定めるものである（同条第 2 項）。そして、その策定に当たっては、文化審議会の意見を聴かなければならない（同条第 3 項）。なお、文化芸術振興基本方針は、内閣が閣議決定の形式で定めている。第一次基本方針は 2002 年 12 月 10 日、第二次基本方針は 2007 年 2 月 9 日、第三次基本方針は 2011 年 2 月 8 日に、第四次基本方針は 2015 年 5 月 22 日に、それぞれ閣議決定された。

　文化芸術振興基本方針は、いわば行政計画であって法令ではないが、文化芸術振興基本法に基づき文化政策の方向性を示し、かつ同法を実務の面で実質的に補完している点で、極めて重要な地位を占める。その意味で、文化芸術振興基本法と文化芸術振興基本方針は、両者を一体としてとらえ、また解釈すべきものと考える。

１－２　文化芸術創造享受権

　文化芸術振興基本法（以下「基本法」という）は、「文化芸術を創造し、享受すること（は）人々の生まれながらの権利」（以下「文化芸術創造享受権」という）であることを規定している（第 2 条第 3 項前段）。

第 2 章　文化政策の組織、法制と予算

　基本法前文は、文化芸術の役割を本質と効用の両面から捉え、このうち、その本質面として、人間と文化芸術の不可分一体性について述べている。「人々の生まれながらの権利」である文化芸術創造享受権は、この文化芸術の本質面に由来するものと解される。

　また、文化芸術創造享受権が文化芸術の本質面を前提としている以上、憲法との関係では、その根拠を、主として第 13 条の幸福追求権に求めることが適当である。すなわち、文化芸術は、人間の本性に根ざした存在であり、人間は、そのような本性を他から制約を受けることなく実現する自由を有している。従って、そのような自由は、幸福追求の一環として捉えられる。いわば、基本法が規定する文化芸術創造享受権は、憲法第 13 条の幸福追求権に内包されている権利が、法律レベルで具体化されたものと見なしてよい。

　ところで、基本法は、文化芸術活動を行う者の自主性の尊重（前文、第 1 条、第 2 条第 1 項）、創造性の尊重（第 2 条第 2 項）を規定している。自主性・創造性の尊重は、文化芸術創造享受権と不可分の関係にある。すなわち、自主性・創造性の尊重により、文化芸術創造享受権は実質的な裏付けが得られ、自主性・創造性が尊重されなければ、文化芸術創造享受権も空洞化されてしまう。その意味で、自主性・創造性の尊重は、文化芸術創造享受権の実体的な基礎をなすものといえる。

　また、自主性・創造性は、個人の自由に関わる事柄であり、これらを尊重することは、直接的には憲法第 21 条の表現の自由を担保するものであるが、そのような自主性・創造性の尊重に裏打ちされた文化芸術創造享受権は、前述したように、憲法第 13 条の幸福追求権に由来し、その内容をなすものと考えるのが適当である。

　ところで、いわゆる「文化権」ないし「文化基本権」について、自由権と社会権の両面からこれを認めようとする見解が存在する[5]。すなわち、自由権の観点からは、当然ながら憲法第 13 条が基底に置かれているが、社会権の観点からは、憲法第 25 条がその根底にあると認識されているもののようである。

　しかしながら、憲法第 25 条の生存権については、最高裁判所は抽象的権利説をとっており、一般的には、理念を示すプログラム的規定であり、具体的な権利性を発生させるものではないと解されている。また、

同条の「健康で文化的な」という表現も、同時代の社会通念上認められる文化的水準を求めているのみで、それ以上に出るものとは考えにくい。

　また、より基本的には、文化芸術の本質からして、その社会権的側面を直接導き出すのは困難と考えられる。それは、文化芸術が人間の本性に根ざし、個人の自主性・創造性に立脚した存在であり、いわば、文化芸術活動が、基本的には私事に関わる性格が強いことによる。行政法学においても、文化芸術活動には権利性が希薄であるというのが一般的な認識となっている[6]。従って、社会権的な側面まで持つかどうかは、第25条の一般的な解釈によらざるを得ないといえる。

　なお、第6章第2節で詳述するが、基本法に基づいて策定された基本方針は、文化芸術は「社会的財産」であるとし、その「公共性」に言及している。そして、このような文化芸術の公共性という観点から、文化芸術創造享受権の社会権的側面を導き出す余地はあり得ると考えられる。

1−3　行政組織法の中の文化法制

　国の文化政策ないし文化芸術の振興に関わる行政組織は、文部科学省設置法に規定されている。前節で述べたところと内容が重複するが、ここでは、行政組織法の中の文化法制という観点から捉え、その概要を要約して述べることとする。

　文部科学省設置法は、文部科学省の任務の中に、「文化の振興」を図り、「宗教に関する行政事務」を行うことを規定し、所掌事務の中でそれを具体化している（第3条、第4条）。その上で、外局である文化庁の設置を定め（第13条）、文化庁の任務として、「文化の振興及び国際文化交流の振興を図るとともに、宗教に関する行政事務を適切に行う」（第18条）こととして、文部科学省の所掌事務の中から関係の事務を割り振っている（第19条）。

　文化庁は、文部科学省の外局として設置されている。外局は、本省の大臣の一般的な統括の下にあるが、これとは相対的に独立し、一定のまとまった事務を、その長である長官の下に一体的に処理することが適当と考えられる場合に置かれる。外局は、行政改革により、原則として現業的な業務を行うものとされたが、文化庁については、従前どおり政策

庁としての地位をそのまま承継している。文化庁の組織については、文部科学省組織令及び文部科学省組織規則において詳細な規定が設けられている。

　なお、従前の文化庁の施設等機関及び特殊法人は独立行政法人へ移行し、独立行政法人国立美術館法、独立行政法人国立文化財機構法、独立行政法人日本芸術文化振興会法によってそれぞれ設置される形式となっている。一方、日本芸術院のみは、文化庁に置かれる特別の機関として、文部科学省設置法に設置根拠の規定が置かれている（第23条）。また、文化審議会及び宗教法人審議会も、文部科学省設置法に設置根拠が規定されている（第21条、第22条）。

　文部科学省設置法は、行政法上の性格としては、文化政策（行政）の主体である「国」のために行政を行う行政機関、とりわけ「行政庁」（主体の意思又は判断を決定し、表示する機関）である文部科学大臣、文化庁長官の任務及び所掌事務について規定したものとして位置付けられる。また、各独立行政法人法は、独立行政法人自体が文化政策の主体であることを示すとともに、その目的ないし業務を規定したものである。

2　文化に関わる個別法制

2−1　文化の振興に関する法制

　文化の振興に関する法制の第一に、文化芸術振興基本法が挙げられる。同法は、文化芸術振興の"基本法"であると同時に、文化芸術振興のための基本的施策を規定した"実施法"としての性格も有する。従って、本法は、文化政策の対象領域「文化の振興と普及」に直接関係する法律と認識してよいであろう。

　同法に規定する基本的施策は、三つの群に区分できる。

　第一群は、「文化芸術の振興と普及」に係る事項である。①文化芸術各分野の振興（第8条〜第12条）、②文化財等の保存と活用（第13条）、③地域における文化芸術の振興（第14条）、④国際交流等の推進（第15条）、⑤国民の文化芸術活動の充実（第21条〜第24条）、に区分される。文化芸術を対象別ないしこれらを横断する事象ごとに捉え、それぞれの振興等を図るため、必要な施策を講ずることについて規定している。

第二群は、「文化芸術の基盤の整備」に係る事項である。①人材の養成と顕彰（第16条、第17条、第33条）、②文化施設の充実等（第25条〜第28条）、③情報通信技術の活用と情報の提供等（第29条、第30条）、④民間の支援活動の活性化等（第31条）、⑤国語・日本語教育と著作権等の保護及び利用（第18条〜第20条）、に区分される。これらの条文は、基盤の整備に関わるものとして認識される。

　第三群は、「施策展開の基本姿勢」に係る事項である。①関係機関等の連携等（第32条）、②政策形成への民意の反映等（第34条）、③地方公共団体の施策（第35条）、に区分される。いずれも、施策の展開に当たって、基本姿勢として求められるものである。

　文化芸術の振興に関する法制の第二に、独立行政法人日本芸術文化振興会法が挙げられる。同法は、独立行政法人日本芸術文化振興会が、次の三つの目的を持つことを規定している（第3条）。

　一つは、「芸術家及び芸術に関する団体が行う芸術の創造又は普及を図るための活動その他の文化の振興又は普及を図るための活動に対する援助を行」うことである。二つは、「我が国古来の伝統的な芸能の公開、伝承者の養成、調査研究等を行い、その保存及び振興を図」ることである。三つは、「我が国における現代の舞台芸術の公演、実演家等の研修、調査研究等を行い、その振興及び普及を図」ることである。そして、これらすべてを通じ、「もって芸術その他の文化の向上に寄与することを目的」としている。

　第二、第三は、国立劇場、新国立劇場の運営に関わることであるが、第一が芸術文化振興基金等による創造活動に対する支援に関するものである。ちなみに、法の文言の中に「芸術の創造」という表現を用い、創造活動に対する支援を明記したのは、この法律が最初である。その意味で、この第一の部分は、文化政策の対象領域「文化の振興と普及」に直接関係している。2015年度時点で、日本芸術文化振興会は、同法に基づき、「トップレベルの舞台芸術創造事業」に係る文化庁からの補助金と芸術文化振興基金の果実により、民間芸術団体等に対する支援を行っている[7]。

　このほか、文化芸術の振興に関する法制を構成するものとして、次のような法律がある。

○音楽、劇場・音楽堂関係
・音楽文化の振興のための学習環境の整備等に関する法律
・劇場、音楽堂等の活性化に関する法律
○美術関係
・美術品の美術館における公開の促進に関する法律
・展覧会における美術品損害の補償に関する法律
・海外の美術品等の我が国における公開の促進に関する法律
○その他
・文字・活字文化振興法
・古典の日に関する法律
・アイヌ文化の振興並びにアイヌの伝統等に関する知識の普及及び啓
　発に関する法律

2－2　文化的所産の保存と活用に関する法制

　文化的所産の保存と活用に関する法制の双璧として挙げられるのは、文化財保護法と著作権法である。

　文化財保護法は、創造活動によって生み出された有形・無形の創造物（＝文化財）のうち、歴史上、芸術上、学術上等の基準に基づき、価値の高いものを「保存し、活用を図」ることによって、「国民の文化的向上に資するとともに、世界文化の進歩に貢献することを目的」としている（第1条）。文化政策の対象領域「文化財の保護」は、この文化財保護法の運用を中心として展開されている。

　文化財としては六類型が定められ、それぞれ次のように定義されている（第2条）。
○有形文化財：建造物、絵画、彫刻、工芸品、書跡、典籍、古文書その他の有形の文化的所産で我が国にとつて歴史上又は芸術上価値の高いもの（これらのものと一体をなしてその価値を形成している土地その他の物件を含む）並びに考古資料及びその他の学術上価値の高い歴史資料
○無形文化財：演劇、音楽、工芸技術その他の無形の文化的所産で我が国にとつて歴史上又は芸術上価値の高いもの
○民俗文化財：衣食住、生業、信仰、年中行事等に関する風俗慣習、

民俗芸能、民俗技術及びこれらに用いられる衣服、器具、家屋その他の物件で我が国民の生活の推移の理解のため欠くことのできないもの

○記念物：貝塚、古墳、都城跡、城跡、旧宅その他の遺跡で我が国にとつて歴史上又は学術上価値の高いもの、庭園、橋梁、峡谷、海浜、山岳その他の名勝地で我が国にとつて芸術上又は観賞上価値の高いもの並びに動物（生息地、繁殖地及び渡来地を含む）、植物（自生地を含む）及び地質鉱物（特異な自然の現象の生じている土地を含む）で我が国にとつて学術上価値の高いもの

○文化的景観：地域における人々の生活又は生業及び当該地域の風土により形成された景観地で我が国民の生活又は生業の理解のため欠くことのできないもの

○伝統的建造物群：周囲の環境と一体をなして歴史的風致を形成している伝統的な建造物群で価値の高いもの

以上のほか、文化財保存技術、埋蔵文化財も、これに準ずるものとして規定されている。

一方、著作権法は、「（著作権及び著作隣接権を）定め、これらの文化的所産の公正な利用に留意しつつ、著作者等の権利の保護を図」り、「文化の発展に寄与することを目的」としている（第1条）。すなわち、創造者の人格的・財産的価値の結晶である創造物についての名誉と権利（＝著作権）を認め、多くの労力を費やしてもなお創造活動への意欲を喚起することをねらいとするものである。文化政策の対象領域「著作権の保護」は、この著作権法の運用を中心に展開されている。

文化財保護法、著作権法のいずれも、創造活動の結果である文化的所産について、前者は、これを社会的に保存し、活用を図ることによって、社会的価値を発生させるような方向付けを行い、後者は、その利用から生ずる利益を創造者に帰せしめ、それによって創造活動を活発化させ、文化の発展に導こうとするものである。

文化財保護の関連では、次のような法律が制定されている。

○重要美術品等ノ保存ニ関スル法律

○古都における歴史的風土の保存に関する特別措置法

○明日香村における歴史的風土の保存及び生活環境の整備等に関する

第2章　文化政策の組織、法制と予算

　　　特別措置法
　○地域における歴史的風致の維持及び向上に関する法律
　○地域伝統芸能等を活用した行事の実施による観光及び特定地域商工
　　業の振興に関する法律
　○伝統的工芸品産業の振興に関する法律
　○銃砲刀剣類所持等取締法
　○接収刀剣類の処理に関する法律
　○文化財の不法な輸出入等の規制等に関する法律
　○海外の文化遺産の保護に係る国際的な協力の推進に関する法律
　○武力紛争の際の文化財の保護に関する法律
　また、著作権の関連では、次のような法律が制定されている。
　○著作権等管理事業法
　○プログラムの著作物に係る登録の特例に関する法律
　○映画の盗撮の防止に関する法律
　○連合国及び連合国民の著作権の特例に関する法律
　○万国著作権条約の実施に伴う著作権法の特例に関する法律

2－3　その他の法制

　その他の法制として、次のような法令が制定されている。
（1）文化芸術関係の機関ないし施設に関する法制
　　○国立の機関に係るもの
　　・独立行政法人国立美術館法
　　・独立行政法人国立文化財機構法
　　・独立行政法人日本芸術文化振興会法
　　○地方公共団体の施設に係るもの
　　・地方自治法の公の施設に関する規定（第244条～第244条の4）
　　・公私立の博物館に関する博物館法
　　・公私立の図書館に関する図書館法
　　○劇場、音楽堂に係るもの
　　・劇場、音楽堂等の活性化に関する法律
（2）顕彰に関する法制
　　○文化勲章令

－ 69 －

○日本芸術院令

○文化功労者年金法

　なお、顕彰制度は、優れた創造活動を行い、文化の発展に貢献した人の名誉を称え、優遇することによって、その人の業績を社会に示し、奨励の見本とし、かつ後進への刺激とすることをねらいとしている。

（3）宗務行政に関する法制

　宗務行政の運営に関する法制としては、宗教法人法が制定されている。第1章で見たように、宗教は、文化庁の任務とされることで、文化政策の対象領域の一つとなっている。同法は、宗教法人に係る認証事務や適切な指導助言について規定している。

（4）文化芸術団体の法人化に関する法制

○公益社団法人及び公益財団法人の認定等に関する法律

○一般社団法人及び一般財団法人に関する法律

○特定非営利活動促進法

（5）文化に関する条約

○無形文化遺産の保護に関する条約

○文化財の不正な輸入、輸出及び所有権移転を禁止し及び防止する手段に関する条約

○武力紛争の際の文化財の保護に関する条約

○万国著作権条約

○文学的及び美術的著作物の保護に関するベルヌ条約

○実演家、レコード製作者及び放送機関の保護に関する条約（ローマ条約）

3　地方公共団体の文化法制

3－1　地方自治法と地方教育行政法

　この項は、前節の第3項の「3－2　首長部局と教育委員会」と重複するところが少なくないが、本項では、法制面を中心に、地方自治法と「地方教育行政の組織及び運営に関する法律」（以下「地方教育行政法」という）の関係を整理しておく。

　地方公共団体の文化法制は、地方自治法を一般的な根拠とする。前節

でも触れたとおり、同法において、地方公共団体が処理する事務は、「地域における事務及びその他の事務で法律又はこれに基づく政令により処理することとされるもの」と規定されている（第2条第2項）。

　地方公共団体の文化に関する事務は、この条文の前段の自治事務（＝地域における事務）の中に基本的に含まれ、これに後段の法定受託事務（＝その他の事務で法律・政令により処理するとされるもの）が加わって、全体として文化関係事務が構成されている。なお、法定受託事務は、文化財保護法及び宗教法人法に係る事項である[8]。

　一方、地方自治法は、教育、学術、文化に関する事務は、教育委員会が管理し、執行することとしている（第180条の8第1項）。しかし、地方教育行政法では、教育委員会の文化に関する事務として、「文化財の保護に関すること」のみが挙げられている（第23条第14項）。このように、教育委員会の権限は、法律上やや曖昧であるが、従来、教育委員会は、芸術文化と文化財保護を所掌するのを常としていた。

　しかし、1980年代に入り、首長（都道府県知事、市区町村長）の主導により、首長部局（首長の直轄部局）がいわゆる「自治体文化行政」を直接所掌するようになったため、今日では、首長部局で文化一般と芸術文化の一部を所掌し、教育委員会では、文化財の保護と芸術文化の一部を所掌することが多くの例となっている。

　いずれにしても、地方公共団体の文化関係事務、またこれに基づく地方公共団体の文化政策の一般的な根拠は、主として地方自治法に求められるが、以上に見るように、地方教育行政法も、地方公共団体の文化法制の重要な一環を形成している。

　なお、文化財保護法、博物館法、図書館法は、教育委員会制度を前提として制定されており、その意味で地方教育行政法とも連動している。

3－2　文化振興条例と文化振興計画

　地方公共団体は、「法令に違反しない限りにおいて第2条第2項の事務に関し、条例を制定することができる」（地方自治法第14条第1項）。第2条第2項の事務とは、前項で見た地域における事務（自治事務）及びその他の事務で法律・政令により処理することとされるもの（法定受託事務）である。文化の振興に関する事務は、前者の自治事務に含まれる。

従って、文化の振興に関する条例（以下「文化振興条例」という）の制定は、地方自治法第 14 条第 1 項の規定がその根拠になっている。
　文化振興条例は、2014 年 10 月 1 日時点で、27 都道府県、5 政令指定都市、11 中核市、79 市区町村で制定されている[9]。
　文化振興条例は、地方公共団体の文化政策の一般的な根拠を規定するものであり、これを制定する意味は、①文化振興の基本理念の明示、②文化活動に対する財政的な支援措置、③文化振興計画等の策定、④文化審議会等における住民の政策策定への参加、を盛り込むことにある。それによって、①を基本とする②〜④についての法的根拠が得られ、文化振興のよりどころとなることが期待できるからである。文化芸術振興基本法施行以降に制定された条例では、おおむねこのような四つの内容が盛り込まれている。
　地方公共団体では、文化政策の指針ないし計画（以下「文化振興計画」という）が策定されている[10]。文化振興計画は、当該地方公共団体の基本構想及び基本計画の下位計画として位置付けられているのが通例である。また、文化振興条例が制定されている場合は、当該条例の中に策定について規定されていることが多い。
　文化振興計画は、2014 年 10 月 1 日時点で、35 都道府県、18 政令指定都市、27 中核市、148 市町村で策定されている[11]。ただし、これは、文化芸術振興基本法の施行（2001 年 12 月 7 日）以降に策定された数であるので、同法施行以前のものを加えれば、その数はもう少し多くなるはずである。
　なお、文化振興条例に基づいて文化振興計画が策定されている場合、条例と計画は、ほぼ一体化して当該地方公共団体の文化政策の方向性を示すものとなっている。文化振興条例と文化振興計画との関係は、国の文化芸術振興基本法と文化芸術振興基本方針の関係に近いといってよいであろう。

3－3　文化財保護条例と文化施設設置条例

　地方公共団体は、文化財政策に関し条例を制定している例が多い。これは文化財保護法の授権に基づくものである。
　すなわち、文化財保護法は、地方公共団体は、条例の定めるところに

より、国指定の重要文化財等以外の文化財で、当該地方公共団体の区域内に存するもののうち重要なものを指定して、その保存及び活用のため必要な措置を講ずることができることとしている（第182条第2項）。

　また、条例の定めるところにより、都道府県及び市町村の教育委員会に地方文化財保護審議会を置くことができることとしている（第190条第1項）。さらに、伝統的建造物群保存地区については、市町村は、都市計画区域又は準都市計画区域以外の区域においては、条例でこれを定めることができ、また、保存のため必要な措置を定めることとしている（第143条）。

　文化財保護法のこれらの規定を受け、多くの地方公共団体が文化財保護条例を制定している。なお、地方自治法第2条第9項の第一号法定受託事務である文化財保護法上の事務は、都道府県の文化財保護条例に取り込まれている。

　地方公共団体が設置する博物館・美術館や劇場・音楽堂等の文化芸術施設は、地方自治法上は「公の施設」として捉えられている（第244条）。そして、これら公の施設の設置及びその管理に関する事項は、条例で定めなければならないこととされている（第244条の2第1項）。

　すなわち、文化芸術施設については、必ず設置条例が制定され、当該条例でその設置と管理が根拠付けられることとなっている。

　なお、2003年の地方自治法の改正で指定管理者制度が導入され、指定管理者の指定等に関しても条例で定めることとしている（第244条の2第3項）。「公の施設」と指定管理者制度については、改めて第5章で取り上げる。

　また、地方公共団体が文化施設や文化の振興のための基金を設ける場合は、地方自治法によって、条例によることが義務付けられている（第241条）。

第3節　文化政策の予算

　文化政策の予算は、文化庁の予算、地方公共団体の文化関係経費として把握されるが、民間企業等のメセナ活動費等も、近年少なからぬ割合を示すようになっている。

　文化庁予算は、同庁の発足（1968年）以来着実に増加し、2015年度には1038億円が計上されている。しかしながら、国の一般会計予算に占める割合は0.11％と低く、諸外国の水準と比較しても高いとはいえない。また、その内訳は、文化財保護関係に傾斜したものとなっている。

　地方公共団体の文化関係経費は、1993年度の9549億5000万円余りを頂点に次第に減少し、2013年度には3637億5000万円余りとなっている。これは、地方財政の悪化や公立文化施設建設が一巡したことなどにより、その「建設ラッシュ」が一定程度終息したことを表している。一方、芸術文化事業費、文化施設経費には大幅な変化は見られず、このため「ソフト関連」の経費は、文化施設の建設に伴って増加してきたとはいえない。

　企業によるメセナ活動費の総額は、2014年度194億142万円である。これに、企業財団の活動費を合わせると、956億2697万円となっている。（公社）企業メセナ協議会は、助成認定制度により、企業からの寄附の促進を図っている。また、国の認可による「芸術文化助成財団」でも、多様な芸術文化活動への支援が行われている。

1　文化庁の予算

1−1　国の文化に対する予算

　我が国の一般会計予算は、2015年度で96兆3420億円である。その中で、文教及び科学振興関係費は、5.6％に当たる5兆3613億円が計上されている[12]。文教及び科学振興政策を主として担っているのは文部科学省であるが、同省の2015年度予算が5兆3378億円（復興特別会計除く）、このうち文化芸術関係予算、すなわち文化庁予算は1038億円となっている[13]。

　国の文化に対する予算は、本来は、上記の文化庁予算を中心に、文部

- 74 -

科学省、総務省、外務省、国土交通省等、各省庁の文化関係予算の合計と見ることができる。しかし、これら各省庁の文化関係予算のみを抽出して合算することは容易ではなく、我が国の文化予算は文化庁予算によって表されるのが通例であり、ここでもこれを踏襲することとする。

　このように、我が国の文化予算は、2015年度時点で1038億円で、国家予算（一般会計予算）に占める割合は約0.11%となるが、これは諸外国の文化予算の水準と比べると、決して高いものとはいえない。

　ちなみに、各国の2015年度の文化予算と国家予算に占める割合は、次のとおりである[14]。

　○フランス：4640億円（対国家予算0.87%）
　　文化・コミュニケーション省予算
　○韓　　国：2653億円（対国家予算0.99%）
　　文化体育観光部の一般予算における「文化芸術分野」、「文化・観光・一般分野」の予算と文化財庁の予算の合計
　○イギリス：1992億円（対国家予算0.15%）
　　文化・メディア・スポーツ省予算より観光及びスポーツ予算を除いたもの
　○ド イ ツ：1788億円（対国家予算0.44%）
　　文化・メディア庁の予算
　○アメリカ：1673億円（対国家予算0.04%）
　　スミソニアン機構、博物館・図書館サービス機構、全米芸術基金（NEA）、ナショナル・ギャラリー、ジョン・F・ケネディ・センターの予算の合計
　○中　　国：1219億円（対国家予算0.26%）
　　文化部の予算

　以上の主要六か国に比べ、我が国は、絶対額において最下位であり、国家予算に占める割合も、最下位の米国に次いで低い状況にある。フランスと韓国が、絶対額、国家予算に占める割合ともに群を抜いている。我が国は、アジア三国の中でも、韓国に大きく差を付けられ、また中国にも抜かれる結果となっている。

　今後、我が国が、世界の中で文化国家としての地位を占めるには、文化予算の飛躍的な拡大が望まれるところといえよう。

1－2　文化庁予算の推移

　文化庁が創設された1968年度からの予算の推移を見てみよう。

　図2-2は、2015年度までの文化庁予算の推移を、ほぼ5年ごとに表したものである。1968年度に総額50億円であった予算は、1980年度にその8倍の400億円、2000年度にはさらにその2倍を超える808億円、そして2005年度に1016億円となり、大きく拡充されてきた様子が見てとれる。

　しかし、2003年度に1000億円台（1003億円）を達成して以来、2015年度まで、ほぼ微増の状態にある。先の主要国の文化予算と比較しても、今後の増額が要請されるところである。

　ところで、このような文化予算の拡充に伴い、国による文化芸術活動への支援、すなわち支援行政も拡大してきた。とりわけ、1990年には芸術文化振興基金の創設、1996年には「アーツプラン21」の創設といった、当時の我が国の文化政策の画期となる施策が行われた。

　文化政策の対象領域「文化の振興と普及」の中核をなす支援行政については、第4章で詳述するが、このような支援行政に係る文化庁の施策の発展・進化は、文化芸術関係者にとって望まれるところである。そのためにも、文化予算の拡充は重要な課題であるということができる。

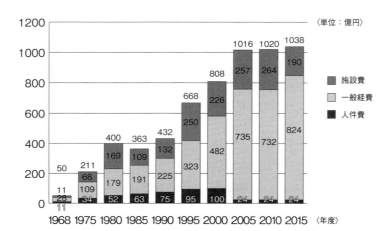

出典：文化庁『平成27年度　我が国の文化政策』p.7を参照し佐藤作成
図2-2　文化庁予算の推移

第2章　文化政策の組織、法制と予算

1－3　文化庁予算の内訳

　文化庁予算の内訳は、従来、文化財保護関係に傾斜したものとなっている。2015年度の予算を分野別に表した図2-3を見てみよう。

　「芸術文化の振興」が227億800万円（21.9％）、「文化財保護の充実」が451億900万円（43.5％）、「国立文化施設関係」が328億9400万円（31.7％）であり、「文化財保護の充実」の割合が最も大きいことがわかる。また、「芸術文化の振興」は、「文化財保護の充実」の約5割であり、従って、文化庁予算は、対象領域「文化の振興と普及」よりも、対象領域「文化財の保護」にかなり傾斜した構造となっている。

　次に、国立美術館に係るものが109億7600万円（10.6％）、国立文化財機構に係るものが113億6100万円（10.9％）である。前者は「芸術文化の振興」に、後者は「文化財保護の充実」に関わりが深いと考えれば、文化芸術機関に関する限り、両者はほぼ同じ比率といえる。なお、両者を合算すれば223億3700万円となり、美術館・博物館等に対し、総額の21.5％が措置されていることになる。

　一方、図2-3と「平成27年度文化庁予算の概要」により、現代舞台芸術や伝統芸能等のパフォーミング・アーツに係る予算について、関係項目を集計すれば、次のとおりである。

　「文化芸術創造活動への効果的な支援」が56億9000万円、「文化力による地域と日本の再生」が56億2100万円であり（以上は図2-3）、これらを合算すれば113億1100万円となる。なお、後者には、2012年に「劇場、音楽堂等の活性化に関する法律」が施行されたことを受けた「劇場・音楽堂等活性化事業」30億円が含まれる。

　また、「文化財保護の充実」に含まれる「無形文化財・文化財保存技術の伝承等」及び「民俗文化財の伝承等」の合算額が12億4600万円（以上は「平成27年度文化庁予算の概要」）、「日本芸術文化振興会」が105億5700万円（図2-3）であり、これらを合算すれば118億300万円になる[15]。なお、「日本芸術文化振興会」では、文化芸術活動に対する支援のほか、六つの国立の劇場の管理・運営を行っている。

　以上のうち、前者、すなわち「文化芸術創造活動への効果的な支援」及び「文化力による地域と日本の再生」が、おおむね現代舞台芸術に対する直接、間接の支援を中心とした予算額であり、後者、すなわち「無

－ 77 －

形文化財・文化財保存技術の伝承等」、「民俗文化財の伝承等」、及び「日本芸術文化振興会」が、ほぼ伝統芸能等に係る予算額に当たると考えてよい。なお、両者を合算すれば、パフォーミング・アーツに係る予算額は231億1400万円となり、総額の22.3％を占めることになる。

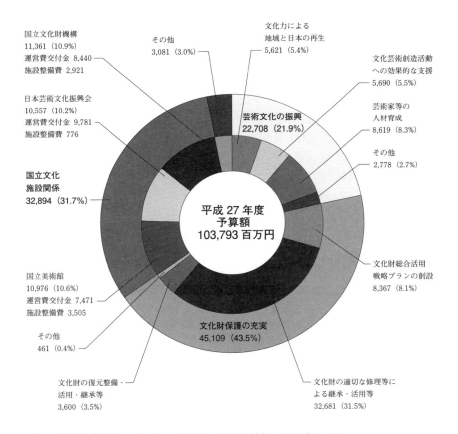

出典：文化庁『平成27年度　我が国の文化政策』、2015年、p.7
図2-3　文化庁予算の分野別内訳
（注）単位未満を各々四捨五入しているため、合計額と合致しない場合がある。

第2章　文化政策の組織、法制と予算

2　地方公共団体の文化関係経費

2−1　地方公共団体の文化関係経費の推移

　地方公共団体の文化関係経費は、1993年度を頂点として、急激に減額に転じ、ようやく近年、安定的に推移するようになっている[16]。図2-4及び図2-5は、1992年度から2013年度までの地方公共団体の文化関係経費の推移を示したものである。

　まず、図2-4に見るように、都道府県・市区町村集計額は、1993年度の9549億5000万円余りを頂点に、年を追って減少していき、2005年度には4000億円を切るに至った。以後は、おおむね3000万円台で推移したが、2007年度の3327億6000万円余りを最低に、その後は、若干の増減が見られるものの微増に転じ、2013年度には3637億5000万円余りとなっている[17]。

　また、図2-5の経費別集計額の推移に見るように、2013年度の芸術文化経費が2982億3000万円余りであるのに対し、文化財保護経費は655億2000万円余りとなっている。芸術文化経費と文化財保護経費の乖離は、過去にさかのぼるほど大きくなっている。逆にいえば、1993年度を頂点とした合計額の減少傾向の中にあって、芸術文化経費は、文化財保護経費よりも目立って大きな減少幅を見せている。その原因は2−2で述べるが、いずれにしても、地方公共団体の文化予算においては、文化財保護に係る経費よりも、芸術文化に係る経費の方が圧倒的に多く、この点が国（文化庁）と逆になっている。

　それは、「文化財の保護」は、明治以来、基本的に国の事務であったことによるものである。すなわち、国（文化庁）が原則としてこれを担ってきたことに伴い、地方公共団体の文化財保護のための経費は抑えられてきたと考えられる。また、文化財保護の経費が少なくてすむ反面、芸術文化の経費に多くを割くことができたともいえる。

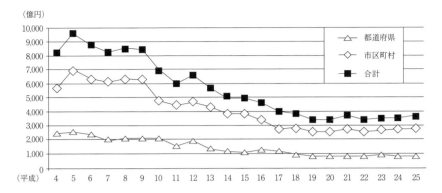

出典:文化庁「地方における文化行政の状況について(平成25年度)」p.22
図2-4 地方公共団体の文化関係経費(都道府県・市区町村別集計額の推移)

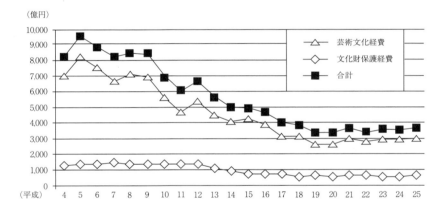

出典:文化庁「地方における文化行政の状況について(平成25年度)」p.23
図2-5 地方公共団体の文化関係経費(経費別集計額の推移)

2-2 芸術文化経費における近年の特徴

ここでは、図2-6により、「芸術文化経費」の内訳を見ながら、これが減少していった理由とその特徴を跡付けることにしよう。
芸術文化経費の内訳は、「芸術文化事業費」、「文化施設経費」、「文化施設建設費」に分けられる。先に、1993年度以降、芸術文化経費が大幅に減少していることを指摘したが、それは、文化施設建設費が大きく減

少したことによる。

　すなわち、1993年度には、芸術文化経費の合計額が8172億3000万円足らず、うち文化施設建設費が5878億7000万円足らずであったのに対し、2013年度には、芸術文化経費の合計額は2982億4000万円足らず、うち文化施設建設費は535億円足らずとなっている。

　このような文化施設建設費の急激な減少は、次のような理由によるものと考えられる。

　1970年代後半から1990年代前半にかけては、地方公共団体による文化施設の建設が盛んな時期であった。それは、1980年代の「文化の時代」、「地方の時代」の標語の下に、いわゆる「自治体文化行政」が進展し、折からのバブル経済により地方の税収は上がり、全国各地で公立文化施設の整備が進んだことによる。

　しかし、90年代に入りバブル経済が崩壊したため、一転して地方財政は悪化し、文化施設の建設も頓挫することになった。それでも90年代の前半までは、それまでの施策の継続もあって、建設はまだ進められていたが、90年代の後半を経て2000年代に入ると、新規に開館する施設数は小幅な増加が見られるのみとなった[18]。このような、バブルの崩壊による地方財政の悪化が、理由の第一に挙げられる。

　今一つの理由は、1980年代から90年代を通じて、文化施設の建設が全国的にほぼ一巡したと考えられることである。すなわち、文化施設建設費の継続的な減少は、このような「建設ラッシュ」が一定程度終息したことを表すものと見ることができる。

　その一方で、芸術文化事業費、文化施設経費は、図2-6に示されているように、1998年度以降大幅な変化は見られない。このことは、文化施設の設置は進んだものの、芸術文化を振興していくための「ソフト関連」、すなわち芸術文化関連事業や芸術文化活動に対する助成、あるいは文化施設の管理運営費等は、必ずしもそれに伴って増加しているわけではないといえる。

　特に、文化施設経費にそれほど増加がないということは、文化施設の増設にもかかわらず、これに係る経費が相対的に減少していることを意味するといってもよいであろう。

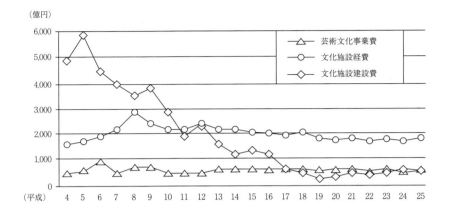

出典:文化庁「地方における文化行政の状況について(平成25年度)」p.25
図2-6 地方公共団体の芸術文化経費(経費別集計額の推移)

3 民間企業等によるメセナ活動

3-1 メセナ活動の概要

　企業等民間の機関が文化芸術に寄せる関心は、かつては必ずしも高いものではなかった。しかし、1980年代の後半頃から、企業等において、企業市民としての自覚(コーポレート・シティズンシップ)のもとに、社会的貢献(フィランソロピー)の一環として、メセナの名による文化芸術への支援が積極的に行われるようになった。
　「メセナ活動」とは、一般的には、企業等が文化芸術を支援する活動のことをいう。また、「メセナ」の語源は、ローマ時代の文学、芸術の擁護者であった大臣マエケナスの名に由来するといわれる。
　企業等による文化芸術の支援としては、次のような五つの類型が見られる。
　第一の類型は、企業等が、音楽会や展覧会等の、いわゆる文化芸術イベントを自ら主催し、あるいは協賛しようとするものである。このケースには、企業等のイメージアップを図るなどの、直接的な宣伝効果を期待していることが多い。企業等のメセナ活動が始まった1980年代後半頃には、これらがあからさまな冠公演としてマスコミの批判を浴びたこ

― 82 ―

ともあった。

　第二の類型は、企業等が、美術館・博物館や劇場・音楽堂等を設置し、運営する形態のものである。企業等が文化芸術に関わりを持ち始めた最も早い段階から見られたものであり、また、企業等が設置・運営する優れた美術館・博物館、劇場・音楽堂等も少なくない。企業等のイメージアップという側面もあるが、事後の運営まで考慮に入れた、ある意味で腰の据わった文化芸術への関わり方ということができる。

　第三の類型は、企業等が、各種の文化芸術団体等に対し寄附金を拠出して、文化芸術事業等の支援を行うものである。この形態こそが、本来の意味のメセナ活動といえるものである。この場合は、企業等の宣伝といった色彩は後退し、ある意味で純粋な形の文化芸術への支援が見られる。

　第四の類型は、企業等が、資金を出捐して文化芸術関係の財団を設立し、文化芸術事業を支援し、あるいは実施するケースである。これは、その時どきの企業の収益に左右されることなく文化芸術活動の支援（ないし実施）を行おうとするものであり、安定した支援活動が期待される。第五の類型は、企業等が、文化芸術活動の場として、自社の施設や機材の提供を行ったり、社員を派遣したり（あるいは参加させたり）するものである。特に後者は、社員のボランティア活動推進という社会の流れに沿うものといえる。

　我が国では、1980年代後半からメセナ活動に対する意識が高まっていった。そして、1990年には、メセナ活動の中間支援機関として「企業メセナ協議会」（現在は公益社団法人）が発足した。後述するように、企業メセナ協議会は、支援をしたい企業と支援を受けたい文化芸術団体との間の橋渡しを行うなど、企業のメセナ活動が活発に行われるための条件整備を図ることを主な目的としている。

　企業等がメセナ活動を行う目的は、自社の製品、サービス等を販売するために直接的な宣伝効果を期待して行うものではなく、企業等の社会貢献活動の一環として文化芸術振興に取り組むものとされ、地域に根差した地道な支援を行っているものも多い。

　こうした目的のもと、メセナ活動の方法は多岐にわたっており、文化芸術活動に対する資金提供による支援をはじめ、マンパワーの提供、場

所の提供、製品・サービスの提供、技術・ノウハウの提供など、様々な非資金援助も行われている。また、前述したように、企業が自ら主催して文化事業を行ったり、企業財団を設立し各種の事業を行ったりする場合も多い。

3－2　メセナ活動費の総額と税制優遇による寄附制度

3－2－1　メセナ活動費の総額

　（公社）企業メセナ協議会の調査によれば、2014年度の企業によるメセナ活動の実態は、次のとおりである[19]。

　まず、企業によるメセナ活動の実施状況は、次のとおりである。
○実施企業数：333社（回答企業数420社）
○活動総件数：2928件（1社平均8.7件）
○活動費総額：194億142万円（回答245社の総額、1社平均7918万円）
　次に企業財団によるメセナ活動の実施状況は、次のとおりである。
○活動総件数：693件（回答企業数189団体、1財団平均3.6件）
○活動費総額：645億9540万円（回答及び公表データによる167団体の総額、1財団平均3億8679万円）

　以上の企業の活動費総額と企業財団の活動費総額に企業メセナ協議会が別事業等により把握するデータを合わせると、総計956億2697万円と公表されている。

　なお、その実施方法は、次のとおりである[20]。

　まず、企業の実施件数ベースでは、総件数1666件（複数回答）のうち、次のような内訳となっている（無回答32件）。
○自主企画（運営）：475件（28.5％）
○他団体への支援・提供：1159件（69.5％）
・資金：971件（83.7％）
・マンパワー：167件（14.4％）
・場所：91件（7.8％）
・製品・サービス：89件（7.6％）
・技術・ノウハウ：63件（5.4％）
　次に、企業財団の実施件数ベースでは、総件数693件（複数回答）の

うち、次のような内訳となっている。

○自主事業：329 件（47.4%）

○助成：211 件（30.4%）

○文化施設：80 件（11.5%）

○顕彰：50 件（7.2%）

○奨学：23 件（3.3%）

3－2－2　税制優遇による寄附制度

　文化芸術活動に対する民間からの資金提供の際には、寄附という方法がある。企業メセナ協議会では、寄附を促進するため、1994 年から「助成認定制度」を設けている。

　この制度は、「企業や個人が、公益社団法人である協議会の助成活動に対して寄付を行うことで、税制優遇が受けられる制度」[21] とされ、寄附を行う企業等法人の場合は一般の寄附金とは別枠での損金算入、個人の場合は税額控除又は所得控除が認められる。

　寄附を受ける側の文化芸術団体・個人は、同協議会から助成認定を受けることにより、寄附金と同額の助成金を受けることができる。

　2014 年度の実績は、次のとおりである[22]。

○認定事業数：93 件

○寄附件数：1060 件

○寄附総額：3 億 6755 万円

　なお、2013 年 12 月末までの実績は、寄附件数 2 万 1145 件、寄附総額 119 億 8141 万円となっている[23]。

　また、企業メセナ協議会では、「2021 芸術・文化による社会創造ファンド（2021 Arts Fund）」、「東日本大震災 芸術・文化による復興支援ファンド（GB Fund）」を立ち上げている。前者は、東京五輪の 2020 年から先の文化創造に資するための寄附者の意向に応じた目的別ファンドであり、後者は、いうまでもなく東日本大震災の復興支援ファンドであり、G は芸術、B は文化、F は復興とファンドを意味している。

　メセナ活動については、しばしば米国との比較で語られるが、我が国では寄附を行う習慣が必ずしも根付いていない。しかし、公益法人制度改革により、2008 年に施行された法律に基づき、公益性を認定された

法人、すなわち公益社団法人・公益財団法人に対し、寄附を行う法人及び個人には、税制上の優遇措置が設けられている。

　今後は、このような税制優遇により、芸術文化活動に対する寄附が促進されることが期待されている。

3－3　芸術文化助成財団の活動

　先にも触れたように、企業によるメセナ活動の一環として、企業財団の設立が挙げられる。企業財団の活動には、大きくいって「助成型」と「事業型」が見られるが、その両方を行う財団もある。1988 年には、文化芸術に対する助成を行う 23 の財団により、「芸術文化助成財団協議会」が設立された[24]。

　同協議会においては、音楽もしくはオペラ分野に対する支援活動を行っている財団が 19 財団ある（なお、当初は対象としたが現在では行っていないものもある）。このほか、対象分野としては、美術、演劇、舞踊、伝統芸能、地域文化等が挙げられる。また、このような「助成型」のみならず、財団自ら演奏会を開催するなどの「事業型」の側面を併せ持つ財団や顕彰を行う財団もある。

　助成事業は、公演活動への助成のほか、邦人作曲家の作品出版や、CD 録音・制作（すでに打ち切られている）など、民間の企業財団ならではの助成活動も行われている。また、研修に対する助成や奨学金など、若手の研鑽を支援する財団も多い。さらに、財団によっては、助成対象となる活動が行われる地域、あるいは助成対象者の出身地を限定し地元の活動を奨励したり、母体企業の得意分野の発展に繋がる活動に助成したりするなど、様々な特色が見られる。このようなきめ細かな支援により、多様な芸術文化活動への支援が行われている。

　芸術文化助成財団協議会は、これまで文化庁と連携しつつ、かつ構成団体間の相互の棲み分けを図りながら支援活動を展開してきた。

　もともと、民間の支援活動は、それぞれが独立性を保ちながら、独自の立場から行われている。その意味で、公・私の間を横断する包括的な支援の枠組みを構築することは容易ではない。しかしながら、例えば、民間においては、公の関与が困難な先駆的・評価未定の領域を主たる対象とし、一方、国（地方公共団体）においては、文化芸術活動や文化芸

第 2 章　文化政策の組織、法制と予算

術団体の性格、成熟化の度合い等により支援の内容に強弱を加えるなど、支援の対象と方法の構造化を図ることにより、相互に補完し合う仕組みを構築することが求められる。

　今後は、国（地方公共団体）による支援と民間のメセナ活動による支援を効果的に組み合わせ、相互に補完し合う包括的な支援の枠組みを構築していくことが望まれるところである。

注

1 このほか、文部科学省設置法第4条第3号、第5号、第89号から第93号までの事務も文化庁の所掌事務とされている。

2 例えば、文化財保護法上の指定等の根幹的な権限は文部科学大臣にあり、管理等の経常的な権限等は文化庁長官にある。

3 文化庁『平成27年度　我が国の文化政策』による。

4 文化庁・前掲書による。

5 小林直樹『憲法の構成原理』東京大学出版会、1961年、p.337。同『憲法講義上〔新版〕』東京大学出版会、1980年、p.548。小林真理『文化権の確立に向けて─文化法の国際比較と日本の現実─』勁草書房、2004年、pp.43-48。

6 行政法学でも文化芸術には権利性が希薄であるというのが一般的な認識となっている。例えば、村上武則編『応用行政法〔第二版〕』有信堂高文社、2001年、pp.19-20。

7 本書は2015年度時点で執筆されているため、独立行政法人日本芸術文化振興会の事業についても2015年度までを対象とする。

8 文化財保護法施行令第7条、宗教法人法第87条の2。

9 文化庁「地方における文化行政の状況について（平成25年度）」2015年9月による。

10 ここでいう「文化政策の指針ないし計画」とは、「地方公共団体における文化振興全般、市民や文化団体による芸術文化振興について規定する計画、指針等（計画、指針、ビジョン、プラン、方針、構想など名称は問わない）」である。注9の文化庁・報告書による。

11 注9の文化庁・報告書による。

12 財務省ホームページ「平成27年度予算のポイント」（http://www.mof.go.jp/budget/budger_workflow/budget/fy2015/seifuan27/01.pdf）（2016年10月5日最終閲覧）による。

13 文部科学省ホームページ「平成27年度文部科学関係予算（案）のポイント」（http://www.mext.go.jp/component/b_menu/other/__icsFiles/afieldfile/2015/01/14/1354480_1.pdf）（2016年10月5日最終閲覧）による。

14 （株）野村総合研究所「平成24年度文化庁委託事業 諸外国の文化政策に関する調査研究（平成26年度一部改訂）諸外国の文化予算に関する調査報告書」2015年3月による。

15 「無形文化財・文化財保存技術の伝承等」には工芸技術、民俗技術、文化財保存技術が含まれ、「民俗文化財の伝承等」には有形の民俗文化財が含まれるため、厳密にはパフォーミング・アーツとしての伝統芸能、民俗芸能に限られないが、資料ではこれらが区分されていないため、便宜上それぞれの項目の数字を挙げた。

16 文化庁「地方における文化行政の状況について（平成25年度）」2015年9月による。

17 本文の数値は、注16の資料による。

18 財団法人地域創造「地域の公立文化施設実態調査」報告書（平成19年度）では、本文で触れたように、2000年代に入ると「小幅な増加」と指摘している。

19 文化庁『平成27年度　我が国の文化政策』及び企業メセナ協議会「2014年度メセナ活動実態調査報告書」による。

20 注 19 に同じ。

21 企業メセナ協議会ホームページ(https://www.mecenat.or.jp/support/apaap.html)
（2016 年 10 月 5 日最終閲覧）による。

22 文化庁『平成 27 年度　我が国の文化政策』による。

23 企業メセナ協議会ホームページ（http://www.mecenat.or.jp/news/post_3.html）
（2016 年 10 月 5 日最終閲覧）による。

24「芸術文化助成財団協議会」傘下の 23 財団は、文化庁の旧認可に係る財団で（現
在は内閣府所管）、現在も文化庁が直接把握しているものであり、先の企業メセ
ナ協議会の調査報告による「企業財団」とは一致しない。

第3章　文化政策の基本理念と二大領域

第1節　文化政策の基本理念と国際文化交流の推進

　文化芸術振興基本法は、文化芸術振興の基本理念として、全八項にわたって規定している。最も基底に置かれる四つの項目と、文化政策の直接的な方向性を示す五つの項目からなり、全体として体系性をもって示されている。

　文化政策は、理念・目的・目標の観点から整理される。理念は、実定法である文化芸術振興基本法、教育基本法、文化財保護法から導き出される。この理念の下に、より具体化した目的が設定され、この目的の下に、目標が五つの事項から構成されている。

　我が国の文化形成の歴史的ダイナミズムとその地理的な展開から、国際的水準の芸術文化と多様性のある地域文化の振興という、文化政策の一つの方向性が示唆されている。

　「文化の国際交流の推進」は、文化政策の理念及び目的の中の、世界の文化の進展への貢献と関連し、また、文化政策の目的の中で、二大領域と並んで位置付けられている。

　国際文化交流政策は、文化政策の機能の一つである。それは、狭義の芸術文化政策、文化財政策、著作権政策と深く関連し、いわばこれらに通底する機能である。従って、対象領域（理念・目的・目標）とは異なり、趣旨・内容として捉えることが適当である。

　そして、それは、五つの内容に整理されるとともに、その体系は、内容と同じ五つの事項から構成されている。

1　文化芸術振興の基本理念

1－1　最も基底に置かれる理念

　文化芸術振興基本法第2条は、文化芸術振興の基本理念として全八項にわたって規定している。また、第一次「文化芸術の振興に関する基本的な方針」（以下「第一次基本方針」という）では、各項についてさら

に敷衍して注釈を施していた。これらのうち、最も基底に置かれる基本理念として、次の四つの項目を挙げることができる。

第一は、文化芸術創造享受権である（第3項前段）。文化芸術創造享受権についてはすでに述べたとおりであるが、基本理念の条項の中にこれを規定したことは、文化政策に対し、一定の節度とともに、この権利を実現すべき積極性を求めたといえる。

第二は、文化芸術活動を行う者の自主性の尊重である（第1項）。自主性の尊重は、基本法前文及び第1条でも触れているが、本項ではさらに、基本理念の根幹をなすものとしてその重要性を謳ったと解される。第一次基本方針は、自主性の尊重の理由として、文化芸術活動が、その主体たる人間の自由な発想による精神活動であることを挙げている。なお、自由な発想を保障するためには、憲法第21条の表現の自由（第19条の思想及び良心の自由、第23条の学問の自由を含む）を踏まえた内容不関与の原則が措定されていると考えてよい。

第三は、文化芸術活動を行う者の創造性の尊重と地位の向上である（第3項）。第一次基本方針は、創造性の尊重の理由として、文化芸術活動が活発で意欲的な創造活動により生み出されることを挙げている。創造活動は、人間の自主的な精神活動によることが前提であり、その意味で、創造性の尊重は、自主性の尊重と相即不離の関係にある。従って、ここでも、憲法第21条等を踏まえた内容不関与の原則が措定されているといえる。また、地位の向上については、第一次基本方針では、別の項でそのための条件（環境）整備の必要性を強調している。創造性の尊重と地位の向上の究極のねらいは、文化芸術活動を行う者の能力の十分な発揮にあるといってよいであろう。

第四は、国民の意見の反映である（第8項）。文化芸術の振興には、広く国民の意見が反映されることが必要であり、基本法は（第一次基本方針も）、その重要性にかんがみ、基本理念として掲げたものである。なお、基本法第34条は、さらに政策形成への民意の反映を規定している。

1－2　文化政策の方向性を示す理念

文化政策の直接的な方向性を示す理念として、次の五つの項目が挙げられている。

第一は、文化芸術を鑑賞、参加、創造することができる環境の整備である（第3項後段）。「国民がその居住する地域にかかわらず等しく」（基本法、第一次基本方針）ないし「全国各地で」（第一次基本方針）、様々な文化芸術活動（＝鑑賞、参加、創造）を行うことができるような環境の整備を図るとしている。このことは、文化政策の機能の一つである「文化の均霑」を主として念頭に置いているものと考えられる。

　第二は、我が国及び世界の文化芸術の発展である（第4項）。我が国の文化芸術の発展が、ひいては世界の文化芸術の発展に資するという、一般的な相関関係で両者を捉えており、頂点に位置する質の高い創造活動を想定していると見なされる。従って、ここでは、文化政策の機能の一つである「文化の頂点の伸長」に主眼を置いているものと解される。

　第三は、多様な文化芸術の保護及び発展である（第5項）。多様な文化芸術には、空間的な広がりの中で展開している地域の文化芸術と、時間的な流れの中で創造・蓄積されてきた文化財、の二つの意味が含まれる。ここでは、「保護及び発展」（基本法）、「保護し、その継承・発展」（第一次基本方針）という表現にあるように、主として文化財としての文化芸術に主眼を置いたものと考えられる。

　第四は、各地域の特色ある文化芸術の発展である（第6項）。「地域の人々により主体的に文化芸術活動が行われるよう配慮」し、「各地域の歴史、風土等を反映した特色ある文化芸術の発展」を図るとしている（基本法、第一次基本方針）。従って、ここでは、第三とは異なり、地域の文化芸術を主として対象にするとともに、文化政策の機能の一つである「地域文化の自律性の確立」に着目したものと考えられる。

　第五は、我が国の文化芸術の世界への発信である（第7項）。「我が国の文化芸術が世界へ発信されるよう、文化芸術に係る国際的な交流及び貢献の推進」（基本法、第一次基本方針）を図るとしている。前述の第二と関連するが、ここでは、主として発信という作用面を捉えるとともに、国際的な貢献についての積極的な姿勢を示したものといえる。

1－3　基本理念の構造

　以上の基本理念は、図3-1に示すような構造として把握することができる。

第3章　文化政策の基本理念と二大領域

　まず、文化芸術振興の最も基底に置かれる理念については、「文化芸術創造享受権」から「自主性の尊重」、「創造性の尊重」が派生し、創造性の尊重はまた「地位の向上」を要請するという、一連の流れとして把握できる。

　これらを基礎として、文化政策の方向を示す理念が導き出されるが、いずれも、「文化政策の機能」の各部分に対応させて整理することができる。すなわち、「文化芸術を鑑賞、参加、創造することができる環境の整備」は機能の「文化の基盤の整備」と「文化の均霑」（「文化の裾野の拡大」に含まれる）に、「我が国及び世界の文化芸術の発展」は機能の「文化の頂点の伸長」に、「多様な文化芸術の保護及び発展」は機能の「文化財の保存と活用」に、「各地域の特色ある文化芸術の発展」は機能の「地域文化の自律性の確立」（「文化の裾野の拡大」に含まれる）に、「我が国の文化芸術の世界への発信」は機能の「文化の国際交流の推進」に、それぞれ対応する関係となる。

　そして、「国民の意見の反映」は、これら文化政策の方向を示す理念全体に関わるものとして位置付けられる。

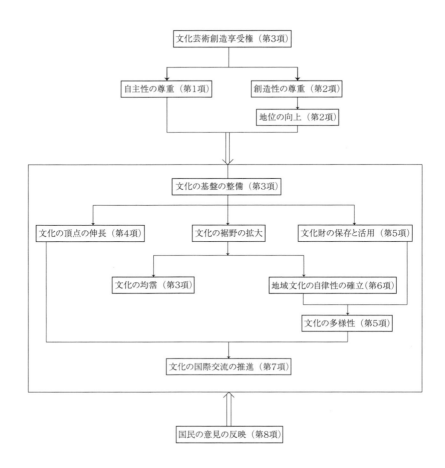

出典：根木昭『文化政策学入門』水曜社、2010 年、p.89
図 3-1　文化芸術振興の基本理念の構造

2　文化政策の理念・目的・目標

2－1　文化政策の理念

　憲法上、文化の位置付けないし文化政策の在り方については、明確な規定を欠いている。また、法律レベルでは、2001 年に文化芸術振興基本法が制定されるまでの間、これらは、教育基本法の中において、教育との関係で間接的に言及されているに過ぎなかった。ただし、文化財保

護法には、文化財についてではあるが、文化政策の理念と見なし得る規定が存在する。いずれにしても、文化芸術振興基本法の制定によって、文化政策の基本が示されるに至ったといえる。本項では、前章までに述べたことを背景に置きつつ、特にこれら実定法を中心に文化政策の理念を導出することとする。

　文化芸術振興基本法は、前文と第1条において、文化政策の基本は、「これまで培われてきた伝統的な文化芸術を継承し、発展させるとともに、独創性のある新たな文化芸術の創造を促進」（第3段落後段）することによって、「心豊かな国民生活及び活力ある社会の実現に寄与」（第1条）することにあるとしている。すなわち、伝統文化の継承・発展と独創性ある新たな文化の創造を促進することにより、国民生活を豊かにし、社会を活力に満ちたものにすることを基本に置いているものと解される。

　一方、教育基本法は、その前文で、民主的で文化的な国家のさらなる発展と、世界の平和と人類の福祉の向上への貢献を理想とし、これを実現するために、「伝統を継承し、新しい文化の創造を目指す教育を推進する」として、教育の営為を通じて、伝統文化の継承と新たな文化の創造を図ることを基底に位置付けている。2006年に改正される前の旧教育基本法の「普遍的にして個性豊かな文化の創造」が、新法では「伝統文化の継承と新たな文化の創造」に置き換えられたが、その趣旨は変わらないものと解される。

　また、文化財保護法は、文化財の保存と活用を図ることにより、「国民の文化的向上に資するとともに、世界文化の進歩に貢献することを目的」（第1条）としている。

　以上の諸規定を総合的に勘案すれば、文化政策の理念は、「伝統的な文化の継承・発展と独創的な新たな文化の創造を図り、国民の文化的生活の向上、活力ある社会の実現及び世界の文化の進展に貢献すること」にあるといってよいであろう。

2－2　文化政策の目的と目標

　以上の理念から導き出される文化政策の目的は、「文化の振興と普及、文化財の保護及び国際文化交流の推進を図り、国民の文化的生活の向上、活力ある社会の実現及び世界の文化の進展に貢献すること」に要約され

る。

　前半の「文化の振興と普及、文化財の保護・・・を図（る）」ことは、理念の「伝統的な文化の継承・発展と独創的な新たな文化の創造を図（る）」ことを、目的レベルでより明確化したものである。また、「国際文化交流の推進を図（る）」ことは、「文化の振興と普及」、「文化財の保護」の両面に関連するとともに、理念の「世界の文化の進展に貢献すること」を目的レベルで具体化したものである。

　後半の「国民の文化的生活の向上、活力ある社会の実現及び世界の文化の進展に貢献すること」は、理念と重複するが、この三つの側面は、前半の「文化の振興と普及」、「文化財の保護」及び「国際文化交流の推進」を図ることにより現れる総合的な効果であり、また、最終的に達成しようとするねらいでもある。その意味で、目的レベルにおいても、この三つの側面を加えておくことが必要と考えられる。

　このような目的のもとに、文化政策の目標は、①文化の頂点を伸長すること、②文化の裾野を拡大すること、③文化財の保存と活用を図ること、④文化の国際交流を推進すること、⑤文化の基盤を整備すること、の五つの柱に整理される。

　目的の「文化の振興と普及」は、目標の①②において直接具体化されるが、④とも深く関連し、さらに⑤を基礎として展開される。目的の「文化財の保護」は、目標の③において直接具体化されるが、これも④と深い関連があり、また⑤を基礎としている。目的の「国際文化交流の推進」は、④において直接現れるが、同時に⑤とも関連する。

　目的と目標は、以上のような相互関係にある。これら五つの目標を達成することにより、文化政策の目的が全体として達成され、ひいては文化政策の理念が実現されるという構造になっている。なお、この五つの目標は、第1章第1節で述べた文化政策の五つの機能と重なるものである。

3　国際的水準の芸術文化と多様性のある地域文化の振興

3－1　文化形成の歴史的ダイナミズム

　我が国は、近世以前には、主として大陸・半島の文化を受容しつつ、

これらを消化・吸収し、独自の文化を形成してきた。さらに、明治を迎えると、欧米の文化が積極的に摂取され、それまでに築き上げられてきた伝統文化と融合しながら、今日の文化を形づくるに至っている。アジア大陸の東に位置する島国という地理的環境から、我が国の文化の形成には、歴史的に次のような繰り返しが見られる。

すなわち、外に向かって積極的に国が開かれている時代にあっては、常に外から文化の波が反復して打ち寄せ、これらを受け入れることに大きな比重がかけられた。ただ、この場合においても、新しい文化の受容にはある種の選択が行われるとともに、一旦は受け入れられても、国民性に合わず捨て去られるものがあった。一方で、新たな文化の渡来により、衰微・消滅していった在来の文化があったことはいうまでもない。しかし、総じてこの時期には、新旧の両文化が相互に緊張を保ちつつ並存する関係にあったといえる。

転じて、国が閉ざされるか、あるいは対外交流が消極的になってくると、時代の推移とともに、これら新来の文化は、次第に定着し、熟成・深化していき、又は我が国独自のものに変容していった。在来の文化も、新しい文化から刺激を与えられ、相互の間で対立・葛藤を繰り返しながら、次第に融和・混淆することによって、新たに固有の文化が生み出されるに至っている。なお、発生地（大陸又は半島）や経由地（半島）ではすでに衰微・消滅した文化のうち、我が国に残存し伝統文化の構成要素をなしている例も多い。

明治以来、我が国は、主として欧米文化の受容に専ら努力を注いできた。しかし、今日では、世界のあらゆる文化との交流が頻繁に行われるようになっている。普遍的・共通的性格を持つ（と見なされた）欧米文化の影響は、これからもなお継続していくであろうが、反面、その一般的な優位性は反省されつつあり、各地域・民族の固有の文化が見直され、相対化して捉えられる方向に向かっている。伝統文化と欧米文化によって織りなされた日本の現代の文化に、さらに他民族との文化的接触が加わり、今日、新たな文化を生み出す土壌が培われつつあるといえる。

3－2　文化の地理的展開
　一方、我が国文化の地理的な展開、すなわちその「中央性」と「地方

性」について、歴史をたどりながら眺めると、ほぼ次のような推移が見られる。

　我が国の歴史上、おおむね室町時代の半ばまで、文化の拠点といえるものは、唯一「都」のみであった。特に平安時代以降は、京都が文化の中心としての地位を占め続けた。しかし、戦国期を経て江戸時代に入ると、京都のほか、政治都市・江戸、経済都市・大坂の三都に、海外に開かれた開港都市・長崎を加えた四都市が、文化的に抜きん出た地位を占める一方、幕藩制の確立に伴い、城下町を中心に、各地に多極的な文化の拠点が形成されるようになった。ところが、明治を迎えると、中央集権体制の下で、東京の比重が次第に高まっていき、特に戦後は、東京が文化的にも突出した地位を占めるに至っている。

　そして、いずれの時代にあっても、人々の心情を根強く支配していたのが、中央と地方の文化の絶対的な格差の意識であった。多極化の傾向が比較的強かった江戸時代においても、その前半では上方（京・大坂）への憧れが人々の心を支配し、後半では花のお江戸に向けて地方の人々を駆り立てていった。このことは、地方の人々の心の中に、文化的劣位の感覚が拭い難いものとして横たわっていた証左であり、何ごとによらず、中央の文化を絶対的な基準と見なし、中央の物指しによって地方の文化を測ろうとする傾向が強かった。従ってまた、文化は常に中央から流れくるものであり、いかに早くこれを受け入れ、その水準に追いつくかということが、地方の中心的な課題であったといえる。

　このような傾向は、つい最近まで続いており、東京の比重が圧倒的に高いことと相まって、一般的には東京中心のものの考え方が支配的となっていた。しかし、1970 年代の終わり頃から、このような考え方に対する反省が生じてきた。とりわけ 1980 年代以降、各地において、中央文化の優越性という歴史的認識から脱却し、より積極的に、地域文化の自律性を確立していこうとする動きが見られるようになった。21 世紀を迎え、これらの傾向はさらに強まっているといってよい。ここに、ようやく、地域文化を踏まえた新たな文化の展開していく可能性が出てきたといえる。

３－３　国際的水準の達成と国内的均衡・多様化の推進

　以上のような文化形成の歴史的ダイナミズムとその地理的な展開には、我が国の文化政策の方向性の一つが示唆されている。

　まず、文化形成の歴史的ダイナミズムに見る文化の受容に関しては、近世以前には中国が、明治以降には欧米が、それぞれ「文化的中央」と見なされ、我が国は自らを「文化的地方」と観念する傾向があった。このため、そのような文化的劣位の感覚ないし状況を克服し、我が国独自の文化を創造していく姿勢が求められる。欧米文化のみならず、世界各地の文化の受容に一定の配慮を払うことはなお必要であるが、今後、より重要なことは、国際的な評価に値する文化の創造と発信にあるといえる。

　とりわけ芸術文化は、文化の精華として、一国の文化の根幹を形づくり、国家の品位を高め、文化一般を牽引するものとして重要である。その意味で、国は、「芸術文化の振興」を図り、各ジャンルの国際的水準の達成、ひいてはその凌駕に努める必要がある。

　次に、文化の地理的展開との関係で重要なことは、国内における「文化的中央」と「文化的地方」の解消である。これには、「文化の均霑」と「地域文化の自律性の確立」の両面が含まれる。前者は、地域間における文化格差を是正し、平均的水準の文化を地域において均霑し、国内的な均衡を保つことである。後者は、各地域において独自性を持った文化を創造し、国内における文化の多様性を実現していくことである。

　いずれも「地域文化の振興」に包括され、第一次的には地方公共団体の文化政策が担うべき役割といえる。しかしながら、文化の均霑に関しては、全国的な観点から、国において十分な配慮をすることが必要である。また、地域文化の自律性の確立は、主として地方公共団体が関わるべき事柄といえるが、これについても国は、側面的な支援を行うことが求められる。

　文化政策の責任官庁である文化庁の文化政策の機能は、「文化の頂点の伸長」と「文化の裾野の拡大」を両軸としているが、これは、上記のような文化形成の歴史的過程を踏まえて、その方向性が導き出されたものといってよいであろう。

4　文化政策を通底する国際文化交流

4－1　国際文化交流政策の意義

　前項で見たように、我が国における文化形成の歴史的ダイナミズムは、文化の国際交流の中から形成されたものである。「文化の国際交流の推進」は、文化政策の理念及び目的の中の「世界の文化の進展に貢献すること」と関連する。また、文化政策の目的の中で、「文化の振興と普及」、「文化財の保護」の二大領域と並んで位置付けられている。

　「文化の国際交流の推進」は文化政策の機能の一つであり、国際文化交流政策の語に置き換えることができる。それは、「文化の振興と普及」の〈芸術の振興〉（＝狭義の芸術文化政策）、「文化財の保護」（＝文化財政策）、「著作権の保護」（＝著作権政策）と深く関連している。

　また、2020年の東京オリンピック・パラリンピックにおける「文化プログラム」では、我が国の国際文化交流政策の真価が問われることになる。

　文化政策の二大領域については、節を改めて詳述することとし、本節では、この二大領域に通底する国際文化交流政策について触れることとする。

4－1－1　国際文化交流政策の位置付け

　国際文化交流政策は、文化政策の機能の一つである「文化の国際交流の推進」として現れる。そして、とりわけ、対象領域「文化の振興と普及」の〈芸術の振興〉（＝狭義の芸術文化政策）、対象領域「文化財の保護」（＝文化財政策）、対象領域「著作権の保護」（＝著作権政策）との関連が深い。

　狭義の芸術文化政策は、文化政策の機能の「文化の頂点の伸長」を主眼として展開されるが、それは、我が国の芸術文化が、国内だけにとどまらず、広く国際場裡において評価に値するものとなることを最終的なねらいとしている。その意味で、芸術文化の振興は、国際文化交流政策の重要な内容をなすものである。特に近年は、芸術文化の中でもメディア芸術（映画、漫画、アニメーション、コンピュータその他の電子機器等を利用した芸術）が、発信という側面で重要性を帯びてきている[1]。また、伝統的な芸術文化については、かねてから発信が行われており、

さらに生活文化、国民娯楽も、国際文化交流の主要な分野となっている。

　文化財政策は、かつては国内の文化財の保護が中心であったが、文化財保護法及びこれに基づく文化財政策の先駆性は、国際的にも評価に値するものとなっている。このため、海外の文化遺産保護に係る国際的な協力と貢献が期待されており、また現に、これまで密度濃く行われてきている。さらに近年、我が国は、世界遺産条約、無形文化遺産条約を締結し、両条約に関して主導性を発揮するとともに、これら国際的な文化遺産保護の枠組みの中で文化財政策を進めていくことが必要となっている。今や、文化財政策は、国際文化交流政策の主要な一環をなすに至っている。

　著作権政策については、著作権制度そのものが、元来、国際的調和を目指して成立してきた。このため、世界知的所有権機関（WIPO）の国際的ルールづくりへの参画や、経済連携協定（EPA）交渉等において、アジア諸国を中心に著作権に係る関係条約の締結の働きかけなど、国際的にも主要な役割を担っている。

　国際文化交流政策においては、以上の三領域が深く関連するが、このほか、博物館・美術館、劇場、音楽堂等では、国際交流展や舞台芸術の国際共同制作などが頻繁に行われている。なお、外国人等に対する日本語教育も、国際文化交流の一環と見なし得るものである。また、2020年には東京オリンピック・パラリンピックが開催される。オリンピックは、スポーツの祭典であると同時に文化芸術の祭典でもあるため、今後、「文化プログラム」が具体化されていくであろうが、文化プログラムは、我が国の国際文化交流政策の真価が問われるとともに、それを最大限に発揮する形で推進されることが期待される。

４−１−２　国際文化交流政策の性格

　国際文化交流の特徴は、国際理解の観点、文化政策上の観点、外交政策上の観点の三つの観点から、次のように捉えられる。

　まず、国際理解の観点からは、（後二者のいずれとも関連するが）あらゆる事象の地球規模化の進展に伴い、それぞれの国・地域・民族の文化的アイデンティティや文化多様性を踏まえた相互理解と相互連携を図っていくことがねらいとなる。小中学校では、2002年から国際理解

教育が推進されるようなったが（2006年からは国際教育）、その基底となる一般的、恒常的な国際文化交流が推進される必要がある。

　次に、文化政策上の観点からは、第一義的には、（国際理解の観点も含みながら）我が国の文化それ自体の振興と発信が目的となる。すなわち、国際文化交流によって、我が国の文化の新たな創造と展開の契機を得ることにある。特に芸術文化は、我が国の伝統の上に新たな創造活動を発展させ、国際的水準においてその活動を展開し、ひいては世界の芸術文化の進展に寄与することがねらいとなる。また、従来、ややもすると受容に偏りがちであった国際文化交流を、発信の方向に切り替える時期にきているといえる。

　一方、外交政策上の観点からは、（これも国際理解の観点を含みながら）外交を展開するための基礎として位置付けられる。従って、外交の有利な展開を支え、あるいは補完することに力点が置かれ、文化それ自体の振興とはやや趣を異にしている。しかしながら、両者は深く関連し、具体的な局面で分けることは困難である。これまでも、国際文化交流は、文化政策、外交政策の両面から、それぞれの立場を踏まえて実施されてきており、今後も、両政策が緊密な連携を保って推進される必要がある。

　文化財に係る国際交流においては、前述したように、国際的な文化遺産保護の枠組みの中での積極的な取組と、海外の文化遺産保護に対する貢献が求められている。日本の文化財保護制度とこれまでに蓄積された保護手法は、世界的にも最先端の水準にあり、このことが、文化財保護の分野における国際協力が求められる所以となっている。その意味で、文化財に係る国際交流は、国際文化交流政策の重要な内容をなしており、今後は、国際的な枠組みを主導するとともに、途上国に対して具体的な支援を行っていく必要がある。とりわけ後者については、途上国援助の一環としての性格を持つといえる。

　また、著作権については、近年、知的財産立国に係る施策が推進される中で、急速に進む技術革新や経済の地球規模化等に対応するため、著作権法の改正が頻繁に行われている。従って、著作権政策は、対外経済政策・技術政策とも深く関連するようになり、今後、これらとの連動ないし整合性が一層求められるようになっている。

第3章　文化政策の基本理念と二大領域

4－2　国際文化交流政策の構造

4－2－1　国際文化交流政策の趣旨・内容

　国際文化交流政策は、前述したように、文化政策の機能の「文化の国際交流の推進」として現れる。またそれは、文化政策の理念及び目的の中の「世界の文化の進展に貢献すること」に関連する。そして、直接的には、目的の中の「国際文化交流の推進を図（る）」こと、目標の中の「文化の国際交流を推進すること」に表されている。

　国際文化交流の推進は、文化政策の対象領域というよりは、"機能"として捉えられるものである。従って、国際文化交流政策においては、次節以下で述べる芸術文化政策や文化財政策において用いる「理念・目的・目標」に代えて、「趣旨・内容」として把握することが適当と考えられる。このため、以下では、この観点から整理することとする。

　国際文化交流政策の趣旨は、「国際文化交流の振興を図り、日本の文化の発展を推進し、及び、世界の文化の進展に貢献すること」にあるといってよい。「国際文化交流の振興」は、文部科学省設置法において文化庁の任務として規定されている（第18条）。すなわち、「文化の振興」と並ぶ重要なものとして位置付けられており、文化政策の「機能」における大きな柱の一つとなっている。

　「日本の文化の発展を推進し」とは、前述のように、国際文化交流により、日本の文化の新たな創造と展開の契機を得るとともに、国際的水準において日本の芸術文化の創造活動が展開されることを意味する。また、「世界の文化の進展に貢献する」とは、そのような国際水準における創造活動を通じ、また文化財の保護に係る国際的な活動によって、文化面における国際的な貢献を行うことを意味している。いずれも、国際文化交流による効果であり、この効果を具現することが国際文化交流政策の趣旨となるであろう。

　以上のような趣旨の下に、国際文化交流政策の内容は、①芸術文化に係る国際交流の推進、②文化財保護に係る国際交流の推進、③日本文化の発信、④人物交流の推進、⑤基盤的な国際文化交流の推進、に整理される。

　国際文化交流政策の二つの柱は、芸術文化と文化財に関する国際交流

－ 103 －

であり、①及び②は、この両者に焦点を当て、それぞれ独立の柱とした
ものである。③は、日本文化の発信という側面を特に取り上げたもので
ある。これまでやや等閑に付されていた感があるが、近年は、この側面
に積極的に意が払われるようになっている。④は、本来⑤に整理する事
項であり、また①、②及び③とも重複するが、国際文化交流の中心は人
物交流であることにかんがみ、独立の柱としたものである。⑤は、基盤
となる国際文化交流であり、著作権関係や外国人等に対する日本語教育
もこの中に入るほか、①〜④に分類できないものは、すべてこれに含め
られる。

4-2-2　国際文化交流政策の体系

　国際文化交流政策は、上述した五つの内容と同じ五つの事項からなる
体系として成立している。すなわち、国際文化交流政策の内容が、国際
文化交流政策の体系になっていると考えてよい。そして、これらの各事
項（＝内容）を達成することによって、国際文化交流政策の趣旨が実現
されることになる。

　各事項の概要は、次のとおりである[2]。

　第一の「芸術文化に係る国際交流の推進」としては、日本の芸術団体
の海外公演・海外フェスティバルへの参加、日本国内で行われる海外芸
術団体等の共同制作公演・国際フェスティバルの実施の支援、二国間交
流による日本の芸術団体の海外派遣・相手国芸術団体の招聘公演、メディ
ア芸術に関する国際交流（海外メディア芸術祭等参加事業、アジアにお
ける日本映画特集上映事業、海外映画祭への出品等支援など）がある。

　第二の「文化財保護に係る国際交流の推進」としては、国際社会から
の要請等に基づく国際協力（文化遺産保護国際貢献事業等）、海外文化
財保存修復専門家の研修等、国際機関との連携推進、文化財を通じた国
際交流推進（日本古美術海外展、文化財の不正輸出入の防止）、世界遺
産の保護、独立行政法人国立文化財機構における文化遺産保護国際協力
事業、アジア・太平洋文化財建造物保存修復等協力事業などからなる。

　第三の「日本文化の発信」としては、文化庁文化交流使事業（海外派
遣型・短期指名型による派遣）、国際交流年に設定された国々や東アジ
ア諸国との交流（国際交流年、「東アジア文化都市」の実施、東アジア

共生会議等）、文化芸術発信のための国際的な拠点の形成（国際フェスティバル支援事業、アーティスト・イン・レジデンス事業）、現代日本文学翻訳・普及事業などがある。メディア芸術の国際交流や日本古美術海外展もこれに入る。

　第四の「人物交流の推進」としては、前述の第一線で活躍する文化交流使派遣事業、ハイレベルの文化人専門家の招聘（外国人芸術家・文化財専門家招聘事業）、人材育成のための芸術家等海外研修（新進芸術家の海外研修）、若手芸術家の招聘（前述のアーティスト・イン・レジデンス事業）、文化財専門家の派遣・招聘（博物館・美術館相互交流、前述の海外文化財専門家の研修等、文化遺産国際協力センターにおける国際協力事業）などがある。

　第五の「基盤的な国際文化交流の推進」としては、文化に関する国際的なフォーラムへの参加（日中韓文化大臣フォーラム、ASEAN＋3文化大臣会合等）、前述の文化芸術に関する国際的な催しの開催・参加支援、文化人等を招聘して行う国際文化フォーラムの開催、文化遺産に係る国際協力推進のための文化遺産国際協力コンソーシアムのほか、著作権に係る国際協力、外国人等に対する日本語教育もこれに含まれる。

第2節　芸術文化の振興

　文化政策の対象領域「文化の振興と普及」の中の〈芸術の振興〉を担うのが"狭義の芸術文化政策"であり、〈文化の普及〉を含めた場合が"広義の芸術文化政策"である。そして、"狭義の芸術文化政策"は、文化政策の機能の「文化の頂点の伸長」を主眼として展開され、「支援行政」（創造・発展）・「設置者行政」（管理・運営）として現れるとともに、「給付行政」としての性格を持つ。

　芸術文化政策は、文化政策の一支脈であり、従って、芸術文化政策の理念・目的・目標は、文化政策の理念・目的・目標から導き出される。また、芸術文化政策の体系は、目標と同じ五つの事項から構成されている。

　支援行政は、選択支援主義を原則とするが、支援の範囲は逐次拡大されるとともに、〈文化の普及〉を含む"広義の文化政策"によりその限界を補っており、欧州由来の「パラダイムの転換」論が示す課題にも早くから対応してきている。

　芸術文化政策は、「日本文化」の発信の基礎にも位置付けられるものであり、また、発信を担う2020年東京五輪の文化プログラムに向けた対応も具体化しつつある。

　芸術文化政策は、地域文化政策と関連するが、一方、地域文化政策は、それ特有の性格を有しており、また、地域文化政策への国の関わりには一定の限界がある。さらに、近年盛んな創造都市論については、慎重な対応が求められる。

1　芸術文化政策の意義

1－1　芸術文化政策の位置付け

　文化政策の対象領域「文化の振興と普及」には、〈芸術の振興〉と〈文化の普及〉が含まれる。主として前者を担う場合が"狭義の芸術文化政策"、後者まで含め、かつ、「生活文化」（これに「国民娯楽」も含む）も含めた場合を"広義の芸術文化政策"ということが適当である。なお、「芸術」は、「生活文化」との対比で「芸術文化」と表記される例が多い

第3章　文化政策の基本理念と二大領域

ことから、本節と次節では「芸術文化」の語を用いることとする。

　"狭義の芸術文化政策"（本節及び次節では、便宜上、単に「芸術文化政策」という）は、文化政策の機能の「文化の頂点の伸長」を主眼として展開される。芸術文化は、文化一般を牽引し、文化の流れを生み出すとともに、国民の文化的受益を増大し、その水準は、一国の文化の質を測る目安となり、国家と国民の品位を最も象徴的に表すものである。その意味で、芸術文化政策は、主として文化の頂点の伸長に焦点が当てられる。

　また、芸術文化政策は、主に文化政策の発現形態の「支援行政」として現れる。支援行政とは、文化芸術の創造・発展を図るため、国（地方公共団体）が、民間の文化芸術機関（文化芸術団体、文化芸術施設）に対して支援し、その発展を図る形態の行政をいう。我が国では、民間の文化芸術活動が主体であるため、文化政策において支援行政が重要な地位を占めている。とりわけ芸術文化政策にあっては、支援行政がその中核をなしているといってよい。

　支援行政は、上述のように、文化芸術の「創造・発展」の側面を担うものである。創造・発展とは、文化芸術に関し、創意工夫による新たな創作活動の推進と、それによる当該分野の発展を主体とする作用である。芸術文化政策は、まさにこの創造・発展の側面を中心に展開される政策ということができる。

　一方また、芸術文化政策は、「設置者行政」としても現れる。設置者行政とは、文化芸術の振興・普及を図るため、国（地方公共団体）が、文化芸術機関（文化芸術施設、文化芸術団体）を設置し、その管理・運営を図る形態の行政をいう。支援行政と連動し、またはこれらを包含することもあり得る。なお、この場合における「管理・運営」とは、設置者行政において示された文化芸術機関の理念・目的・目標の実現を図ることを主体とする作用である。

　以上のとおり、狭義の芸術文化政策は、文化政策の対象領域「文化の振興と普及」の〈芸術の振興〉を担い、機能面では「文化の頂点の伸長」として展開され、発現形態としては、「支援行政」として「創造・発展」の側面（作用）を担うとともに、「設置者行政」として文化芸術機関の「管理・運営」の作用も併せ持つということができる。

１－２　芸術文化政策の性格

　狭義の芸術文化政策は、「文化の頂点の伸長」を主眼とし、文化芸術の「創造・発展」の側面（作用）を担う。そのため、芸術文化の各ジャンルにわたって創造活動を活発化させ、それによって国際的水準を達成し、ひいてはこれを凌駕していくことが求められる。すなわち、我が国の芸術文化の各ジャンルが、国際的な評価に値するものとなるよう、創造活動を推進し、かつ、それを世界に向けて発信していくことがねらいとされる。その意味で、芸術文化政策は、主として国が担う役割であるということができる。

　また、芸術文化政策は、主として「支援行政」として現れる。このことは、我が国の芸術文化創造の担い手が、民間の芸術文化団体であることに由来する。従って、芸術文化政策は、民間の芸術文化団体の創造活動に対する支援が中心となる。同時にそれは、第１章第２節で述べた「内容不関与の原則」を前提とすることが必要であるとともに、文化芸術振興基本法に規定された文化芸術創造享受権（第２条第３項前段）を保障し、さらに、これを裏付ける自主性の尊重・創造性の尊重（前文、第１条、第２条第１項、第２項）によって担保されなければならない。

　支援行政はまた、「給付行政」がその中核となっている。すなわち、民間の芸術文化活動に対する財政的援助＝助成金の交付が中心となる。それは、給付主体（行政）と相手方（民間芸術文化団体）との間では、契約関係、継続的関係、協力・協調的関係として現れる。換言すれば、規制行政におけるような対抗関係にあるのではなく、両者が方向性を同じくする合同行為ともいい得る性格を持つ。その反面、給付への権利性は希薄であると考えられるため、行政過程全体の流れの中での適切な形成と発動、すなわち適正な手続きにより、公平性、透明性を原則として行われることが要請される。

　なお、芸術文化政策は、「設置者行政」としても現れる。とりわけ文化芸術施設の管理・運営にあっては、自主事業の展開と施設の提供の二つの営為がなされる。前者では、施設自らが創造活動を担っており、後者では、施設を民間芸術文化団体等の利用に供している。前者も、創作した作品の鑑賞機会を国民（住民）に提供しており、その意味で、後者とともに「給付行政」としての性格を持つといってよいであろう。

第3章　文化政策の基本理念と二大領域

　以上のとおり、狭義の芸術文化政策は、文化の頂点の伸長を主眼とするために、主として国がその役割を担うとともに、支援行政＝給付行政を中心としていることから、内容不関与の原則、文化芸術創造享受権の保障、自主性・創造性の尊重を基本に、行政過程における適正な手続きが要請されるところといえる。設置者行政（＝文化芸術施設の提供等）も給付行政の性格を持つため、支援行政と同様のことがいえるであろう。

2　芸術文化政策の構造

2－1　芸術文化政策の理念・目的・目標

　芸術文化政策は、文化政策の一支脈を構成するため、その理念・目的・目標も、文化政策の理念・目的・目標の一部を担うものとなる。前節で述べたが、文化政策の理念・目的・目標について再整理すれば、次のとおりである。

　文化政策の理念は、文化芸術振興基本法、教育基本法、文化財保護法の諸規定を総合すれば、「伝統的な文化の継承・発展と独創的な新たな文化の創造を図り、国民の文化的生活の向上、活力ある社会の実現及び世界の文化の進展に貢献すること」にある。この理念に基づく文化政策の目的は、「文化の振興と普及、文化財の保護及び国際文化交流の推進を図り、国民の文化的生活の向上、活力ある社会の実現及び世界の文化の進展に貢献すること」に要約され、この目的の下に、文化政策の目標は、「①文化の頂点を伸長すること、②文化の裾野を拡大すること、③文化財の保存と活用を図ること、④文化の国際交流を推進すること、⑤文化の基盤を整備すること」の五つの柱に整理される。

　上位概念である文化政策の以上のような理念・目的・目標を踏まえて、芸術文化政策の理念・目的・目標を整理すれば、次のとおりである。

　"芸術文化政策の理念"は、「独創的な新たな文化の創造を図り、国民の文化的な生活の向上、活力ある社会の実現及び世界の文化の進展に貢献すること」にある。狭義の芸術文化政策は、文化の頂点の伸長が第一義にあり、「独創的な新たな文化の創造を図（る）」ことが理念の中核となる。また、芸術文化政策にあっても、文化政策と同様、「国民の文化的生活の向上……」以下の部分も理念として求められると考えてよいで

あろう。

"芸術文化政策の目的"は、以上の理念の下に、「芸術文化の振興を図り、国民の文化的生活の向上、活力ある社会の実現及び世界の文化の進展に貢献すること」に要約される。「芸術文化の振興を図（る）」ことは、理念の「独創的な新たな文化の創造を図（る）」ことを目的レベルでより明確化したものである。また、「国民の文化的生活の向上……」以下の部分は、目的のレベルにおいても念頭に置くことが適当と考えられる。

"芸術文化政策の目標"は、以上の目的の下に、「①芸術文化活動の基盤を整備すること、②芸術文化活動の奨励・援助を行うこと、③芸術文化活動の場を確保すること、④芸術家等の育成を図ること、⑤芸術文化の国際交流を推進すること」の五つに整理される。

目標の①には、施設の整備が含まれるが、これは設置者行政として捉えられるものである。②は、支援行政の中核をなすものと考えてよい。③は、一定の時空を限り、芸術文化活動の場を設けるものである。④は、①に含められるが、人材育成の重要性にかんがみ、これを独立させたものである。⑤も、その重要性から独立の柱としたものである。

2－2　芸術文化政策の体系

芸術文化政策は、前項の五つの目標と同じ五つの事項からなる体系として成立している。すなわち、芸術文化政策の目標が、芸術文化政策の体系とされていると考えてよい。そして、これら各事項（＝目標）を達成することにより、芸術文化政策の目的が達成され、ひいては芸術文化政策の理念が実現されることになる。

各事項の概要は、以下のとおりである。

第一の「芸術文化活動の基盤を整備すること」は、主として、組織の形成、施設の整備、情報システムの整備の三つからなる。組織の形成は、任意に形成された芸術文化団体の公益法人化の推進が中心となる。施設の整備は、芸術文化活動の拠点である劇場・音楽堂や美術館・博物館等の整備であり、前述したように設置者行政として捉えられる。情報システムの整備は、芸術文化に関する情報システムの構築とその提供が主要な内容となる。

第二の「芸術文化活動の奨励・援助を行うこと」は、大きくは精神的

支援と財政的援助の二つに分かれる。前者は、芸術文化活動に対する後援名義の付与や、奨励のための賞の授与などを指す。後者は、芸術文化活動に対する助成金の交付であり、芸術文化政策の最も中心的な課題であるとともに、支援行政の中核をなすものである。なお、今後は、民間企業等のメセナ活動も含めた全体的な支援の枠組みの構築が必要となっている。

　第三の「芸術文化活動の場を確保すること」は、前述したように、一定の時間と空間を限って芸術文化活動の場を設定するものであるが、次のような二重の機能がある。一つは、芸術家や芸術文化団体に対して芸術活動の場を確保することであり、今一つは、国民（住民）一般に鑑賞の機会を提供することである。具体的には、芸術祭、メディア芸術祭等の開催がこれに当たる。なお、通常、参加公演等には賞が授与されることが多い。

　第四の「芸術家等の育成を図ること」は、大きくは研修制度と顕彰制度からなる。研修制度は、芸術家等の養成に直接資するものであり、顕彰制度は、優れた創造活動を賞することにより、当該芸術家等に敬意を表するとともに、その後の創造活動への意欲を喚起し、かつ、後進の芸術家等に刺激を与えることをねらいとする。芸術家等には、芸術家のほか、近年その重要性が増してきているアートマネジメント人材もこれに含まれる。

　第五の「芸術文化の国際交流を推進すること」は、芸術家・芸術文化団体の交流と、芸術文化活動の国際的な展開の両面が念頭に置かれる。前者は、芸術家・文化専門家の派遣・招聘等の人物交流を主眼とする。後者は、舞台芸術等の国際交流による国際的水準の維持・確保及びその発信を目的とする。日本の芸術文化全体の発展と、芸術文化面における世界への貢献の両面がねらいとされているといってよい。

3　選択支援主義の拡大と文化の普及

3−1　「パラダイムの転換」論

　今日、純粋芸術の周辺に、大衆芸術や地域芸術といわれる分野が幅広く成立し、芸術文化政策は、これらも含めてその範囲を拡大すべきでは

ないかという課題が提起されている。また今日では、いずれの分野も、いわゆるプロフェッショナルの活動のみならず、市民による幅広い文化活動が行われており、これらもその対象にすべきではないかということも指摘されている。

これらの背景には、1980年代の欧州において"文化政策のパラダイムの転換"があったとし、我が国もそのひそみに倣うべきではないかという考えがあるように思われる。「パラダイムの転換」論の内容としては、第一に、1980年代に入ってから、文化政策の対象領域が、従来の文化施設や芸術団体が担っていたハイカルチャーから、アーティストと市民が協働するコミュニティ・アートや、ポピュラー・カルチャー、サブカルチャー、文化産業など、より広い領域を対象にするようになったことを指摘し、第二に、製造業の跡地を再利用して都市を再活性化させるなど、都市再生という文脈に文化政策が適用されるようになったことを挙げている[3]。

しかし、第一の事柄については、後述するように、我が国においては、文化政策の対象領域「文化の振興と普及」において早くから対応していた。従って、欧州においては"転換"であっても、我が国では、これらを包括する幅広い枠組みがすでに成立していたと考えてよい。第二の事柄については、文化施設への莫大な投資が優先され、消費志向型で持続可能性に欠けるという影の部分の指摘もあり、直ちにそれが生産や消費の質の向上に結び付いたとは考えられず、むしろ我が国は、欧州の轍を踏むことなく今日に至ったと見てよいであろう。

3-2　選択支援主義の範囲の拡大

3-1の冒頭の指摘に対する対応の一つとして、対象領域「文化の振興と普及」の中の〈芸術の振興〉における選択支援主義の範囲の拡大が挙げられる。

支援行政の構造は、純粋芸術を中心に支援を必要とするジャンルを措定する第一段階、その中から優れた芸術文化活動を特定・抽出する第二段階からなり、両段階では「選択支援主義」の原則が働くが、その範囲は時代とともに拡大されている。

図3-2に見るように、舞台芸術を例にとれば、第一段階の支援の対象

第3章　文化政策の基本理念と二大領域

ジャンルは、1961年の地方オーケストラから他のジャンルへと拡大し（①の水平方向）、第二段階の支援の対象範囲も、三層構造の上層から下層へと拡大していく傾向にある（②の垂直方向）。今後も、クラシックからライブ・ミュージック等へ（＝水平方向）、プロフェッショナルからアマチュアへ（＝垂直方向）と拡大していく可能性を孕んでいる。

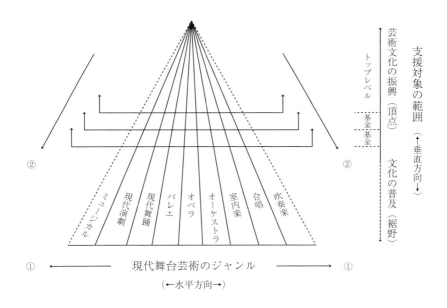

拡大の方向　①第1段階　ジャンルの拡大（純粋芸術から周辺へ）
　　　　　　②第2段階　支援対象範囲の拡大（プロからアマへ）

作成：根木昭
図3-2　現代舞台芸術の支援対象の範囲とその拡大（概念図）
（注）
1．図の「トップレベル」とは、文化庁補助事業で（独）日本芸術文化振興会が執行している「トップレベルの舞台芸術創造事業」による助成である。また、中段の「基金」とは、同振興会の芸術文化振興基金による「舞台芸術等の活動に対する助成」であり、下段の「基金」とは、「アマチュア等の文化団体活動に対する助成」である。これら三つの助成が、三層構造をなしている。
2．①は、第一段階のジャンルの拡大（純粋芸術から周辺へ）を、②は、第二段階の支援対象の範囲の拡大（プロからアマへ）を示す。

３－３　文化の普及

　先の３－１の冒頭の指摘への直接的な対応としては、対象領域「文化の振興と普及」の〈文化の普及〉が挙げられる。〈芸術の振興〉が「文化の頂点の伸長」（縦軸）を担うのに対し、〈文化の普及〉は「文化の裾野の拡大」（横軸）を担うものである。従って、〈芸術の振興〉における選択支援主義から漏れた芸術文化活動、とりわけ範囲が拡大されても対象とならないアマチュアの文化活動等も、この〈文化の普及〉すなわち「文化の裾野の拡大」によって掬い上げられる。いわば、〈文化の普及〉は、選択支援主義の限界を補完する仕組みとして機能しているといってよい（図3-2の最下部を補う）。なお、前述したように、"広義の芸術文化政策"は〈文化の普及〉を含めたものとして把握される。

　〈文化の普及〉に係る諸施策は、「文化の均霑」（＝文化格差の是正）と「地域文化の自律性の確立」として現れる。地域間における文化格差を是正し、普遍的で共通性を持った文化を全国に均霑するとともに、それを基礎としながら、独自性を持った特色ある文化を創造し、地域文化の自律性を確立していくことをねらいとする。このため、〈文化の普及〉は、"地域文化の振興"と融合するとともに、市民の文化活動、コミュニティ・アート、サブカルチャー、ポピュラー・カルチャーなどの広い領域も視野に含めている。

　このような〈文化の普及〉という概念は、1966年の文部省文化局の設置に伴って導入され、1968年の文化庁設置以降も踏襲されている。世間の耳目が高度経済成長にあり、文化芸術に関心がなかった時代にこの概念を導入し、各種の施策を講じていったことは、国内的にはもとより、国際的に見ても先駆的な措置であったといえる。

　欧州の「パラダイムの転換」は1980年代のことであるが、我が国では、1960年代の後半から、すでにこれに匹敵する仕組みが成立していたと見てよいであろう。

４　文化発信の基礎と2020年東京五輪

４－１　文化発信の基礎となる考え方

　前節で見たように、「日本文化」の発信は、国際文化交流政策の内容

の重要な柱の1つとなっている。しかし、我が国文化の海外への発信は、かつては古典芸能や古美術品が中心であり、その総合的な発信にまではなかなか至らなかった。しかし、高度経済成長に伴う「国際化の時代」を迎えた1980年代以降、多くの国々が「日本文化」への関心を高め、その総体を理解することに努力を傾けるようになった。このことは、日本文化のアイデンティティの確立が求められることにもつながった。

　文化の発信のねらいは、そのような日本文化のアイデンティティを明確化し、上記の国際的な要請に応えることにあると同時に、とりわけ、我が国の芸術文化を国際的な水準において展開し、文化財保護の国際協力に貢献することにある。

　そもそも、我が国は、開国のときは海外の文化を受容・吸収し、鎖国のときにこれを熟成・深化して独自の文化を創造するという過程を繰り返してきた。明治以降は、欧米の文化を受容することに専ら力が注がれてきたが、それから150年近くを経た今日、欧米由来の文化も、すでに我が国の文化として定着し、これらを国際場裡において展開する時期にきている。

　近年、欧米文化の一般的優位性は反省され、相対化して捉えられるようになっている。すなわち、多文化が共生する世界となっている。明治以来の我が国の文化政策の大筋の流れとしては、伝統的文化の固有性を踏まえた個性化の方向と、欧米文化を普遍的存在と見なしてこれに歩調を合わせる普遍化の方向とが微妙に交錯し、両者の調和と均衡を目指してきたといえる。今日では、さらに一歩踏み出し、「伝統的文化」と欧米起源の文化を中心とする「現代的文化」を溶融・止揚して新たな文化を創造し、世界に向けて発信していくことが求められているといえる。文化政策においても、かねてからこのことが強く認識されており、これまでの第一次から第四次までの「文化芸術の振興に関する基本的な方針」（以下「基本方針」という）においては、常に文化の発信が重要事項として盛り込まれてきた。しかしながら、その基礎となる考え方は定まっておらず、ややもすると「伝統的文化」の紹介が中心であり、また、各国の要望に応じて対応するという、幾分場当たり的なものとなる傾向があった。

　「日本文化」発信のためには、その兵站を整える必要がある。それを

担うものは、芸術文化政策であり、文化財政策である。両政策と切り離して国際文化交流政策があるのではなく、国際文化交流政策の基盤をなすのは両政策といえる。兵站を担う両政策において、文化発信の基礎に置く考え方を明確にし、着実な対応を行っていく必要がある。

4－2　文化発信と 2020 年東京五輪

　一方、東京オリンピック・パラリンピック（以下「東京五輪」という）が 2020 年に開催されることとなり、同時に展開される「文化プログラム」に向けて、これからその具体化が図られようとしている。東京五輪は、国内における「日本文化」の対外発信の好機でもある。このため、ここで、東京五輪の文化プログラムへの対応に触れておく。

　文化プログラム実施の中核となる文化庁では、「文化芸術立国中期プラン～ 2020 年に日本が,『世界の文化芸術の交流のハブ』となる～」（2014年 3 月）をまとめ、第四次基本方針においても、その方向性が示されている[4]。また、2015 年度の予算においては、「2020 年の文化プログラムに向けて」として、①文化プログラムの育成、②文化プログラムに向けた環境整備、③文化プログラムに向けた発信強化、の三つの柱を立て、総額 162 億 6300 万円を積算し、具体化の第一歩を踏み出している[5]。

　また、これに先んじて、2014 年 12 月から、文化庁長官の下に「2020年に向けた文化イベント等の在り方検討会」を設置し、魅力あるイベント等を全国展開するための方策等について若手有識者から提案を得ながら、文化プログラム実施の基本構想について検討し、2015 年 7 月、「文化プログラムの実施に向けた文化庁の基本構想」を公表し、その方向性を示した[6]。

　そして、文化庁が取り組む文化プログラムを「文化力プロジェクト（仮称）」とし、次の三つの枠組みを想定した[7]。
　○国の顔となるリーディング・プロジェクトの取組を進めること
　○国際芸術祭など、国、地方、民間がタイアップした取組を進めること
　○地域の伝統的な行事など、住民、民間、地方公共団体主体の取組を奨励すること
　また、その目標を、次のように設定している[8]。

○イベント数　　　　　　20万件
　○参加アーティスト数　5万人
　○参加人数　　　　　　　5000万人
　なお、東京五輪の文化プログラムは、オリンピック組織委員会の下に
実施されるものであり、これに関わるのは文化庁だけではない。開催地
の東京都のみならず、国内各地での展開という趣旨からして、政府、全
国の自治体、財界、関係文化芸術団体等が関わることになる。政府レベ
ルでも、2015年11月、「2020年東京オリンピック・パラリンピック競
技大会に向けた文化を通じた機運醸成案に関する関係府省庁等連絡・
連携会議」(議長：内閣官房オリパラ推進本部事務局長) を設置して情
報共有・連携を開始した。東京都においては、すでに2014年6月から、
東京芸術文化評議会の中に文化プログラム検討部会を設けて検討を行っ
ているほか、全国の自治体でも同様の検討を開始している。

5　地域文化政策との関係

　地域文化政策は、芸術文化政策、文化財政策のいずれとも連動してい
る。このため、本来は両政策の後に位置付けるのが適当であるが、芸術
文化政策との関係が特に深いので、便宜上、地域文化政策全体の構造に
ついて、本節で述べることとする。従って、主として文化財の保護に関
連する部分は、第3節で触れることとする。

5−1　地域文化政策の意義

　国の地域文化政策は、文化政策の対象領域「文化の振興と普及」の中
の「文化の普及」の側面を担うとともに、機能面では「文化の裾野の拡
大」を中心に展開される。文化の裾野の拡大には、「文化の均霑」と「地
域文化の自律性の確立」が含まれる。前者は、地域間における文化格差
を是正し、普遍的で共通性を持った文化を全国に均霑し、地域の平均的
な文化水準を維持・確保することにある。後者は、独自性を持った文化
を創造し、地域の文化的自律性を確立していくことにある。いずれも、
第一次的には地方公共団体が担う役割であるが、前者は、全国的な観点
から国が配慮することが必要であり、また、後者についても、国は側面

的な支援を行うことが求められる。

　一方、主として文化の頂点の伸長を担う芸術文化政策も、地域の文化芸術団体等に対する支援行政として発現される場合は、その限りにおいて地域文化政策と重複する。また、文化財政策も、地域の文化財に対する保護行政として現れる場合は、同様に地域文化政策と重なるであろう。その意味で、芸術文化政策と支援行政、文化財政策と保護行政は、地域文化政策の中に混在して現れる。

　地方公共団体の文化政策は、まさに地域文化政策そのものである。そこでは、域内において、芸術文化政策と支援行政、文化財政策と保護行政、文化施設に係る設置者行政が複合し、重畳的に現れる。なお、包括的地方公共団体である「都道府県」では、基礎的地方公共団体である「市町村」を対象として、「文化の普及」の側面、とりわけ「文化の均霑」の役割が担われることになるであろう。

　地方公共団体の文化政策の最終的なねらいは、「地域文化の自律性の確立」にある。1980年代に「文化の時代」「地方の時代」が標榜されたが、とりわけ「地方の時代」とは、地域住民による生活の質の向上、特にその文化的要請を踏まえ、地域の快適な生活環境を創造していくに際し、地域の文化的主体性・自律性を強く意識した表現であり、地域の側から提起された「文化の時代」の主張でもあった。地方公共団体の文化政策は、これらを指導理念として、地域の文化的自律性を確立していくことにあるといえる。

5－2　地域文化政策の性格

　上述したように、地方公共団体の文化政策にあっては、芸術文化政策と支援行政、文化財政策と保護行政、文化施設に係る設置者行政が複合している。このため、「頂点の伸長」と「裾野の拡大」の両機能、「創造・発展」と「保存・継承」の両作用が截然と区分されてはおらず、相互に分かち難く結び付いて現れるといってよい。

　地域の芸術文化団体等の創造活動に対する支援行政では、頂点の伸長に裨益し、創造・発展の側面を担うものとなるが、地域文化政策にあっては、住民の文化芸術活動に対する支援行政の比重が圧倒的に大きい。従って、地域の芸術文化団体等の創造活動と住民の文化芸術活動に対す

る支援行政は、頂点の伸長に一定の配慮が払われるものの、主として裾野の拡大に重点が置かれることとなり、頂点の伸長と裾野の拡大の幅は、国の場合とは異なってかなり接近しているといえる。

　また、地域にあっては、住民の文化芸術活動と文化財保護活動は、生涯学習やまちづくりを目指した文化活動一般として捉えられる傾向が強い。そこでは、創造・発展と保存・継承は相互に連動しており、通常は、支援行政の中で、これら文化活動一般が包括的に対象になるものと考えられる。従って、支援行政＝創造・発展、保護行政＝保存・継承という図式が必ずしも明確に現れるとはいえない。

　設置者行政である地域の文化施設の運営においても、例えば、現代舞台芸術の公演と伝統芸能・民俗芸能の上演は、並行して地域住民の鑑賞に提供されるなど、大半の文化施設では、創造・発展の側面と保存・継承の側面が区別されているわけではない。

　なお、地方公共団体は、一定の範囲で文化財政策を担うこととなっている。純然たる文化財保護に係る部分については規制行政として発現するが、上述したように、芸術文化活動（創造・発展）と文化財保護活動（保存・継承）が、生涯学習やまちづくりという基底において溶融され、また、文化施設においても創造活動と保護活動が区別されずに展開されていることから、これらを包括的に対象とする場合には、給付行政と規制行政が複合・重複し、混在した形で現れる。

５－３　国の役割と限界

　地方分権の流れの中で、国の地域文化政策には一定の限界がある。しかし、その一方で、国全体の観点から関わるべき事柄も少なくない。

　前述したように、「地域文化の自律性の確立」は、地方公共団体の文化政策の究極のねらいであり、原則として、地方公共団体が、独自の立場からこの役割を担うべきである。しかし、これが相当程度実現されていると見ることができる大都市と、ようやく出発点に立った小都市や町村の場合とでは、事情はおのずから異なる。後者の場合、理想の実現に至るまでには、いくつかの段階を踏まなければならず、これらに対しては、国は側面的な支援を行う必要があるであろう。なお、都道府県の市町村に対する場合も、国と同様のことがいえる。

一方、「文化の均霑」ということに関しては、全国的観点から、国が積極的に配慮していく必要がある。この場合、上述の小都市や町村に対しては、「地域文化の自律性の確立」に対する支援とほぼ同じ内容になることもあるであろう。都道府県の市町村に対する場合も、同様である。

　いずれにしても、地域にあっては、普遍的で平均的な文化の均霑を前提に、その上に地域独自の文化の構築が要請されているとすれば、国（都道府県も）の地域文化政策は、文化格差の是正を主要な役割としつつ、地域文化の自律性の確立までの各段階においても、効果的な支援を行うことが求められる。

　また、文化芸術の東京一極集中を是正し、国土の均衡ある文化発展を図るためには、都道府県・市町村という個々の地方公共団体の領域を超えて、国土全体の中にいくつかの文化芸術の拠点が形成されることが必要である。このような拠点形成も、国が担うべき役割の一つといえる。

　さらに、これまで我が国では、劇場・ホールと実演芸術団体は、別個の主体として存在してきた。このことを踏まえて、地域を越えてこの両者を結び付けることも、国の担うべき役割の一つといえる。両者の連携・協力は、2012 年に制定された「劇場、音楽堂等の活性化に関する法律」でも強調されている。

5－4　「創造都市論」との関係

　地方公共団体の文化政策は、近年、まちづくりを念頭に置いた総合化の方向が顕著であり、地域における文化芸術活動の主体は多元化し、活動内容も多様化している。このような状況は、先に触れた「パラダイムの転換」と見ることもできる。また、地域文化政策を「まちづくり」に収斂させ、「地域文化の自律性の確立」を主眼として捉えれば、そこに、いわゆる「創造都市」への志向が含意されていると考えてもよいであろう。

　近年、文化経済学の分野では、創造都市論が盛んに説かれている。創造都市とは、その実体面を、1980 年代の文化政策のパラダイムの転換の延長線上で、90 年代に入ってから、社会的に不利な人々（マイノリティを含む）や実験的なものへの資源配分に新たな視点から光を当てるとともに、文化政策を他の様々な政策領域と分野横断的に結び付けた政策統

合―とりわけ、社会的排除や環境問題など異なる分野との政策統合―を志向するものとして捉えているようにうかがわれる[9]。

　このような創造都市論は、地域文化政策がまちづくりを主眼とし、地域文化の自律性を確立していく上で、その理論的裏付けを提供しつつあるものとして評価できる。また、地域文化政策を総合文化政策として確立していく上で、この概念を借用することも有用と考えられる。

　しかし、創造都市論には、文化の中核（＝芸術文化）への配慮が希薄化していることが懸念される。中核部分があってはじめて周辺部分が成り立つのであって、その逆はあり得ない。また、創造都市論が志向する「政策統合」は、文化政策と他の政策を融合ないし止揚することをねらいとしているように見受けられる。"公共政策"の観点からは、このことは首肯できるにしても、実体面において流動的である文化政策にとっては、他の諸政策、とりわけ経済政策、社会政策、環境政策などの中に埋没し、拡散・分解してしまう危険性がある。さらに、創造都市論は、"都市"中心の考え方であるため、地域文化政策一般とは必ずしも合致しない面も存在する。地域文化政策としては、文化政策の固有の領域を踏まえた上で、慎重に創造都市論に接近することが望まれる。

　「創造都市論」には、以上のような問題があるが、現実の文化政策においては、文化芸術の創造性を活かし、地域振興、観光・産業振興等を図る「文化芸術創造都市」の取組を推進している。

第3節　文化財の保護

　文化政策の対象領域「文化財の保護」を担うのが、文化財政策である。文化財政策は、文化政策の機能の「文化財の保存と活用」として展開され、「保護行政」（保存・継承）・「設置者行政」（管理・運営）として現れるとともに、「規制行政」としての性格を持つ。

　文化財政策は、文化政策の一支脈であり、従って、文化財政策の理念・目的・目標は、文化政策の理念・目的・目標から導き出される。また、文化財政策の体系は、目標と同じ五つの事項から構成されている。

　文化財政策は、選択保護主義を原則とするが、その範囲は、文化財の範囲（類型）、保護対象の範囲ともに逐次拡大されてきている。また、近年は、文化遺産の語が一般化するとともに、関連文化財群の概念による文化財の総合的把握がなされている。

　文化財は、日本各地に数多く残っており、地域が主体となって保護していくことが求められる。このため、「文化財総合活用戦略プラン」として、文化財を一体的に活用した地域の様々な取組に対する総合的な支援も開始されている。

　また、世界遺産条約、無形文化遺産条約をはじめ、文化財の保護に関する国際協力がなされており、今後とも、我が国の持つ高い文化財保存技術により、途上国を中心とする保護の要請に応えていく必要がある。

1　文化財政策の意義

1－1　文化財政策の位置付け

　文化財政策は、文化政策の対象領域「文化財の保護」を担うものである。文化財の保護は、明治以来の長い歴史を有し、独自の奥行きと幅をもって展開されてきた。文化財政策が、芸術文化政策とともに文化政策に包括・一元化されたのは、1968年の文化庁の創設によるものである。以来、文化財政策は、芸術文化政策とともに、文化政策の二大柱となって今日に至っている。

　文化財政策は、文化政策の機能の「文化財の保存と活用」として展開される。ここで「保存」と「活用」を区分したのは、両者は「保護」の

- 122 -

内容に含まれるため、機能面では、これを分けて明確化した方がよいとの理由による。なお、保護と保存の語は、明確に区別して用いられているとはいい難いが、保護（protection）は、文化財を危険・破壊等の外界の影響から守ることをいい、保存（preservation）は、文化財の持つ価値を維持することをいう。対象領域では保護という一般的・抽象的概念を用いたが、機能面では保存という直接的・具体的な概念を用いることが適当と考えられる。

　また、文化財政策は、主に文化政策の発現形態の「保護行政」として現れる。保護行政とは、文化財の保存・継承を図るため、国（地方公共団体）が、文化財を指定・選定・登録・選択し、及び無形の文化財の保持者・保持団体を認定し、その所有者（有形文化財の場合）、保持者・保持団体（無形の文化財の場合）等に対し一定の制約を加えるとともに、支援を図る形態の行政をいう。

　保護行政は、上述のように、文化芸術の「保存・継承」の側面を担うものである。保存・継承とは、主として文化財に関し、一定の真実性（オーセンティシティ authenticity）ないし完全性（インテグリティ integrity）の維持と継続を主体とする作用である。文化財政策は、この保存・継承の側面を中心に展開される政策である。

　一方また、文化財政策は、「設置者行政」としても現れる。設置者行政とは、文化芸術の振興・普及を図るため、国（地方公共団体）が、文化芸術機関（文化芸術施設、文化芸術団体）を設置し、その管理・運営を図る形態の行政をいう。保護行政と連動し、またはこれを包含することもあり得る。この場合における「管理・運営」とは、設置者行政において示された文化芸術機関の理念・目的・目標の実現を図ることを主体とする作用である。

　以上のとおり、文化財政策は、文化政策の対象領域「文化財の保護」に該当し、機能面では「文化財の保存と活用」として展開され、発現形態としては、「保護行政」として「保存・継承」の側面（作用）を担うとともに、「設置者行政」として文化芸術機関の「管理・運営」の作用も併せ持つということができる。

1－2　文化財政策の性格

　前述のように、文化財政策は「保護行政」として現れるが、保護行政には「規制行政」としての側面が強い。すなわち、文化財の保護は、文化財保護法で規定された文化財の類型に該当するものの中から、重要で保護すべきものを、指定、選定、登録、選択という行政行為（処分）によって抽出・特定し、それらについてのみ法令による諸制度を適用して保存と活用の措置を講ずるという手法（選択保護主義）がとられている。そして、このような指定等に伴い、文化財の所有者等に（補助措置による利益を付与することがある反面）一定の受忍義務を負わせるものであり、規制行政の典型といえる。

　文化財の類型ごとの指定等は、次のような行政行為（処分）に該当するものと解される[10]。まず、有形文化財、有形の民俗文化財及び記念物に係る「指定」は、行政行為の「下命・禁止」に該当する。無形文化財及び無形の民俗文化財に係る「指定」と重要無形文化財の保持者・保持団体の「認定」は、行政行為の「確認」に該当する。また、伝統的建造物群及び文化的景観に係る「決定」は、行政行為の「下命・禁止」に、これらの「選定」は、「確認」に該当する。有形文化財、有形の民俗文化財及び記念物に係る「登録」は、「公証」に該当する。無形文化財、無形の民俗文化財に係る記録作成等の措置を講ずるための「選択」は、行政行為の「確認」に該当する。

　一方、文化財行政は、「設置者行政」としても現れるが、前述したように、設置者行政は、「給付行政」としての性格を持つといってよい。

　なお、文化財保護法は、文化財が「貴重な国民的財産」（第4条第2項）であるとして、その公共性（公共財性）について規定しているが、他方で、「関係者の所有権その他の財産権（の）尊重」（同条第3項）についても規定している。文化財の公共性（公共財性）と私権とは、本来的に相反するものとなることが多いため、その調整は困難な事態に直面することが多いが、文化財保護法は、できる限り相互の調和を図ろうとしたものと考えられる。

　しかし、現在の文化財に対する国民一般の通念や、世界遺産条約や無形文化遺産条約による国際的な動向も勘案し、今日、公共性（公共財性）を積極的に強調すべき時期にきていると考えられる。また、文化財の保

護と他の公益が対立する場合も、同様に考える必要がある。文化財保護をその基本的要素に組み込みながら、併せて他の公益の実現を図っていくことができるような制度的な枠組みを構築することが望まれるところである。

　以上のとおり、文化財政策は、その中核をなす保護行政の面では規制行政として現れるが、設置者行政の面では給付行政の性格も持っている。また今日、国内外の動向を勘案し、文化財の公共性を前面に出すべき時期にきたといえるであろう。

２　文化財政策の構造

２－１　文化財政策の理念・目的・目標

　文化財政策も、文化政策の一支脈を構成するため、その理念・目的・目標は、文化政策の理念・目的・目標の一部を担うものとなる。

　前述したとおり、文化政策の理念は、「伝統的な文化の継承・発展と独創的な新たな文化の創造を図り、国民の文化的生活の向上、活力ある社会の実現及び世界の文化の進展に貢献すること」にある。また、これを受けた文化政策の目的は、「文化の振興と普及、文化財の保護及び国際文化交流の推進を図り、国民の文化的生活の向上、活力ある社会の実現及び世界の文化の進展に貢献すること」に要約される。さらに、理念・目的を受けて、文化政策の目標は、「①文化の頂点を伸長すること、②文化の裾野を拡大すること、③文化財の保存と活用を図ること、④文化の国際交流を推進すること、⑤文化の基盤を整備すること」の五つの柱に整理される。

　上位概念である文化政策の以上のような理念・目的・目標を踏まえて、文化財政策の理念・目的・目標を整理すれば、次のとおりである。

　文化財政策の理念は、「伝統的な文化の保存・継承を図り、国民の文化的生活の向上、活力ある社会の実現及び世界の文化の進展に貢献すること」にある。「伝統的な文化の保存・継承」とは、文化財の保護であることはいうまでもない。また、文化財政策にあっても、文化政策と同様、「国民の文化的生活の向上……」以下の部分も理念として求められると考えてよいであろう。

文化財政策の目的は、以上の理念の下に、「文化財の保護を図り、歴史、文化等の正しい理解に資するとともに、将来の文化の向上発展の基礎を培うことによって、国民の文化的生活の向上、活力ある社会の実現及び世界の文化の進展に貢献すること」に要約される。「文化財の保護を図（る）」ことは、理念の「伝統的な文化の保存・継承を図（る）」ことを、文化財保護法に立脚し、目的レベルで明確化したものである。文化財政策が、現実には同法を基礎に展開されているという実態に基づく。「歴史、文化等の正しい理解に資するとともに、将来の文化の向上発展の基礎を培う」とは、保護によって文化財の持つ価値が具現される状態を指し、目的にはこれを明記することが適当である。そして、そのような状態が招来されることによって、「国民の文化的生活の向上……に貢献する」こととなり、理念のこの部分は、目的レベルにおいても含めることが適当である。

　文化財政策の目標は、以上の目的の下に、「①文化財保護の基盤を整備すること、②文化財の保存を図ること、③文化財の活用を図ること、④文化財保護に関わる人材の育成を図ること、⑤文化財の国際交流を推進すること」の五つに整理される。

2－2　文化財政策の体系

　文化財政策は、前項の五つの目標と同じ五つの事項からなる体系として成立している。すなわち、文化財政策の目標が、文化財政策の体系になっていると考えてよい。そして、これらの各事項（＝目標）を達成することによって、文化財政策の目的が達成され、ひいては文化財政策の理念が実現されることになる。

　各事項の概要は、以下のとおりである。

　第一の「文化財保護の基盤を整備すること」は、文化財保護の基礎となる基本的機能の一つである。文化財保護に関わる全般的な制度の整備、文化財に関わる組織、施設、情報システムの整備などがこれに含まれる。組織には、行政組織のほか民間団体等の組織も含み、施設には、博物館・美術館、劇場・音楽堂等のほか、整備された野外遺跡等も含まれる。情報システムについては、文化財の情報システムの構築とその提供が内容となる。

第二の「文化財の保存を図ること」は、文化財保護の中核をなす本質的機能の一つである。それは、文化財の価値を維持・継続させることにあり、従って、ここでは保存の語を用いることが適当である。文化財政策では選択保護主義が採用されているが、文化財の範囲、保護対象の範囲は、次第に拡大されている。特に近年は、関連文化財群の名で、文化財を包括的に対象とする措置も導入されている。

第三の「文化財の活用を図ること」も、文化財保護の中核をなす本質的機能の一つである。活用は、法律上公開の語に包括されている。動産文化財は主として博物館・美術館で、無形の文化財のうち伝統芸能等は劇場・音楽堂等で公開されることが多い。不動産文化財は、保存のための整備の在り方が、新たな生活空間や都市景観の形成とも関連してくる。上述の関連文化財群は、地域全体のエコミュージアム化につながる可能性が高い。

第四の「文化財に関わる人材の育成を図ること」は、文化財保護の基本的機能の一つである。行政機関において文化財保護業務に携わる各種職員の専門性を含む全体的な資質・能力の向上、博物館・美術館、劇場・音楽堂等の職員のマネジメント能力の向上、無形の文化財の継承者や文化財の保存・修理技術者の養成・確保などが主要な内容となる。なお、このほか文化財政策に係る人材育成も必要である。

第五の「文化財の国際交流を推進すること」は、文化財保護の国際的な展開を志向する発展的機能である。日本の持つ文化財保存・修復技術の活用による、諸外国の文化財や在外の日本美術品等の保存・修復への技術協力、海外の文化財保護関係者との共同研究や日本への招聘などのほか、今後は、世界遺産条約、無形文化遺産条約による国際的な文化遺産保護の枠組みの中での日本の役割が重要となっている。

3 選択保護主義の原則とその拡大

3−1 「文化遺産」の用語の一般化

文化財政策における「文化財」（cultural property）の語に代えて、最近では「文化遺産」（cultural heritage）の用語が一般化しつつある。世界遺産条約や無形文化遺産条約において「遺産」の語が使用されてい

ること、文化財というと、文化財保護法により指定等を受けたものと見なされがちであり、指定等以前の文化的所産も視野に入れるとすれば、文化遺産の用語が適当と考えられること、などによるものである。

しかし、「文化財保護法に規定されている本来の文化財とは、指定などの措置がとられているか否かにかかわらず、歴史上又は芸術上などの価値が高い、あるいは人々の生活の理解のために必要なすべての文化的所産を指」し、文化財の用語は、「一般的に文化遺産と呼ばれているものを含む幅広いもの」である[11]。文化財の語は、文化財政策における基本的な概念であり、今後とも軽視されることがあってはならないであろう。

とはいえ、文化財政策においては、基本的に選択保護主義をとっており、選択から洩れる文化的所産も多い。特に地域にあっては、地域住民の営為によって創造・継承されてきた多くの文化的所産が残り、地域文化の自律性を確立するための重要な要素となっており、文化財の範囲、保護対象の拡大によって、今後指定文化財等となる可能性も高い。

また、近年では、「関連文化財群」の概念が提唱され、これについての保護措置も具体化しつつある。関連文化財群とは、「文化財保護法や文化財保護条例などにより保護されている文化財のみでなく、それ以外の関連性のある文化財も総合的にとらえて一体として価値を認め」ようとするものである[12]。

このため、以下においては、保護行政における文化財の対象範囲とその拡大と、文化財の総合的把握について述べ、「文化財」概念の拡大を見ることにする。

3－2　文化財の対象範囲の拡大

保護行政の構造は、文化財保護法に規定された各類型[13]に該当するかどうかを判断する第一段階、またその中から一定の基準により特定・抽出[14]される第二段階からなる。両段階では「選択保護主義」の原則が働くが、「文化財の対象範囲」は拡大されている。文化財の対象範囲は、文化財それ自体の範囲（「文化財の範囲」という）と保護対象とされる範囲（「保護対象の範囲」という）に分けられる。

「文化財の範囲」とは、類型上の範囲をいい、第一段階の判断の対象

第3章　文化政策の基本理念と二大領域

となる。図3-3に見るように、文化財の類型の幅と文化財が属する時代によって規定されるが、新たな類型の創設や類型の幅の拡大、対象とする時代の拡大（水平方向の拡大）が進められてきた[15]。

「保護対象の範囲」とは、具体的な保護を受けることとなった範囲をいい、第二段階の判断の対象となる。図3-3に見るように、各類型に属する文化財の中から指定等により特定・抽出されたものである。先の文化財の範囲の拡大に連動するほか、指定等の基準の改訂、新たな特定・抽出の種別の創設によって拡大（垂直方向の拡大）が図られてきた[16]。

今後も、時代や社会の要請に応じ、文化財の対象範囲は拡大していくことが予想される。

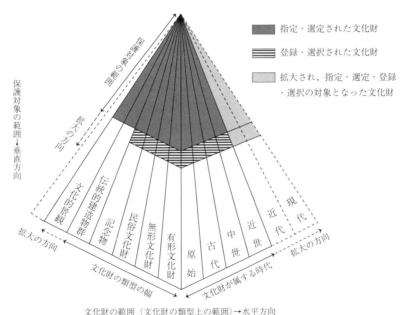

出典：文化庁資料をもとに根木昭作成
図3-3　文化財の対象範囲とその拡大（概念図）

3－3　文化財の総合的把握

保護対象とならない文化財に関しては、規制行政としての性格上、指

定等の行政行為（処分）をもって臨むことはできない。しかし、近年、先に触れた「関連文化財群」の概念が導入された。そして、指定・未指定を問わず、関連文化財群として総合的な把握を行う「歴史文化基本構想」の施策が実施されている。

　これは、「一定のテーマを設定して複数の文化財をその周辺環境まで含め総合的に保存・活用していく」ものであり、そのための「基本的な構想（歴史文化基本構想）を作ることにより、文化財を中心に地域全体を歴史・文化の空間としてとらえ、いろいろな取組を合わせて行うことで、魅力的な地域づくりを行う」[17]ことを目的とするものである。また、この基本構想は、「地域における歴史的風致の維持及び向上に関する法律」による「歴史的風致維持向上計画」の認定制度と連動して、国による重点的な支援の対象にもなっている[18]。

　文化財政策は、規制行政であるため、指定等は厳格になされる必要があるが、未指定の文化財が蔑ろにされるわけではない。厳格さが要請される選択保護主義を緩和させるものとして、このような関連文化財群の概念を活用して、実質的に未指定の文化財を含む保護措置が講じられることは好ましいことである。

　このことは、無形の民俗文化財、とりわけ民俗芸能にとって極めて有用であるといえる。指定や選択の対象となっていない民俗芸能は、地域社会の衰退に伴って廃れていくものが多く、早急な対策が求められている。その意味で、関連文化財群の中に包摂されることによって広く網がかけられ、実質的な保護の対象とされることは望ましい。近年は、地域社会の活性化の一環として、そのような動きが活発化しており、民俗芸能に係る選択保護主義を補完する措置として定着しつつあるといえよう。

３－４　地域における文化財の総合活用

　文化財政策も、地域文化政策と少なからず連動している。文化財は、日本各地に数多く残っており、地域が主体となって保護していくことが求められる。また、文化財を単体として保存・活用するのみならず、前述したように、全体を関連付けて総合的に把握し、活用していくことが、地域活性化にも寄与することになる。このため、2015年度から、「文化

第3章　文化政策の基本理念と二大領域

財総合活用戦略プラン」として、文化財を一体的に活用した地域の様々な取組に対する総合的な支援が始まった[19]。

その典型となるものが、「日本遺産（Japan Heritage）」の認定制度である。これは、「文化財や伝統文化を通じた地域の活性化を図るため、その歴史的経緯や、地域の風土に根ざした世代を超えて受け継がれている伝承、風習などを踏まえたストーリーの下に有形・無形の文化財をパッケージ化し、これらの活用を図る」ことをねらいとしている[20]。前述の「文化財の総合的把握」と似ているが、「日本遺産」では、ストーリー性がポイントになっている。そのストーリーには、①単一の市町村内でストーリーが完結する「地域型」と、②複数の市町村にまたがってストーリーが展開する「シリアル型」からなっている。

「日本遺産」の認定制度は、2020年の東京五輪で来日する外国人観光客の全国周遊の受け皿としての効果も狙っており、最終的には100件程度の認定が予定されている（2015年度は18件認定）。また、認定を受けたストーリーに対しては、日本遺産魅力発信推進事業という文化芸術振興費補助金による支援も行われる[21]。

その他、「文化遺産を活かした地域活性化事業」、「文化財建造物等を活かした地域活性化事業」、「歴史活き活き！史跡等総合活用整備事業」、「地域の特色ある埋蔵文化財活用事業」など、文化財の類型別の取組に対する支援が行われている[22]。

4　文化財に関する国際協力

4－1　世界遺産条約、無形文化遺産条約

文化財政策は、国際文化交流政策とも連動している。その典型は、世界遺産条約、無形文化遺産条約との関係である。

ユネスコの「世界の文化遺産及び自然遺産の保護に関する条約」（以下「世界遺産条約」という）は、2015年7月時点で、191か国が締結している。我が国は、1992年に条約を締結して以来、2015年7月までに、文化遺産15件、自然遺産3件の登録を得ている[23]。また、我が国は、文化遺産の価値評価に関する概念である「オーセンティシティ」（真実性authenticity）ついて、当時の欧州中心の考え方を大きく変えること

－ 131 －

に貢献した[24]。

　「無形文化遺産の保護に関する条約」（以下「無形文化遺産条約」という）は、2003 年の第 32 回ユネスコ総会において採択され、2006 年 4 月に発効した。我が国は、この条約の成立以前から、国際的な無形文化遺産の保護に積極的な関わりを持つとともに、条約の成立に当たってもその推進役として貢献した[25]。我が国は、「人類の口承及び無形遺産の傑作の宣言」[26] の時代のものを含め、2015 年 4 月までに 22 件の登録を得ている[27]。

　一方、世界遺産条約に関しては、例えば、2007 年に世界遺産に登録された「石見銀山遺跡とその文化的景観」の審査過程に見られたように、その価値判断には、依然として欧州中心のものの考え方が底流にあり、それによる欧州側の理解不足も指摘されている[28]。今後、我が国としては、世界遺産条約、無形文化遺産条約への貢献をさらに進めるとともに、欧米の影響が強いこれら条約の運用に、我が国やアジアの価値観が反映される道を開いていくことが必要である。

　なお、上記の両条約とは別に、ユネスコは、世界の重要な記憶遺産の保護と振興を目的に、1992 年から記憶遺産の事業を開始した。我が国からは、2015 年 10 月までに 5 件が登録されている。

4－2　その他の国際協力[29]

　2006 年、「海外の文化遺産の保護に係る国際的な協力の推進に関する法律」が制定され、文化遺産国際協力コンソーシアムが発足した。文化庁、外務省、教育研究機関、独立行政法人、民間助成団体等から構成され、それぞれの得意分野で力を発揮し、また、相互に連携して、効率的、効果的な文化遺産国際協力を推進することを目指している。

　また、文化遺産保護国際貢献事業として、紛争や自然災害により被災した文化財を保護するため、当該国からの要請を踏まえ、我が国の専門家の派遣、当該国の専門家の招聘を行う緊急的文化遺産国際貢献事業、途上国を中心に文化遺産の保存修復、人材養成を行う拠点交流事業を実施している。

　さらに、2011 年 10 月、独立行政法人国立文化財機構の一機関として、アジア太平洋無形文化遺産研究センターが設置され、この分野の研究

者、研究機関の支援を行っている。同じく国立文化財機構の一機関である東京文化財研究所文化遺産国際協力センターでは、途上国を中心とした調査研究協力事業や、各国の文化財保存修復関係者を招聘して研究・セミナーを実施している。

　以上のほか、2007年3月、文化財の保存修復、国際協力で長年の経験を有するイタリアとの間で、両国の関係大臣が日伊文化遺産国際協力の文書に署名し、それに基づき、壁画の保存修復と活用の調和に関する協力、文化的景観及び歴史的街区の保護に関する協力、被災文化財の保存修復に関する協力等を実施することを合意している。

　また、2002年には「文化財の不法な輸入、輸出及び所有権移転を禁止し及び防止する手段に関する条約」を締結したことに伴い、「文化財の不法な輸出入等の規制に関する法律」を制定し、外国の博物館等から盗取された文化財を「特定外国文化財」として指定し、輸入を規制することなどを規定した。

　さらに、2007年には「武力紛争の際の文化財の保護に関する条約」などを締結したことに伴い、「武力紛争の際の文化財の保護に関する法律」を制定し、武力紛争時に他国に占領された地域（被災地域）から流出した文化財を「非占領地域流出文化財」として指定し、輸入を規制すること、武力紛争時に戦闘行為として文化財を損壊する行為又は文化財を軍事目的に利用する行為などを罰則の対象とすることとした。

4－3　国内制度の国際的な枠組みへの連動

　世界遺産条約、無形文化遺産条約への積極的な関わりは、文化財の保護が国際的な枠組みの中に取り込まれるようになったことも意味する。

　例えば、2007年10月の文化審議会文化財分科会企画調査会報告書は、「世界遺産委員会では、歴史的・文化的・自然的主題を背景として相互に緊密な関連性を持つ複数の文化財を総合的にとらえた上で保護を図る観点が重要になっている」として、「関連文化財群」の名による文化財の総合的な把握を提言した[30]。

　世界遺産条約の考え方の反映といえるが、前述したように、文化財の総合的な把握は、「歴史文化基本構想」の施策として実施に移され、「地域における歴史的風致の維持及び向上に関する法律」と連動して、市町

村の歴史・文化を生かしたまちづくりが行われている。さらに、2015年度から発足した「日本遺産（Japan Heritage）」の認定制度で求められている「ストーリー」性にも、世界遺産条約の考え方が強く影響している。

　また、世界遺産に関しては、緩衝地帯（バッファーゾーン）の設定が求められている。文化財保護法には、有形文化財、史跡名勝天然記念物の保存のために必要がある場合には、文化庁長官は、地域を定めて一定の行為を制限・禁止し、又は必要な施設の設置を命ずることができる「環境保全条項」があるが（第45条、第128条）、広範で強い規制であることからこれまで適用されたことがない。しかし、緩衝地帯に係る国際的な要請を踏まえ、環境保全条項の規定も、適度に運用すべき時期にきていると考えられる。

　我が国の文化財の保存修復技術は、国際的に高い水準にある。特に湿潤アジアに特有な繊細さを要求される保存修復技術は、世界に冠たるものといっても過言ではない。欧州における同様な地位にあるイタリアとの間で協力の合意がなされたのも、故なしとしない。文化財保存技術の最先端にある東西の両国が協力することで、地球規模の文化財の保存技術の普及が可能となるであろう。とりわけ、我が国は、アジア、アフリカの途上国からの文化財保護の協力の要請が多く、これに積極的に応えていく必要がある。

　いずれにしても、今日、文化財・文化遺産の保護は、国際レベルで進められるようになっており、我が国の文化財政策も、そのような国際的な枠組みに連動していくことが必要となっている。

注

1　いわゆる「クール・ジャパン」の中心的な内容をなすものである。

2　文化庁『平成 27 年度　我が国の文化政策』pp.58-68。なお、2020 年の東京オリンピック・パラリンピックの「文化プログラム」を目指して、今後、国際文化交流政策は大きく変わっていくことが予想される。

3　後藤和子『文化と都市の公共政策』有斐閣、2005 年、pp.208-211。なお、伊藤裕夫「序章 アーツ・マネジメントを学ぶには」伊藤裕夫・片山泰輔・小林真理・中川幾郎・山崎稔恵『新訂アーツ・マネジメント概論』水曜社、2004 年、p.12、デイヴィッド・スロスビー著、後藤和子・阪本崇監訳『文化政策の経済学』ミネルヴァ書房、2014 年、pp.1-8 もほぼ同旨の認識。

4　「文化芸術立国中期プラン～ 2020 年に日本が，『世界の文化芸術の交流のハブ』となる～」は、当時の下村博文・文部科学大臣の私案としてまとめられ、文化審議会における第四次基本方針の議論の素材として位置付けられていた。2020年の東京五輪開催の年までに、「人をつくる」、「地域を元気にする」、「世界の文化交流のハブとなる」の三つを軸に、「強固な文化力の基盤形成」を行い、「世界に尊敬され、愛される『文化の国』」になることを謳っている。その後の第四次基本方針でも、随所にこの趣旨が示されている。

5　文化庁「平成 27 年度文化庁予算の概要」による。

6　文化庁『平成 27 年度　我が国の文化政策』、pp.15-16。文化庁「文化プログラムの実施に向けた文化庁の基本構想～ 2020 年東京オリンピック・パラリンピック競技大会を契機とした文化芸術立国の実現のために～」2015 年 7 月。

7　文化庁『平成 27 年度　我が国の文化政策』、p.16。

8　注 7 に同じ。

9　後藤和子『文化と都市の公共政策』有斐閣、2005 年、pp.211-215。なお、これに関連しては、以下のものがある。佐々木雅幸『創造都市への挑戦─産業と文化の息づく街へ─』岩波書店、2001 年。佐々木雅幸＋総合研究開発機構編『創造都市への展望─都市の文化政策とまちづくり─』学芸出版社、2007 年。野田邦弘『創造都市・横浜の戦略─クリエイティブシティへの挑戦─』学芸出版社、2008 年。

10　根木昭『文化行政法の展開─文化政策の一般法原理─』水曜社、2005 年、pp.134-142。

11　文化庁「文化審議会文化財分科会企画調査会報告書」2007 年 10 月 30 日。

12　注 11 の報告書。

13　文化財保護法で、有形文化財、無形文化財、民俗文化財、記念物、伝統的建造物群、文化的景観の六類型が定められている。なお、文化財の類型とされていないが、このほか、文化財保存技術、埋蔵文化財も保護の対象となっている。

14　文化財保護法において、文化財の類型に即して、歴史上、芸術上、観賞上、学術上等の基準が設定されている。また、特定・抽出の手法として、指定、選定、登録、選択の四種の行政行為（処分）が定められている。

15　文化財保護法制定当初（1950 年）には、有形文化財、無形文化財、記念物であったが、その後、民俗文化財（1975 年）、伝統的建造物群（1975 年）、文化的景観（2000年）が創設されるなど、類型の幅は拡大されてきた。なお、民俗文化財につい

ては、当初は有形の民俗文化財に当たる民俗資料が有形文化財の中に含められていたが、無形の民俗文化財を含めて概念が拡大し、民俗文化財の類型とされたものである。また、前世紀までは近代の初めまでしか対象とされなかったのが、今世紀に入ると、第二次大戦終結時まで時代が下り、一部は現代の建造物も対象になるなど、対象とする時代も拡大してきている。

16 基準の改訂は、指定等の基準ないしその運用の緩和により対象を拡大することである。都道府県の指定等文化財が、次第に国の指定等の対象となっていったが、これは国の基準を緩和して対象範囲を拡大したことを意味する。また、特定・抽出の方法としては、当初は「指定」しかなかったが、伝統的建造物群と文化的景観については、その特殊性から「選定」とされ、また有形文化財、有形の民俗文化財、記念物については「登録」制度が、無形文化財と無形の民俗文化財については「選択」制度が設けられるなど、その種別は拡大していった。

17 文化庁『平成27年度　我が国の文化政策』、p.46。

18 同法は2008年に制定され、歴史的風致維持向上計画の認定制度が盛り込まれている。これは、歴史上価値の高い建造物と地域の歴史や伝統に根ざした人々の活動が一体となった良好な市街地の環境を維持、向上させるための市町村の計画を国が認定するものであり、認定された市町村は、国による重点的な支援を受けることができる。

19 文化庁『平成27年度　我が国の文化政策』、pp.25-27。

20 第四次「文化芸術の振興に関する基本的な方針」の中に盛り込まれるとともに、2015年度からその認定制度が発足した。文化庁『平成27年度 我が国の文化政策』p.25。文化庁「日本遺産」、p.1。

21 文化庁「日本遺産」、p.3。

22 文化庁『平成27年度　我が国の文化政策』、pp.26-27。

23 文化庁『平成27年度　我が国の文化政策』、p.49。

24 欧州の文化遺産は石や煉瓦造りの建造物が中心であるため、たとえバラバラになって壊れても、材料そのものは元のままで、もう一度組み立て直すことができ、復元に当たってもオーセンティシティは維持できるが、日本では、木造の建造物が多く、常に腐朽、毀損した部分を取り替え、新しい部材を補って維持する方法がとられており、オーセンティシティがないと思われていた。このため、日本が加盟後の1994年に開催した世界文化遺産奈良コンファレンス（奈良会議）において、オーセンティシティの概念と定義について討議され、「オーセンティシティに関する奈良ドキュメント」が採択された。このドキュメントにおいて、文化遺産が属する国や地域の気候、風土、歴史の中でとられてきた保存の在り方を考慮すべきであることが示された。換言すれば、我が国をはじめ湿潤アジアにおける木や土からなる文化遺産の保存の在り方についての国際的認識が得られたわけであり、日本の大きな国際貢献となっている。

25 ユネスコは、1989年の第25回総会で「伝統的文化及び民間伝承の保護に関する勧告」を採択し、1993年には、執行委員会において「無形文化遺産保存─"人間国宝"─国際ワークショップ」を決定した。これに応じて、日本は、2001年に東京会議を開催している。また、1993年から、無形文化遺産保護のための信託基金をユネスコに設置し、途上国の無形文化遺産の保護に協力した。その後、1997年の第29回総会で採択され、1998年の執行委員会で修正決議された「人

－ 136 －

第3章　文化政策の基本理念と二大領域

類の口承及び無形遺産の傑作の宣言」に関する規約についても、日本は積極的に関わった。同規約に基づき3回にわたって傑作宣言が行われたが(01年、05年、07年)、その過程で「無形文化遺産の保護に関する条約」に向けた動きが加速され、2003年の第32回総会で採択され、2006年4月から発効した。この条約の成立に関しては、日本はその推進役となって貢献している。

26 注25参照。

27 文化庁『平成27年度　我が国の文化政策』、p.50。

28 「石見銀山遺跡とその文化的景観」は、2007年に世界遺産に登録されたが、それに先立つ国際記念物遺跡会議（ICOMOS イコモス）の評価結果と勧告案は、登録延期を求めるものであった。その後の日本側の説明により登録は決定されたが、2000年以降、世界遺産委員会が新規登録を抑制する方針をとっていることから、イコモスの審査が厳格化していると考えられる一方、イコモスの判断の公正さへの疑問の提起や、東西文化の多様性についての理解不足の指摘もあり、依然として欧州中心のものの考え方が底流にあることがうかがわれる。

29 文化庁『平成27年度　我が国の文化政策』、pp.66-68。

30 文化審議会文化財分科会企画調査会報告書は、さらに、同分科会世界文化遺産特別委員会による「地域に独特の歴史・文化の様相を総体として示し、日本の歴史・文化の重要な一端を担っていると判断できるような連続性のある文化的資産を一体化してとらえる文化財のとらえ方及び包括的な保護の在り方を、日本の総合的な文化財保護の在り方を検討する上でも十分考慮するべき」との指摘を引用している。

第4章 文化芸術活動への支援
－支援行政－

第1節 国による支援の枠組み

　文化政策の対象領域「文化の振興と普及」にあっては、民間の文化芸術団体等の文化芸術活動への「支援行政」が主体となっている。本節では、このような民間文化芸術団体等の文化芸術活動に対する支援に焦点を当て、国、すなわち文化庁と独立行政法人日本芸術文化振興会による支援行政の枠組みを整理する。

　民間文化芸術団体等の文化芸術活動への支援は、1959年から当時の文部省によって始まり、1968年の文化庁創設以後も順次拡大されていった。その画期となったのは、1990年の芸術文化振興基金の創設であった。基金の運用と支援は日本芸術文化振興会が行うことになり、以後、文化庁と振興会の二元体制が成立する。

　今日、文化庁は、国家的な課題や政策的な必要性に基づく文化芸術活動や、人材育成、国際文化交流などを含め、政府が自ら牽引することが必要と考えられる文化芸術活動への支援を行っている。一方、日本芸術文化振興会は、我が国の民間文化芸術団体等の文化芸術活動の基盤を、経常的・安定的に支える支援を担っている。

　今後、2020年の東京五輪の文化プログラムも視野に入れ、文化庁には、支援の一層の多様化を進めることが期待されるとともに、振興会の基盤的・経常的な支援にあっても、個々の事業（メニュー）に関する多重化・多元化が求められる。

1　支援の沿革

1－1　支援の開始から芸術文化振興基金創設まで

　戦後しばらくの間、国（政府）は、戦前・戦中の反省に立って、国民の文化芸術活動に対し、助成も含めて関与することを極力差し控えてい

た。しかし、高度経済成長期に入り、文化芸術団体の財政逼迫が顕著になっていき、大規模舞台芸術団体から国の助成を求める声が大きくなっていった。

　これを受け、1959 年、当時の文部省から、大阪国際フェスティバル協会に対し、「社会教育関係団体補助金」による助成が行われた。その後、実演団体に対するものとして、1961 年から群馬フィルハーモニーオーケストラ（現・群馬交響楽団）への助成が開始され、その他の地方オーケストラが対象になっていった。この補助金は、1964 年に「芸術関係団体補助金」として独立し、1965 年には、助成の対象も、オペラ、バレエ、現代舞踊、邦楽等の文化芸術団体へと拡大された。

　1966 年の文部省文化局の設置を経て、1968 年の文化庁の設置（文化局と文化財保護委員会を統合し、文部省の外局として発足）により、同庁がこの補助金を引き継ぎ、1973 年には在京オーケストラにも助成が拡大された。1978 年には、「民間芸術等振興費補助金」と名称を変更し、1980 年代中葉まで、民間文化芸術団体等に対する唯一の補助金として重要な地位を占めた。また、70 年代末までは、年を追ってその額も増額されていった。

　しかし、1980 年代に入り、当時の財政再建のための補助金抑制措置により、この補助金も一律に減額され、わずか数年の間に半減するという事態に直面することとなった[1]。このような状況を打開するため、文化庁では、「日米舞台芸術交流事業」（1986 年）、「優秀舞台芸術公演奨励事業」（1987 年）、「芸術活動特別推進事業」（1988 年）を逐次導入していった（以下「三事業」という）。これらは、請負費としての性格を持つものであった[2]。また、この三事業との棲み分けのため、従来の補助金は「民間芸術等活動費特別補助」という名称となった。

　なお、1980 年代の中葉は、財政再建の反面として民間活力の導入が国是とされ、これがバブル経済の引き金となったことは周知のとおりである。文化芸術への支援の面でもこのことが要請され、とりわけ「芸術活動特別推進事業」の導入に際しては、国の助成とともに民間からの寄附を募ることが要請された。折しも、企業メセナ活動が始まった時期であり、バブル経済による好景気も与って、国の助成と民間からの寄附のマッチング方式には一定の効果も見られた。ちなみに、この方式は、国

の助成、民間からの支援、チケット収入（自助努力）を、それぞれ三分の一ずつとする考え方であり、以後の支援の在り方に陰に陽に影響している。

　一方、民間文化芸術団体等の巡回公演事業が、1967年から開始された。これは、その前年の1966年、文部省文化局の設置とともに、同局内に文化普及課が設置されたことによるものである。すなわち、従来の芸術課による〈芸術の振興〉と並んで、文化普及課による〈文化の普及〉が開始されることとなった。ここに、〈文化の普及〉という新たな概念が導入され、「文化の振興と普及」という文化政策の対象領域が成立することになった。〈文化の普及〉は、「文化の均霑」（「文化格差の是正」）をねらいとするものである。

　巡回公演事業は、民間文化芸術団体等が各地の巡回公演を行うに当たって所要の経費を負担するものである。文化芸術活動そのものへの直接の支援ではないが、これに準じたものとして位置付けることができる。具体的には、1967年の「青少年芸術劇場」をはじめとし、以後、1971年には「移動芸術祭」、1974年には「こども芸術劇場」、1984年には「中学校芸術鑑賞教室」が導入されていった。なお、1980年には、こども芸術劇場、青少年芸術劇場の離島・へき地公演も開催されている。

１－２　芸術文化振興基金創設から現在まで

１－２－１　「アーツプラン21」の創設まで

　文化芸術団体はじめ関係者の長年にわたる強い要望のもとに、1990年、国の出資と民間からの寄附金により「芸術文化振興基金」が創設された。これにより、従来の文化庁直営の支援事業と併せて、我が国の民間文化芸術団体等の文化芸術活動への支援は、大きな一歩を踏み出した。当初は、政府出資金500億円、民間の出捐金112億円の計612億円で発足したが、2015年現在では、政府出資金が541億円、民間出捐金が120億円に積み増しされ、総額661億円となっている。

　「芸術文化振興基金」は、民間文化芸術団体等の文化芸術活動への支援を安定的、継続的に行うための重要な原資である。その運用益をもとに助成事業を行う母体として、特殊法人国立劇場が改組されて、特殊法

第4章　文化芸術活動への支援―支援行政―

人日本芸術文化振興会が設立された。そして、2003年には独立行政法人日本芸術文化振興会（以下「振興会」という）に移行し、文化庁とともに国の支援行政を担う機関となっている。

「芸術文化振興基金」の助成対象活動は、芸術創造普及活動・文化振興普及団体活動と地域文化振興活動（地域文化施設公演・展示活動、民俗文化財の保存活用活動）とされた。その後、表記の仕方は後述のように改められたが、基本的な構造は変わらず今日に至っている。一方、文化庁の「民間芸術等活動費特別補助」と「三事業」による助成も、引き続いて行われた。なお、「芸術活動特別推進事業」は、1994年に「舞台芸術高度化・発信事業」に名称変更された。

1996年、文化庁では、それまでの「民間芸術等活動費特別補助」及び「三事業」を組み換え、大幅に予算を拡大して「アーツプラン21」を創設した。第2章第3節で示した図2-2に見るように、1990年代に文化庁の予算は飛躍的に増加しているが、「アーツプラン21」の予算も、2001年度までに創設当初の約3倍にまで拡充された[3]。

「アーツプラン21」の創設は、文化の頂点（＝芸術）の伸長は国の責務であることをより明確にし、それによってまた、「芸術文化振興基金」との役割を明確にしようとする意図があったものと考えられる。すなわち、文化庁は、国際的な視野と全国的な観点から、我が国の文化芸術の水準を高めるとともに、文化振興の基盤を推進する。一方、「芸術文化振興基金」は、国民が文化芸術に親しみ、自ら文化を創造していくことができるよう、国民の文化活動を幅広く助成するという分担関係である。

このため、「アーツプラン21」は、我が国の中核的な文化芸術団体の基幹的な活動に対する支援を行う「芸術創造特別支援事業」、「国際芸術交流推進事業」、「舞台芸術振興事業」と、基盤整備に資する「芸術創造基盤整備事業」からなっていた。

1－2－2　「文化芸術創造プラン（新世紀アーツプラン）」の創設以後

「アーツプラン21」は、2002年度より「文化芸術創造プラン（新世紀アーツプラン）」に再編成された（2005年度から単に「文化芸術創造プラン」）。再編の結果とその後の変遷は、次のとおりである。

従前の「芸術創造特別支援事業」は「トップレベルの舞台芸術公演、

― 141 ―

伝統芸能、映画製作等への重点支援 芸術団体重点支援事業」に改められ、その後、これから「映画振興への支援」が分離し（2003年）、さらに、「最高水準の舞台芸術公演・伝統芸能等への重点支援等 芸術創造活動重点支援事業」（2005年）と「『日本映画・映像』振興プランの推進」（2004年）へと再編された。

　従前の「舞台芸術振興事業」は、「舞台芸術振興事業（音楽・演劇・舞踊）」となり、「芸術文化振興基金」の果実の目減りを補うものとして、振興会に執行を委ねられた。2009年度から文化庁の「芸術創造活動重点支援事業」と合して「芸術創造活動特別推進事業」となり、改めて振興会に執行を委ねられた。この事業は、さらに2011年度より「トップレベルの舞台芸術創造事業」に組み替えられ、現在に至っている。

　また、従前の「国際芸術交流推進事業」は、「優れた舞台芸術の国際交流（国際芸術交流支援事業）」と「舞台芸術の国際フェスティバルの開催」に再編された（後者は、後に芸術祭に統合）。従前の「芸術創造基盤整備事業」は、「世界に羽ばたく新進芸術家の育成」に再編された。

　2010年には、「文化芸術創造プラン」という大きな括りがなくなり、それぞれの事業が個別に存在するようになった。「優れた舞台芸術活動への重点的支援」が新設され、従前の「芸術創造活動特別推進事業」は、「舞台芸術共同制作支援」とともに、これに包括された。さらに2011年には、「舞台芸術創造力向上・発信プラン」に名称変更され、「トップレベルの舞台芸術創造事業」と「トップレベルの劇場・音楽堂からの創造発信事業」（いずれも従前の事業名を変更）がこれに包括された。

　「トップレベルの舞台芸術創造事業」は、「舞台芸術振興事業」→「舞台芸術振興事業（音楽・演劇・舞踊）」→「芸術創造活動特別推進事業」と変遷し、現在の名称となったものであり、一貫して振興会に執行を委ねられてきた。

　また、「トップレベルの劇場・音楽堂からの創造発信事業」は、2012年制定の「劇場、音楽堂等の活性化に関する法律」に関する議論の中から生まれたものであり、同法の制定とともに、劇場、音楽堂等に関する既設の予算と合体し、「劇場・音楽堂等活性化事業」となっている。これについては、第5章で詳述する。

　なお、「優れた舞台芸術の国際交流（国際芸術交流支援事業）」は、

2010 年に「芸術による国際交流活動への支援」となり、さらに 2012 年には「国際フェスティバル支援事業」、「文化芸術の海外発信拠点形成事業」が新設された。

民間芸術団体等の文化芸術活動への支援は、以上のような複雑な過程をたどって現在に至っている[4]。「トップレベルの舞台芸術創造事業」に関する文化庁と振興会の相互関係の変遷の過程を中心に整理すれば、表 4-1 のとおりである。

表 4-1　文化庁・日本芸術文化振興会における文化芸術団体等への支援事業の変遷

導入年度	1996年度	2002年度	2005年度	2009年度	2011年度
文化庁の施策	アーツプラン21	文化芸術創造プラン（新世紀アーツプラン）	文化芸術創造プラン	文化芸術創造プラン	舞台芸術創造力向上・発信プラン
文化庁の事業	芸術創造特別支援事業	芸術団体重点支援事業	芸術創造活動重点支援事業	芸術創造活動特別推進事業	トップレベルの舞台芸術創造事業
振興会の実施事業	舞台芸術振興事業	舞台芸術振興事業	舞台芸術振興事業		
	振興基金事業	振興基金事業	振興基金事業	振興基金事業	振興基金事業

出典：佐藤良子「文化芸術活動への公的支援の枠組み−芸術文化振興基金の創設以降を中心に」日本音楽芸術マネジメント学会『音楽芸術マネジメント第4号』、2012 年、p.39 を参照し佐藤改訂

1−3　文化庁と振興会の棲み分けの変遷

これまでに見たように、「芸術文化振興基金」の創設を契機として、国の支援行政は、文化庁と振興会が担うこととなった。その際に、文化庁の「民間芸術等活動費特別補助」及び前述の「三事業」（日米舞台芸術交流事業、優秀舞台芸術公演奨励事業、芸術活動特別推進事業）による支援と、振興会の「芸術文化振興基金」による支援との間に、一応の棲み分けが図られた。

すなわち、文化庁の補助金と三事業は、「我が国の中核的な芸術団体の基幹的な活動を支援する」とともに、「基盤的な活動（年鑑の作成など資料整備や人材育成など）」も支援する。これに対し、芸術文化振興基金は、「中核的な芸術団体の基幹的な活動に準じる活動」と「アマチュ

アを含む幅広い文化芸術活動」を支援することとなった。

　換言すれば、文化庁による支援は、主として“文化の頂点の伸長”という目的に沿うものとし、芸術文化振興基金による支援は、“文化の頂点の伸長”とともに、“文化の裾野の拡大”に目配りする役割を担うことになったといえる[5]。

　そして、このような棲み分けは、「アーツプラン21」の創設後にも引き継がれていき、この体制が2000年代まで続いた。

　一方、前述したように、2009年度に「芸術創造活動特別推進事業」が、文化庁から振興会に執行を移管された。このため、これを契機に、「我が国の中核的な芸術団体の基幹的な活動を支援する」事業についても、振興会がその役割を担うこととなった。この事業は、2011年度以降「トップレベルの舞台芸術創造事業」に組み替えられ、さらにその性格を強めている。

　2015年度時点で、振興会は、この「トップレベルの舞台芸術創造事業」と「映画創造活動支援事業」による支援事業、及び「芸術文化振興基金」による助成事業を並行して執行している。従って、振興会は、民間文化芸術団体等の文化芸術活動への支援に関し、「文化の頂点の伸長」と「文化の裾野の拡大」の両面を担うに至っている。

　以上が、芸術文化振興基金の設立から最近までの文化庁と振興会の棲み分けの変遷であるが、現在の状況は、次項において改めて詳述する。

2　支援の現状

2－1　文化庁

　文化庁の施策を予算面（一般会計）から見ると、2015年度は、次の四つの柱からなっている[6]。
　　□豊かな文化芸術の創造と人材育成
　　□かけがえのない文化財の保存、活用及び継承等
　　□我が国の多彩な文化芸術の発信と国際文化交流の推進
　　□文化発信を支える基盤の整備・充実
　文化庁の支援行政の対象には、民間の文化芸術団体等の文化芸術活動のほか、地方公共団体の文化振興事業、劇場、音楽堂等の公演事業、大

第4章　文化芸術活動への支援—支援行政—

学や統括芸術団体による人材育成事業などが含まれ、以上の四つの柱の中に分散して取り込まれている。

　しかし、本章では、文化政策の対象領域「文化の振興と普及」における「創造・発展」に直結する"民間文化芸術団体等の文化芸術活動への支援"に焦点を当て、文化庁と日本芸術文化振興会との二元体制を検証することを目的とするため、これ以外の支援については言及しない[7]。なお、劇場、音楽堂等への支援については、第5章において改めて取り扱うこととする。

　民間文化芸術団体等の文化芸術活動への支援は、上記の「豊かな文化芸術の創造と人材育成」と「我が国の多彩な文化芸術の発信と国際文化交流の推進」の二つの柱の中に盛り込まれている。それらを個別に拾い出すと、次のような事業がそれに該当する[8]。

　第一に、「豊かな文化芸術の創造と人材育成」の「文化芸術創造活動への効果的な支援」に含まれるものとして、次の事業がある。

　○戦略的芸術文化創造推進事業
　・文化プログラムに関連する海外発信力のある公演など、芸術文化の振興を図る上で、推進することが必要な芸術活動を実施する。
　・障害者の優れた芸術作品の試行的展覧会や公演情報等の海外発信の環境整備等に関する調査研究を行う。
　○トップレベルの舞台芸術創造事業(この事業は振興会を通じて執行)
　・トップレベルの舞台芸術団体に対して、その舞台芸術の創造活動を支援することにより、我が国の舞台芸術の飛躍的な水準向上を図る。
　○日本映画製作支援事業　(この事業は振興会を通じて執行)
　・我が国の映画製作活動を奨励し、その振興を図るため、優れた劇映画、記録映画の製作活動及び国際共同製作映画の製作活動を支援する。
　○アニメーション映画製作支援事業(この事業は振興会を通じて執行)
　・優れたアニメーション映画の製作活動に対する支援を行う。

　第二に、同じく「豊かな文化芸術の創造と人材育成」の「芸術家等の人材育成」に含まれるものとして、次の事業がある。

　○文化芸術による子供の育成事業　(文化芸術団体の巡回公演等)
　・子供たちに対し、一流の文化芸術団体や芸術家による質の高い文化

－ 145 －

芸術を鑑賞・体験する機会を義務教育期間中に2回（現代実演芸術・伝統芸能各1回）以上提供するとともに、実技指導やワークショップを実施する。
○伝統文化親子教室事業（伝統文化・生活文化関係団体の活動）
・子供たちが、親とともに、民俗芸能、工芸技術、邦楽、日本舞踊、茶道、華道などの伝統文化・生活文化を体験・修得できる機会を提供する。
○短編映画作品支援による若手映画作家の育成（短編映画作品の製作支援）
・本格的な映画製作のワークショップ等で学んだ技術や知識を、実際の短編映画作品の製作を通して実践する場を与え、若手映画作家が世に出る機会を提供する。
○メディア芸術クリエイター育成支援事業（メディア芸術作品の創作支援）
・若手クリエイターが行うメディア芸術作品の創作活動を支援する。
第三に、「我が国の多彩な文化芸術の発信と国際文化交流の推進」の「日本文化の発信・交流の推進」に含まれるものとして、次の事業がある。
○国際共同制作
○国際フェスティバル
○海外国際フェスティバル・展覧会参加出展等
・音楽、舞踊、演劇、映画、現代アート等の各分野における我が国の優れた芸術文化を世界で展開するため、海外のフェスティバルへの参加・出展、国内における国際フェスティバルの開催、海外の芸術団体との共同制作などへの支援を行う。

2-2　日本芸術文化振興会

振興会では、2015年度時点で、文化庁の文化芸術振興費補助金による「トップレベルの舞台芸術創造事業」と「映画創造活動支援事業」、及び「芸術文化振興基金」による助成事業を執行している。

それぞれの事業内容は、次のとおりである[9]。なお、文化財関係の活動は、基金の対象事業に含まれるため挙げることとした。

〔文化庁補助事業〕
○トップレベルの舞台芸術創造事業
　　・我が国の芸術水準向上の直接的な牽引力となることが期待される、国内で実施される芸術性の高い芸術創造活動（音楽、舞踊、演劇、伝統芸能、大衆芸能）を支援する。
○映画創造活動支援事業
　　・我が国の優れた映画の製作活動を奨励し、その振興を図るため、日本映画の製作活動（劇映画、記録映画、アニメーション映画）を助成する。
〔芸術文化振興基金の助成事業〕
○舞台芸術等の創造普及活動
　　△現代舞台芸術創造普及活動（音楽、舞踊、演劇）
　　・国民が広く多彩な芸術に親しむ環境の醸成に資する現代舞台芸術の創造普及のための公演活動を支援する。
　　△伝統芸能の公開活動
　　・国民が広く伝統芸能に親しむ環境の醸成に資するための公開活動を支援する。
　　△美術の創造普及活動
　　・国民が広く美術に親しめる環境の醸成に資する美術の創造普及のための展示活動を支援する。
　　△多分野共同等芸術創造活動
　　・特定の芸術分野にしばられない芸術創造活動や芸術家及び芸術家グループが行う新しい芸術分野を切り開くような独創性に富んだ芸術創造活動を支援する。
○国内映画祭等の活動
　　△国内映画祭
　　　・国内で行われる映画祭を支援する。
　　△日本映画上映活動
　　　・日本映画の特色ある上映活動を支援する。
○地域の文化振興等の活動
　　〈地域文化関係の活動〉
　　△地域文化施設公演・展示活動（文化会館公演活動）

・地域の文化施設の活動の充実を図り、地域の文化の振興に資する文化会館等の文化施設が行う公演活動を支援する。

△地域文化施設公演・展示活動（美術館等展示活動）
・地域の文化施設の活動の充実を図り、地域の文化の振興に資する美術館等の文化施設が行う展示活動を支援する。

△アマチュア等の文化団体活動
・地域に根ざした文化活動や広く国民が参加する文化活動を支援する。

〈文化財関係の活動〉

△歴史的集落・町並み・文化的景観保存活用活動
・城下町、門前町、宿場町等の歴史と伝統をもった集落・町並み、文化的景観の保存・活用を図り、地域の文化の振興に寄与する活動を支援する。

△民俗文化財の保存活用活動
・全国各地に伝承されている伝統的な民俗芸能や祭り・年中行事等の民俗文化財の保存・活用を図り、地域の文化の振興に資する活動を支援する。

△伝統工芸技術・文化財保存技術の保存伝承等活動
・伝統工芸技術・文化財保存技術の保存・伝承や伝統工芸技術の復元等、我が国の文化財の保存伝承等に資する活動を支援する。

2-3　二元体制による棲み分け

　以上のとおり、2015年度時点で、民間文化芸術団体等の文化芸術活動に対する支援は、文化庁と日本芸術文化振興会の二元体制によって推進されている。その棲み分けは、おおむね、次のとおりである。

　文化庁は、国家的な課題や政策的な必要性に基づく文化芸術活動や、人材育成、国際文化交流などを含め、政府が自ら牽引することが必要と考えられる文化芸術活動への支援を行っている。

　舞台芸術の「創造」を推進し、その"頂点の伸長"を促すことは、文化政策の重要な役割であり、このため、「トップレベルの舞台芸術創造事業」を予算措置している。また、メディア芸術の製作への支援については、国益の観点から[10]、「日本映画製作支援事業」、「アニメーション

－ 148 －

映画製作支援事業」を予算化している。以上の諸事業は、振興会に執行を委ねているが、上述の意味で文化庁が牽引していると見ることができる。

さらに、「戦略的芸術文化創造推進事業」は、「文化プログラムに関連する海外発信力のある公演等」とあるように、2020年の東京五輪の文化プログラムへの対応と考えられる。また、文化プログラムでは、従来、障害者の文化芸術活動も重要な対象に入っており、「障害者の優れた芸術作品の展覧会や公演情報等」の中にもその意図が表されている。

「文化芸術による子供の育成事業」、「伝統文化親子教室事業」は、巡回公演等による文化芸術の「普及」であり、"裾野の拡大"に裨益するものである。すなわち、「文化の均霑」（＝文化格差の是正）を念頭に置きつつ、将来の芸術家や観客の育成を図ることにある。「短編映画作品支援による若手映画作家の育成」、「メディア芸術クリエイター育成支援事業」は、製作（創作）の支援の形をとるが、本来の目的は、国益を念頭においた作家やクリエイターの育成にある。

「国際共同制作」、「国際フェスティバル」、「海外国際フェスティバル・展覧会参加出展等」は、いうまでもなく、我が国の文化芸術が国際場裡で評価に値するものとなるよう、国際文化交流政策の観点に立った諸事業として設定されている。

以上のとおり、文化庁は、「文化の頂点の伸長」と「文化の裾野の拡大」を直接担う事業、東京五輪の文化プログラム関連事業、人材育成・国際交流に関連する事業など、国が直接関わることが適当と考えられる事業については、自らの直営事業（ただし、一部の事業は振興会に執行を委ねている）として実施している。

一方、振興会は、文化庁から執行を委ねられた「トップレベルの舞台芸術創造事業」、「映画創造活動支援事業」と、「芸術文化振興基金」による支援を行っている。

このうち、「トップレベルの舞台芸術創造事業」は、"我が国の中核的な文化芸術団体の基幹的な文化芸術活動"の推進をねらいとするものである。前述したように、従来、この任務は文化庁が担っていたが、芸術文化振興基金とも密接に関連していることから、振興会にその執行を委ねたものと考えられる。文化庁が予算措置し、名目上は文化庁の事業と

なっているのは、従来の考えの流れに沿うものといえる。

「芸術文化振興基金」のうち、「舞台芸術等の創造普及活動」は、“中核的な文化芸術団体の基幹的な文化芸術活動に準ずる文化芸術活動”である。また、「地域の文化振興等の活動」のうちの「アマチュア等の文化団体活動」は、アマチュアを含む幅広い文化芸術活動に対する支援であり、さらにその下に位置付けられる。

すなわち、後述するように、振興会の支援事業は三層構造をなしている。その意味で、振興会の事業も、文化芸術の“頂点の伸長”（縦軸）と“裾野の拡大”（横軸）の両面を同時に満たそうとするものといえる。

ただし、文化庁と異なり、振興会では、我が国の民間芸術団体等の基盤的な活動に対する経常的・安定的な支援に重点が置かれていると考えられる。いわば、足腰を強くしながら、日常的な創造活動を地道に行っていくための支援といってよいであろう。近時、振興会は、「日本版アーツカウンシル」としてその機能の充実を図っていくことが要請されている[11]。振興会の支援の構造は、改めて第2節で詳述する。

いずれにしても、我が国の民間芸術団体等の文化芸術活動への支援は、文化庁と振興会の二元体制で一定の棲み分けがなされ、両々相まって支援の実を挙げているということができる。

3 今後の在り方

3−1 支援の多様化と多重化・多元化の必要性

前述したように、民間文化芸術団体等の文化芸術活動に対する国の支援は、当時の文部省（社会教育局）により、1959年の大阪国際フェスティバル協会、1961年の群馬フィルハーモニーオーケストラ（現・群馬交響楽団）に対する助成から始まり、次第に拡大していった。そして、1990年の芸術文化振興基金の設置に伴い、国の支援は、文化庁と振興会の二元体制となり、今日に至っている。

この間、文化庁は、1996年から「アーツプラン21」を、2002年からはこれらを統合した「文化芸術創造プラン」を発足させ、2010年からは、さらにいくつかの事業に再編するなどして、支援の多様化を図ってきている。文化庁と振興会による1959年から2012年までの支援の経緯は、

第4章　文化芸術活動への支援—支援行政—

振興会が取りまとめた「芸術文化活動に対する助成制度に関する調査分析事業 報告書」（2013年3月）に詳細に示されている[12]。そして、2015年時点ではさらに分化し、前項でみたような内容となっている。

　また、前項で見たように、文化庁と振興会の間では、支援に関し一定の棲み分けがなされている。文化庁では、国家的な課題や政策的な必要性に基づく文化芸術活動や、人材育成、国際文化交流などを含め、政府が自ら牽引することが必要と考えられる文化芸術活動への支援を行っている。その意味では、支援の多様化が進んでいる。

　このような多様化は、今後とも推進されていくことが望ましい。例えば、支援を通じた新たな文化芸術活動等の誘導策や、萌芽的・試行的な文化芸術活動への助成策、若手芸術家等の育成のための各種のプログラムの開発などが期待される。

　後述するように、2020年の東京五輪の文化プログラムを目途に、このような事業の多様化は一層進むものと思われる。

　一方、振興会における基盤的な文化芸術活動に対する経常的・安定的な支援にあっても、個々の事業（メニュー）に関しては、その多重化が必要である。

　第3章第2節で触れたように、文化芸術活動に対する支援は、選択支援主義が原則となっている。図3-2は、「トップレベルの舞台芸術創造事業」を上層に、芸術文化振興基金の〔舞台芸術等の創造普及活動〕を中層に、同基金の〔地域の文化振興等の活動（アマチュア等の文化団体活動）〕を下層に置いた三層構造として示している（なお、さらに詳細な構造は、次節で示す）。

　選択支援主義を原則とする以上、支援の範囲として、どこかに一線を画す必要がある。しかし、可能な限り下方への拡大に配慮するとすれば、プロフェッショナルからアマチュアまでの間を一定の基準で区分した多重構造とし、それぞれの層に応じた支援策を講じていくことが効果的である。今後とも、そのような多重化を進めていくことが望ましいと考えられる。

　また、舞台芸術団体を例にとれば、その公演形態には、定期公演、普及公演などの別があり、普及公演にも、自主公演、依頼公演などがある。また、アウトリーチによる活動範囲の拡大と地域への貢献、ワークショッ

－ 151 －

プによる地域の住民や子どもたちに対するサービスの提供などの活動も多く見られるようになった。とくに近年は、教育との連携による人材育成の機能も期待されるようになっている。すなわち、活動そのものが、多元的に行われるようになってきているといってよい。

このような活動の多元化に対応したきめ細かな支援のメニューを作成することも、今後の課題の一つといえる。

３－２　東京五輪文化プログラムへのアプローチ

文化庁の東京五輪の文化プログラムに対する文化政策としての対応については、第３章第２節でその概要を見たが、ここでは、支援行政との関係で、2015 年度の文化庁予算に盛り込まれた内容を中心に把握しておくこととする。

民間文化芸術団体等の文化芸術活動への支援の関係では、次のものが文化プログラムに組込まれている[13]。

まず、〔文化プログラムの育成〕の項目では、「戦略的芸術文化創造推進事業」と「トップレベルの舞台芸術創造事業」が挙げられている。

前者は、前述したように「文化プログラムに関連する海外発信力のある公演など芸術文化の振興を図る上で、推進することが必要な芸術活動を実施し、それらの成果を世界へ発信する」ことをねらいとしている。また、「障害者の優れた芸術作品の試行的展覧会」も対象としている。障害者の文化芸術活動とその作品の展示は、ロンドン五輪において大きな比重を占めており、来たる東京五輪でもこれを視野に含めているものと考えられる。

後者は、いうまでもなくトップレベルの舞台芸術団体の創造活動への支援により、「我が国舞台芸術水準の飛躍的向上を図」ることを直接の目的とするが、さらに「その成果を広く国民や訪日外国人が享受できる環境を醸成する」としている[14]。これは、伝統芸能のみならず、欧米由来の現代舞台芸術も含め、我が国の舞台芸術全般を国際的にも評価に値するものにし、ひいては、東京五輪で訪日する外国人の観覧に供することを意図しているものと考えられる。

次に、〔文化プログラムに向けた発信強化〕の項目では、「戦略的芸術文化創造推進事業」を再掲するとともに、「芸術文化の世界への発信と

新たな展開」の各事業（「国際共同制作」、「国際フェスティバル」、「海外国際フェスティバル・展覧会参加出展等」）を挙げている。

　前者は、「公演情報等の海外発信の環境整備等に関する調査研究」を行うものであるが[15]、これにより、この事業による成果の発信を目的としているものと考えられる。

　後者は、「現代アートや音楽、舞踊、演劇等、各分野における我が国の優れた芸術文化を文化プログラムに向けて戦略的に世界で発信する」ことを目的としている[16]。海外のフェスティバルへの参加・出展、国内における国際フェスティバルの開催のほか、海外の芸術団体との共同制作が対象となる。東京五輪文化プログラムに向けて、我が国の文化芸術各分野の創造（制作）活動の対外発信の強化を意図しているものである。

　民間文化芸術団体等の文化芸術活動への支援に関し、東京五輪文化プログラムに向けた 2015 年度予算に盛り込まれた事項は以上のとおりであるが、2020 年の開催を目指し、今後さらにいくつかの事業メニューが提示され、具体化されていくことが予想される。また、これを機に、支援行政の一層の多様化が進められることが期待される。

　なお、〔文化プログラムの育成〕の項目には、「文化芸術による地域活性化・国際発信推進事業」、「劇場・音楽堂等活性化事業」、「芸術祭等」も含められている。「劇場・音楽堂等活性化事業」については、第 5 章で改めて触れる。

　また、〔文化プログラムに向けた発信強化〕の項目には、「文化プログラムの実施に向けたシンポジウムの開催」も含められている。

　さらに、〔文化プログラムに向けた環境整備〕の項目があり、これには、「国立文化施設の観覧・観賞環境の充実等」、「国立アイヌ文化博物館（仮称）の整備及び運営準備」、「外国人に対する日本語教育の推進」が含められている。

第2節　日本芸術文化振興会による支援の構造

　前節までに見たとおり、独立行政法人日本芸術文化振興会（以下「振興会」という）は、我が国の民間芸術団体等の文化芸術活動の基盤を、経常的・安定的に支える支援を担っている。本節では、振興会による支援の全体的な構造と、舞台芸術に関する支援事業の枠組みを整理する。

　2015年度時点で、振興会の支援事業は、文化庁からの補助金（文化芸術振興費補助金）による「トップレベルの舞台芸術創造事業」、「映画創造活動支援事業」、及び「芸術文化振興基金」による「舞台芸術等の創造普及活動」、「国内映画祭等の活動」、「地域の文化振興等の活動」への支援からなり、全体が、上層、中層、下層の三層構造の体系として把握される。

　舞台芸術に対する支援である「トップレベルの舞台芸術創造事業」と「芸術文化振興基金」による「舞台芸術等の創造普及活動」とは、対象となる団体、実績、活動、経費においてそれぞれ違いがあり、とりわけ、前者では「創造部分」に、後者では「公演部分」に助成されるという点で大きく異なっている。

　また、振興会では、2011年度から「日本版アーツカウンシル」の試行として、プログラムディレクター（PD）、プログラムオフィサー（PO）を活用した審査・評価の研究を行ってきたが、今後、その本格的導入に向けた取組が推進されようとしている。

1　支援事業の全体的な構造

1－1　支援事業の目的と性格

　独立行政法人日本芸術文化振興会（以下「振興会」という）による支援事業の概要は、前節で触れたが、各事業の目的と性格は、次のように整理される。

1－1－1　文化庁の文化芸術振興費補助金による事業

　「トップレベルの舞台芸術創造事業」は、国からの補助金（文化芸術振興費補助金）を財源に、「我が国の舞台芸術の水準を向上させる牽引

力となっているトップレベルの芸術団体が国内で実施する舞台芸術の創造活動を助成するもの」である[17]。

　そのため、この事業の助成対象としては、「日本の舞台芸術において、芸術性の水準を牽引する芸術性の高い優れた公演活動」、「大型公演、年間を通して上演される定期公演や相当規模以上の公演活動」等が挙げられている[18]。なお、助成の対象となる活動については、次項以下で詳述する。

　また、「映画創造活動支援事業」も、国からの補助金（文化芸術振興費補助金）を財源に、「我が国の優れた映画の製作活動を奨励し、映画の振興を図るため、日本映画の製作活動を助成するもの」である。「日本映画」とは、日本国民、日本に永住を許可された者又は日本の法令により設立された法人により製作された映画（テレビ用アニメーションを除く）であり、「劇映画」、「記録映画」、「アニメーション映画」の三区分からなっている[19]。

　前述のように、この二事業は、"我が国の中核的な文化芸術団体の基幹的な文化芸術活動"に対する支援であり、舞台芸術及び映画に係る"頂点の伸長"を目指したものとして捉えられる。

1－1－2　芸術文化振興基金による事業

　「芸術文化振興基金」による支援は、「芸術・文化の振興又は普及を図るための活動に対する援助を継続的・安定的に行う」ものとされ、前述したように、「舞台芸術等の創造普及活動」、「国内映画祭等の活動」、「地域の文化振興等の活動」に区分される[20]。

　このうち、「舞台芸術等の創造普及活動」は、「地域への普及公演、鑑賞教室公演等、観客が広く芸術に親しむことをねらいとした公演活動」、「活動の性格上採算の望めない公演活動」、「優れた実績や将来性があるが、財政基盤が十分でない芸術文化団体の公演活動」、「次代を担うことが期待されるキャスト、スタッフによる公演活動」が、支援の対象例として挙げられている[21]。すなわち、"中核的な文化芸術団体の基幹的な文化芸術活動に準ずる活動"に対する支援であり、これらも、文化芸術の"頂点の伸長"に裨益するものといえる。

　「国内映画祭等の活動」は、国内で行われる映画祭を支援する「国内

映画祭」と、日本映画の特色ある上映活動を支援する「日本映画上映活動」が、対象となっている[22]。いずれも、映画の普及に力点が置かれていると考えられる。

「地域の文化振興等の活動」は、前節で述べたように、〈地域文化関係の活動〉と〈文化財関係の活動〉に大きく区分される。いずれも"地域の文化の振興"に寄与する活動を支援するものである[23]。

このうち、〈地域文化関係の活動〉は、[地域文化施設公演・展示活動（文化会館公演活動）]、[地域文化施設公演・展示活動（美術館等展示活動）]、[アマチュア等の文化団体活動] に区分される。

[地域文化施設公演・展示活動（文化会館公演活動）] は、当該文化施設において、自ら主催し、経費を負担して行う公演活動で、地域性を活かした特色ある活動、記念的な活動、地域住民が多様な芸術文化に親しむ環境の醸成に資する特別な活動等が対象とされる。

[地域文化施設公演・展示活動（美術館等展示活動）] は、美術館等の当該文化施設において、自ら主催し、経費を負担して行う、絵画、彫刻、工芸、デザイン、書、建築、写真、漫画、文化財等の美術展示活動で、地域性を活かした特色ある活動、記念的な活動、地域住民が多様な芸術文化に親しむ環境の醸成に資する特別な活動等が対象とされる。

[アマチュア等の文化団体活動] は、自ら主催し、出演（美術ジャンルの場合は出品）経費の負担を行い、日本国内において実施する「芸術、民俗芸能、生活文化に関する公演・展示その他」の活動で、日頃の文化活動の成果を全ての地域住民等を対象として、広く公開する活動が対象とされている。

また、〈文化財関係の活動〉は、[歴史的集落・町並み・文化的景観保存活用活動]、[民俗文化財の保存活用活動]、[工芸技術・文化財保存技術の保存伝承等活動] に区分される。

[歴史的集落・町並み・文化的景観保存活用活動] は、「助成の対象となる地区」に関し、自ら行う、これらの保存・活用に直接資するセミナー等の催し物、資料収集、資料の作成・展示等の普及啓発活動などが対象とされる。

[民俗文化財の保存活用活動] は、自ら主催し、日本国内で行う民俗文化財を保存・活用した特色あるまちづくりによる地域の文化振興に資

する活動（民俗文化財の公開活動、広域的な交流活動、復活・復元による伝承活動、記録作成（録音・映像等）による保存活用活動）が対象とされる。

　［伝統工芸技術・文化財保存技術の保存伝承等活動］は、日本国内において自らが行う、伝統工芸技術・文化財保存技術の保存伝承活動、公開活用活動、記録作成（録音・映像等）による保存活用活動、衰退した伝統工芸技術の史実に基づいた復元活動が対象とされる。

　以上のように、「地域の文化振興等の活動」は、極めて幅広い対象に目が向けられており、いわば、文化芸術の "裾野の拡大" を志向しているといってよい。

　「芸術文化振興基金」による支援には、以上のように、方向性の異なる多様なものが含まれている。

1－2　支援事業の体系

　振興会による支援事業の全体の概要は以上のとおりであるが、これを構造化して整理すれば、次のとおりである。

　まず、文化芸術振興費補助金による「トップレベルの舞台芸術創造事業」、「映画創造活動支援事業」が上層に位置する。この二事業は、文化政策の対象領域「文化の振興と普及」の中の〈芸術の振興〉に該当し、"文化の頂点の伸長" を担うものである。

　次に、芸術文化振興基金による「舞台芸術等の創造普及活動」、「国内映画祭等の活動」が中層に位置する。この二事業も、〈芸術の振興〉に裨益し、"文化の頂点の伸長" に準ずるものである。

　そして、「地域の文化振興等の活動」が下層に位置する。これらは、文化政策の対象領域「文化の振興と普及」の中の〈文化の普及〉に該当し、"文化の裾野の拡大" を担うものである。ただし、〈文化財関係の活動〉は、対象領域「文化財の保護」に該当する。

　前節に引き続き、本節でも、民間文化芸術団体等の文化芸術活動に対する支援に焦点を絞れば、「地域の文化振興等の活動」の中では、［アマチュア等の文化団体活動］がこれに相当する。従って、差し当たり、下層に位置する活動を「アマチュア等の文化団体活動」に限定して全体の構造を図に示せば、図4-1のとおりとなる[24]。

なお、〔地域文化施設公演・展示活動（文化会館公演活動）〕は、劇場、音楽堂等への支援として位置付けられるため、第5章で改めて触れる。いずれにしても、振興会による支援事業は、以上のような三層構造として把握される。

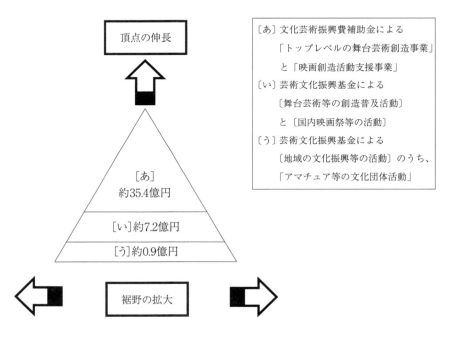

出典：佐藤作成。金額は［あ］、［い］、［う］ともに2015年度交付予定額。
図4-1　文化芸術活動に対する支援の構造

2　舞台芸術を中心とする支援事業の枠組み

　本項では、2015年度の「トップレベルの舞台芸術創造事業」（以下「トップレベル事業」という）と、芸術文化振興基金の「舞台芸術等の創造普及活動」（以下「基金事業」という）の二つの支援事業に焦点を当て、舞台芸術を中心とする支援事業の基本的な枠組みについて整理し、その詳細を述べることとする[25]。

2−1　対象となる団体と実績

「トップレベル事業」及び「基金事業」の両事業とも、支援の対象者は、基本的に団体であることが原則である。その要件は、次のとおり「トップレベル事業」では厳しく、「基金事業」では緩和されている。

○一般社団法人・一般財団法人、公益社団法人・公益財団法人、特定非営利活動法人（NPO）であること。ただし、「トップレベル事業」では、団体を構成するスタッフ・キャスト等に芸術家を擁することが要件となっている。

○上記以外の法人格を有する団体であること。ただし、「トップレベル事業」では、原則として一定数以上の実演家を擁すること、「基金事業」では、原則として一定数以上の実演家を擁するか、自ら劇場施設を有することが要件となっている。

○法人格を有しない任意団体の場合は、（ⅰ）主たる構成員が芸術家又は芸術団体であること、（ⅱ）定款に類する規約等を有し、意思決定・執行組織が確立され、経理・監査等の会計組織を有し、本拠としての事務所を有することが要件となっている。このほか、「トップレベル事業」では団体設立後3年以上の芸術活動実績、「基金事業」では1年以上の芸術活動実績を有することが要件とされている。

○「基金事業」では、音楽分野の室内楽、舞踊の分野及び「多分野共同等芸術創造活動」に関しては、責任を持って活動を遂行する能力と意欲を有する芸術家のグループで、振興会の理事長が適当と認めるものであること。

また、両事業とも、自ら主催する有料公演について、一定の実績が要件とされている。

○「トップレベル事業」では、次のように、過去3か年に毎年一定数以上の公演数（1作品の複数回上演は1公演）が要件とされている。

・音　楽

オーケストラ　　　：自主公演　毎年10公演

オペラ　　　　　　：自主公演　毎年2公演

合唱　　　　　　　：自主公演　毎年5公演

室内楽、その他　　：自主公演　毎年2公演

・舞踊・演劇（公演単位支援型）・伝統芸能・大衆芸能：自主公演

毎年2公演
・演劇（年間活動支援型）：自主公演　2012年2公演、2013年3公演、2014年3公演（2015年度は段階的に3公演に移行中のため。2016年度から過去3か年すべて3公演となる）
○「基金事業」では、過去2年間と申請時までの期間に1回以上の公演回数（伝統芸能の分野及び「多分野共同等芸術創造活動」では、過去に実施していればよい）が要件とされている。
　以上に見るように、基本的にプロフェッショナルの文化芸術団体が想定されているといえる。すなわち、各事業の趣旨にふさわしい専門性や実績を備え、活動を実行することのできる責任ある組織体制を有し、かつ、公的資金によって支援される以上、公正な会計が行われる体制であることが求められている。

2−2　対象となる活動

2−2−1　トップレベル事業
　「トップレベル事業」の対象となるのは、次のような公演活動である。
○日本の舞台芸術において、芸術性の水準を牽引する芸術性の高い優れた公演活動
○大型公演、年間を通して上演される定期公演や相当規模以上の公演活動
　対象ジャンルは、次のとおりである。
○音楽：オーケストラ、オペラ、室内楽、合唱等
○舞踊：バレエ、現代舞踊、民族舞踊等
○演劇：現代演劇、児童演劇、人形劇、ミュージカル等
○伝統芸能：古典演劇（歌舞伎、人形浄瑠璃、能楽等）、邦楽、邦舞、雅楽、声明等
○大衆芸能：落語、講談、浪曲、漫才、奇術、太神楽等
　なお、「トップレベル事業」では、活動ごとの助成（＝公演単位支援型）を基本とするが、一定の要件を満たし、審査において特に必要と認められた場合には、複数の公演を一括した助成（年間活動支援型）も認められている。両者には、次のような違いがある。

第4章　文化芸術活動への支援―支援行政―

　助成期間は、年間活動支援型では複数年度助成（3年間）であるが、公演単位支援型では単年度助成である。概算払いの可否については、年間活動支援型では活動の規模を問わず申請可能であるが、公演単位支援型では、期間、規模が一定以上の活動のみ申請可能とされている。また、活動完了後、実績報告書提出時に助成対象経費の額が助成金額を下回った場合については、年間活動支援型では、一定の範囲内で他の助成対象活動に助成金を流用することが可能であるが、公演単位支援型では、助成対象経費の額まで助成金が減額される。

　以上に見るとおり、一定の要件を満たす特に優れた実績を有する団体は、年間活動支援型に採択され、3年間の安定した助成と助成金の処理に関し有利な条件が認められている。

2－2－2　基金事業

　「基金事業」の対象となるのは、次のような活動である。
　○地域への普及公演、鑑賞教室等、観客が広く芸術に親しむことをねらいとした公演活動
　○次代を担うことが期待されるキャスト、スタッフによる公演活動
　○活動の性格上採算の望めない公演活動
　○優れた実績や将来性があるが、財政基盤が十分でない芸術文化団体の公演活動
　対象ジャンルは、次のとおりである[26]。
　○現代舞台芸術創造普及活動
　　音楽：オーケストラ、オペラ、室内楽、合唱等
　　舞踊：バレエ、現代舞踊、民族舞踊等
　　演劇：現代演劇、児童演劇、人形劇、ミュージカル等
　○伝統芸能の公開活動：古典演劇、邦楽、邦舞、落語、講談、浪曲、漫才、奇術、太神楽等

2－3　対象となる経費

　両事業において、大きく異なる点は、対象となる経費の範囲である。まず、「トップレベル事業」では、「原則として公演本番に必要な出演料、会場費等についてはチケット収入等の自己収入で賄うものとし、脚本や

－ 161 －

演出、稽古等の公演本番以前の芸術創造活動に必要な費目に限定して助成」される。

　すなわち、赤字分の補填という捉え方ではなく、活動の「創造部分」に対して助成され、本番における自己収入の増加が助成金の額には影響しない仕組みである。また助成金の額も、助成対象経費の合計額の範囲内とされている。

　また、前述したように、年間活動支援型（3年間の継続助成が認められる）と、公演単位支援型（単年度ごとに助成を受ける）が設けられている。

　一方、「基金事業」では、公演の準備期間、本番、公演終了後のばらしまでを含めた経費が支援対象となる。この経費に対し、活動の赤字分（自己負担金）の範囲内で助成金を要請することができる仕組みになっている。

　いわば、活動の「公演部分」に対して助成されることになる。そして、助成金の額は、自己負担金（赤字部分）の範囲内で、かつ助成対象経費の二分の一以内とされている。

　「トップレベル事業」にあっても、かつては「基金事業」と同じような赤字補填であったが、第三次「文化芸術の振興に関する基本的な方針」（2011年2月8日閣議決定）において、「文化芸術団体の創造性の発揮や継続的な発展に資するよう、事業収支が支援額に影響しない仕組みなど、より経営努力のインセンティブが働くような助成方法や年間の創造活動への総合的な支援等の新たな支援の仕組みを導入する」との方針を受けて、2012年度から上述のような「創造部分」への助成の制度となったものである。

　また、基本方針の後段の「年間の創造活動への総合的な支援等」の対案は、先に触れた「年間活動支援型」の助成として2013年度から具体化された。

　一方、「基金事業」では、従来の赤字補填の仕組みを継続している。このことは、先に見た対象事業の「活動の性格上採算の望めない公演活動」に端的に示されている。

　なお、対象事業の「優れた実績や将来性があるが、財政基盤が十分でない芸術文化団体の公演活動」も、このことを念頭に置いたものと考え

られる。

3　「日本版アーツカウンシル」の試行とPD・POの役割

3−1　PDCA サイクルの重視と PD・PO の導入

　第三次「文化芸術の振興に関する基本的な方針」（2011 年 2 月 8 日閣議決定）は、「文化芸術への支援策をより有効に機能させるため、独立行政法人日本芸術文化振興会における専門家による審査、事後評価、調査研究等の機能を大幅に強化し、諸外国のアーツカウンシルに相当する新たな仕組みを導入する。このため、早急に必要な調査研究を行うとともに、可能なところから試行的な取組を実施し、文化芸術活動の計画、実行、検証、改善（PDCA）サイクルを確立する」との方針を示した。

　これを受けて、振興会では、2011 年 1 月に「文化芸術活動への助成に係る審査・評価に関する調査研究会」を設置して調査研究を進め、同調査研究会は、同年 6 月、「文化芸術活動への助成に係る新たな審査・評価等の仕組みの在り方について」の報告書（以下「報告書」という）を取りまとめた。

　報告書は、文化芸術活動へ助成に係る PDCA サイクルを確立するために、専門的な情報提供等を行うプログラムディレクター（PD）及びプログラムオフィサー（PO）を配置し、的確な情報に基づく審査、審査結果における採択理由及び助成により期待される効果の公表、不採択理由の伝達、事後評価の実施、そして事後評価を踏まえた次回以降の審査等の着実な実践が求められるとした。そして、審査評価の仕組みについて一定の方向性を示すとともに、これを担う PD 及び PO の機能及び役割等を明らかにした。

　この報告書をもとに、振興会では、2011 年度の後半から、音楽、舞踊の分野に PD・PO を配置し、2012 年度からは、演劇、伝統芸能・大衆芸能の分野にも拡大した[27]。2015 年度時点で、この四分野に配置された PD・PO と振興会基金部のスタッフが一体となって、助成の業務に従事する体制となっている。

3-2 審査の仕組みとPD・PO

　振興会には、助成金を適正に交付するため、外部有識者から構成される芸術文化振興基金運営委員会（以下「運営委員会」という）が設置され、その下に、各分野の実情及び特性に応じた審査を実施するため、四つの部会と十三の専門委員会が設置されている。これら各レベルの委員会が審査に関与しており、その仕組みは、次のとおりである。

　振興会の理事長は、運営委員会に助成対象活動及び助成金額について諮問し、これを受けて運営委員会では、助成対象活動の募集や助成金交付の基本方針を決定するとともに、部会及び専門委員会に対し、順次、調査審議するよう付託する。

　これを受け、まず各専門委員会において審査の方法等を定め、各専門委員が行う書面審査を経て、専門的見地から合議により採択すべき助成対象活動を選定する。次いで、部会において、専門委員会における審議結果をもとに、採択すべき助成対象活動及び助成金額について審議し、運営委員会に報告する。最後に、運営委員会において、採択すべき助成対象活動及び助成金額に係る部会での審議結果をもとに、助成対象活動及び助成金額を審議・決定し、振興会理事長に答申する。

　PD・POは、事業に係る基本的な方向性を提示するとともに、専門委員会、部会、運営委員会における助言や情報提供、採択理由や不採択理由の整理等を行っている。

　とりわけ、審査基準は、審査を行う際の基準であるとともに、後述の事後評価でもその拠りどころとなるものである。いわば、PDCAサイクルの出発点から終末点までを通底する重要なスタンダードといえるが、その案の作成は、PD・POが、専門的知識や経験を生かして作成し、委員会に付議している。なお、PDCAサイクル確立の一環として、近年、審査基準は事前に公表され、透明性が確保されるようになっている。

3-3 事後評価等とPD・PO

　PDCAサイクルを確立するためには、事後評価が重要である。先の報告書でも、「事後評価は、助成した文化芸術活動が適切に実施されたかを確認するとともに、助成対象活動の分野においてどの程度の波及効果を及ぼしたかという視点を含め、助成した文化芸術活動の成果を把握

する役割を果たしている」として、その重要性に言及している。

そして、「事後評価の役割や事業の実施方法等を踏まえ、PD及びPOの専門的な知識や経験を生かし、事業にあった事後評価の方法を検討する」とともに、「なるべく助成活動に係る一連の取組が把握できるよう、日頃、文化芸術団体から聴取した情報、助成対象団体から提出される報告書等も材料とすることを考慮する必要がある」旨を強調している。

報告書の指摘に沿って、現在、「トップレベル事業」に関しては、PD・PO及びこれらをサポートする調査員が、助成対象となった公演に赴いて現地調査を行うほか、PD・POは、助成団体との意見交換を行い、助成対象事業の進捗状況の把握や必要な情報の収集に努めている。また、事後評価の結果が今後の活動に資するよう助成対象団体に伝えることも、PD・POの役割となっている。なお、事後評価の結果は、専門委員会の検討を経た上で、運営委員会において決定しているが、PD・POは、現地調査の結果等も踏まえ、委員会に提示する事後評価案の作成を担っている。

第四次「文化芸術の振興に関する基本的な方針」(2015年5月22日閣議決定)においても、「日本版アーツカウンシルの本格的導入について、……必要な措置を講ずる」とし、また、文化庁も2015年度予算に所要の経費を計上している。助成対象分野や文化芸術団体の実情を踏まえた審査、上述の助成対象活動の事後評価、これらを含めたPDCAサイクルの確立を目指し、今後、PD・POの役割がその重要性を一層増していくと考えられる。

3－4　PD・POの機能・役割と今後の課題

「日本版アーツカウンシル」の試行として、PD・POを導入し、以上のような措置が講じられてきたが、今後必要なことは、PD・POの職務を担う人材の確保である。

先の報告書では、PD・POの機能・役割等を、次のように提示している。

まず、PD・POの主な「機能」は、「それぞれの専門性を生かすことにより、対象分野への助成についての戦略を明確にするとともに、審査及び評価において一層の公正性を高めること」にあるとする。

そして、その「役割」は、「審査・評価等に係る事務的な業務から助成対象団体への助言や人の紹介、会計に係るノウハウの供与等連絡調整に係る業務、助成成果の普及に係る業務、事業目標を達成するために必要な調査研究まで多岐にわたる」ものとする。

　特にPDについては、「国の政策や助成事業の目標を踏まえた上で、運営委員会に対し、専門的な知識、経験及び調査研究結果の分析等に基づいた助成事業に係る審査・評価等の仕組みについて改善を提言すること及び事業目標の達成に向けた効果的な助成の在り方について提言すること」、「PO間の調整やPOの評価とともに、POが行う職務を統括すること」を挙げ、極めて高度な役割を求めている。

　また、POについては、「調査研究を通じて、助成対象分野の状況を的確に把握するとともに、専門的な知識、経験、調査研究から得たデータ等を新たな審査・評価に適切に提供していくこと」にあるとし、これについても、高度な調査研究能力と判断能力を期待している。

　さらに、PD・POに求められる資質・能力として、特定の文化芸術団体等に偏ることのない公平な態度、助成事業の改善に係る企画能力、審査・評価等に係る事務処理能力、文化芸術団体等との間の高いコミュニケーション能力、社会的常識やバランス感覚などを挙げている。

　そして、今後、「優れたPD及びPOを確保していくため、PD及びPOという職が、文化芸術分野におけるキャリアパスとして位置づけられること」を望んでいる。

　以上に見るように、PD・POには、極めて高い機能と役割、資質と能力が期待されている。それは、文化政策とアートマネジメントの専門を極め、高い調査研究能力と、現場に通暁した経験を有していることが想定されている。

　そのような人材の育成は、今後、大学院で行うことが相当と考えられる。最も理想的なのは、博士後期課程で学位を取得し、一定の実践経験を経て、高度な専門性を持ってこの分野で活動できる人材の育成であろう。それには、PD・POの地位が、専門職として確立されていくことも必要条件といえる。

第 4 章　文化芸術活動への支援─支援行政─

注

1　民間芸術等振興費補助金のピークは、1981 年、1982 年度の 12 億円であるが、1980 年代の末には半減するという事態となった。根木昭「我が国の文化政策の構造」（大阪大学博士論文）1999 年、p.25。

2　これら三事業は、文化庁が主催者ないし共催者として名を連ねた。それは、三事業が文化庁からの請負公演という形をとったためである。三事業は、民間芸術等振興費補助金の減額を実質的に補うために導入されたものであり、実際には公演団体の公演経費を負担するにとどまり、その内容に関わることなく、主体はあくまで公演団体にあるという基本姿勢（内容不関与の原則）は堅持されていた。根木昭「我が国の文化政策の構造」（大阪大学博士論文）1999 年、p.28。

3　文化庁監修『文化芸術立国の実現を目指して─文化庁 40 年史─』ぎょうせい、2009 年、p.50。

4　本文の「1 支援の沿革」は、（独）日本芸術文化振興会「平成 24 年度文化庁委託事業 芸術文化活動に対する助成制度に関する調査分析事業 報告書」（2013 年 3 月）に整理された公的助成の経緯に関する詳細な表によるところが大きい。なお、同報告書については、注 12 を参照のこと。

5　根木昭「我が国の文化政策の構造」（大阪大学博士論文）1999 年、p.29。

6　文化庁「平成 27 年度 文化庁予算の概要」による。

7　ちなみに、地方公共団体への支援は「地域文化政策」に含まれ、大学や統括芸術団体による人材育成への支援は「文化の基盤の整備」に整理される。

8　文化庁「平成 27 年度 文化庁予算の概要」による。

9　（独）日本芸術文化振興会「平成 27 年度 文化芸術振興費補助金 トップレベルの舞台芸術創造事業 助成金募集案内」、「平成 27 年度 文化芸術振興費補助金 映画製作への支援 助成金募集案内」及び「平成 27 年度 芸術文化振興基金 助成金募集案内」（〈その 1〉から〈その 3〉）による。

10　メディア芸術は、「我が国のソフトパワーとして国内外から注目を集めて（おり）……我が国の文化芸術振興はもとより、コンテンツ産業や観光の振興等にも大きな効果を発揮する」との観点に立っている（第四次「文化芸術の振興に関する基本的な方針」の第 3 の 1 の「(2) メディア芸術の振興」の冒頭説明）。

11　第三次「文化芸術の振興に関する基本的な方針」（2011 年 2 月 8 日閣議決定）では、振興会について、「諸外国のアーツカウンシルに相当する新たな仕組みを導入（し）、……必要な調査研究を行うとともに、可能なところから施行的な取組を実施する」（第 2 の 1 の「重点戦略 1：文化芸術活動に対する効果的な支援」）とし、第四次基本方針（2015 年 5 月 22 日同）では、「日本版アーツカウンシルの本格的導入について、……振興会において実施されている試行的な取組の結果を踏まえ必要な措置を講ずる」としている（第 2 の 1 の「重点戦略 1：文化芸術活動に対する効果的な支援」）。これを受けて、文化庁の 2015 年度の予算では、「日本版アーツカウンシルの本格的導入に向け」て 132 百万円が計上されている。ちなみに、振興会の英名は、当初から "Japan Arts Council" である。

12　この報告書は、2012（平成 24）年度文化庁委託事業として振興会が調査研究を行い、2013 年 3 月に報告書として取りまとめたものである。我が国の文化芸術活動に対する助成制度の経緯や現状に関する詳細な調査分析と課題の抽出、パ

─ 167 ─

イロット事業立案に向けたケース・スタディとして、海外の各種機関と国内の各種団体の先行事例について調査分析を行っている。

13 文化庁「平成 27 年度 文化庁予算の概要」による。

14 注 13 に同じ。

15 注 13 に同じ。

16 注 13 に同じ。

17 （独）日本芸術文化振興会「平成 27 年度 文化芸術振興費補助金 トップレベルの舞台芸術創造事業助成金募集案内」による。

18 注 17 に同じ。

19 （独）日本芸術文化振興会「平成 27 年度 文化芸術振興費補助金 映画製作への支援助成金募集案内」による。

20 （独）日本芸術文化振興会「平成 27 年度 芸術文化振興基金 助成金募集案内（その 1 〜その 3)」による。

21 （独）日本芸術文化振興会「平成 27 年度 芸術文化振興基金 助成金募集案内－その 1 −」による。

22 （独）日本芸術文化振興会「平成 27 年度 芸術文化振興基金 助成金募集案内－その 2 −」による。

23 （独）日本芸術文化振興会「平成 27 年度 芸術文化振興基金 助成金募集案内－その 3 −」による。

24 第 3 章の図 3-2 は、舞台芸術に限定した、水平方向、垂直方向への支援の拡大を示すための概念図に過ぎない。従って、振興会の支援事業の全体像を示せば、図 4-1 のとおりとなる。

25 主として（独）日本芸術文化振興会「平成 27 年度 文化芸術振興費補助金 トップレベルの舞台芸術創造事業助成金 募集案内」及び「平成 27 年度 芸術文化振興基金 助成金募集案内—その 1— 舞台芸術等の創造普及活動」による。

26 基金事業」には、このほか、「美術の創造普及活動」及び「多分野共同等芸術創造活動」があるが、本文に述べたとおり、「トップレベル事業」と共通する舞台芸術の分野に絞ることとする。

27 2015 年度時点では、PD は四分野に各 1 名を置くとともに、PO は、音楽分野に 4 名、舞踊分野に 3 名、演劇分野に 6 名、伝統芸能・大衆芸能分野に 3 名が置かれている。

第5章　文化施設の設置と管理・運営
―設置者行政―

第1節　国の文化施設

　文化施設の設置・運営は、「設置者行政」として現れる。設置者行政においては、明確な理念・目的・目標が示され、それに基づいて事業展開が行われなければならない。また、文化施設の運営形態は、現在では三つの類型に分類できる。

　国が文化施設を設置する意義は、四つに整理できる。現在、独立行政法人国立美術館、独立行政法人国立文化財機構、独立行政法人日本芸術文化振興会が、国立美術館、国立博物館・文化財研究所等、国立劇場・新国立劇場を設置し、管理・運営している。

　国立劇場は、本館（大劇場・小劇場）のほか、国立演芸資料館（国立演芸場）、国立能楽堂、国立文楽劇場、国立劇場おきなわから構成され、伝統芸能の公開、伝承者の養成、調査研究、劇場施設の貸与、の四つの事業を行っている。公演事業は、無形の文化財の保護の観点から、古典伝承のままの姿で行うことを基本としている。

　新国立劇場は、高い水準の現代舞台芸術の企画・制作・公演を行うほか、実演家等の研修、調査研究、劇場施設の貸与を行っている。三つの劇場を擁し、オペラ劇場は、四面舞台とオーケストラピットを備えている。中劇場も、四面舞台を備え、プロセニアム形式、オープン形式の両方に対応できる。小劇場は、可動床により様々な舞台形式に対応可能なオープンスペースとなっている。

1　設置者行政の一般的意義

1－1　意義と構造
　博物館・美術館、劇場・音楽堂等の文化芸術施設の設置・運営は、文化政策の機能の「文化の基盤の整備」の重要な部分を占めるが、その発

現形態は、「設置者行政」として現れる。

　前述したように、設置者行政とは、文化芸術の振興・普及を図るため、国・地方公共団体が、文化芸術機関（文化芸術施設、文化芸術団体）を設置し、その管理・運営を図る形態の行政をいう。「支援行政」及び「保護行政」とは別異のものであるが、これらと連動し、又はこれらを包含することもあり得る。また、「管理・運営」とは、設置者行政において示された文化芸術機関の理念・目的・目標の実現を図ることを主体とする作用である。文化芸術機関は、文化政策の対象領域の「文化の振興と普及」及び「文化財の保護」を具体化するために設置・運営される。その意味で、対象領域の双方に関連している。ここでは、文化芸術機関のうち、文化芸術施設（以下「文化施設」という）のみを取り上げる。

　国・地方公共団体が文化施設を設置・運営するに当たっては、第一に、当該文化施設の設置・運営の「理念」が示されなければならない。これは、通常の場合は、文化政策の対象領域である「文化の振興と普及」又は「文化財の保護」を担うものとして抽象的に示されることとなる。

　第二に、それぞれの施設ごとに、「目的」が示される必要がある。これは、各施設の性格に即した個別のものとなるであろう。理念と目的の設定は、文化政策における政策レベルの事柄といえる。

　第三に、これら理念と目的の下に、各施設として達成すべき「目標」が示されなければならない。目標としては、通常複数のものが設定されることとなるであろう。目標の設定は、文化政策における施策レベルの事柄といえる。

　第四に、これらの目標を達成するために、各施設の「事業」が企画され、当該事業を遂行するための「管理」が行われなければならない。事業と管理を合わせて「運営」と呼ぶことができる。運営は、文化政策における事務事業レベルの事柄といえる。

　このうち、設置者は理念・目的・目標までを示し、運営は当該施設に委ねられるのが基本的な在り方といえるが、現状では多くの課題を抱えている。

１－２　文化施設の運営形態

　文化施設の運営（事業と管理）の形態、特にその運営母体としては、

次に見るような類型に分かれる。

　第一は、設置者の直営又は独立行政法人による場合である。国にあっては、かつて博物館・美術館は文化庁の附属機関、劇場・音楽堂等は特殊法人であったが、行政改革により、現在はいずれも独立行政法人が設置者であり、かつ運営の母体となっている。独立行政法人は、文化庁とは相対的に独立性が保たれているが、同時に文化政策の主体でもある。その意味で、国立の文化施設は直営の一環と見なしてよいであろう。地方公共団体の場合は、地方自治法の改正（2003 年）により、2006 年 9 月から、直営か指定管理者制度を導入するかを選択することになった。美術館・博物館は、博物館法との関係もあって直営がほとんどである。また、劇場・ホールも、制度発足の時点では、直営が六割近くを占めていた[1]。

　第二は、地方公共団体出資の公共的団体、すなわち管理運営財団に管理委任する場合である。指定管理者制度の導入以前には、公立の文化施設はこれらの財団に管理委託されていたが、同制度の導入に伴い、指定管理者としては財団も民間事業者等と同じ位置付けに変わった。しかし、これらの財団は、施設管理という側面から地方公共団体の文化政策を担ってきており、この役割は、指定管理者の立場となっても変わらないと考えてよいであろう。制度発足の時点では、指定管理者制度を導入した文化施設の八割以上が、これらの財団に管理委任しており[2]、現在もこの状況は変わらないものと思われる[3]。なお、財団と民間事業者が共同した例も、わずかではあるが存在している[4]。

　第三は、民間事業者等に管理委任する場合である。民間事業者等には、純然たる民間事業者と NPO 法人がある。指定管理者制度の導入に伴い、民間事業者や NPO 法人が指定管理者となる例が生じてきた。制度発足時点では前者は約 13％、後者は 3％と少ないが[5]、今後、これら民間事業者や NPO 法人が指定管理者となる例が増えることも予想される[6]。なお、民間事業者等が指定管理者に指定される場合、施設の使用許可権を含む管理委任契約が締結されると解される。また、この使用許可は行政行為にほかならず（ただし形式的行政行為）、従って、指定管理者は、その限りにおいて行政庁としての地位に立つことになる。

2　国による文化施設の設置・運営

2－1　国が文化施設を設置・運営する意義

　国・地方公共団体は、文化芸術の振興・普及を図るため、文化芸術施設や文化芸術団体等の文化芸術機関（以下「文化施設」と略称する）を設置し、その管理・運営を行っている。これを「設置者行政」ということは、前述したとおりである。

　本節では、国立の文化施設を概観するとともに、特に、舞台芸術が上演される国立劇場・新国立劇場の実態を把握する。

　ここではまず、国（文化庁）が設置者の立場として、文化施設を設置・運営する意義について整理する。

　第一は、国全体を俯瞰する観点からの文化芸術活動の展開である。地域の文化施設にも、独自の活動を行うものが見られるが、主として各地域に密着した活動が中心といえる。これに対し、国立の文化施設においては、国全体としての必要性にかんがみた取組が求められる。また、国が設置している以上、そのハード・ソフト両面において、国を代表する存在であることが期待されている。

　第二は、国際的な観点からの文化芸術活動の展開である。地域の文化施設でもそのような活動が行われていることはいうまでもない。しかし、国立の文化施設には、国と国の間、国の機関相互の間に連携や協力、文化の国際的な発・受信や交流が求められ、国として取り組むことが要請されている。すなわち、国際的視野に立った文化芸術活動の展開は、国立の文化施設が担う重要な役割といえる。

　第三は、国の文化政策推進の一翼を担うことである。国立博物館は、文化財政策の一環として設置された経緯があり、国立美術館も美術政策との関係が深い。国立劇場・新国立劇場は、伝統芸能の保存・振興、現代舞台芸術の振興・普及を担うものとして設置されている。このように、国立の文化施設は、文化政策との関係において、各施設の性格に応じた政策上の役割を担っているといえる。

　第四は、国内の各地域の文化施設に対し、国として一定の役割を果たすことである。すなわち、上記の第一から第三までを担うことによって、各地域の文化施設に対する先導的・指導的な役割を果たすことが求めら

れる。このことは、国立の文化施設にしてはじめて可能であるといえる。

2－2　国立の博物館・美術館とその設置主体

　かつて文化庁の附属機関であった国立博物館・文化財研究所及び国立美術館は、行政改革により、現在では、独立行政法人国立文化財機構及び独立行政法人国立美術館によって設置され、管理・運営が行われている。第2章第1節で述べたところと重複するが、ここでは、その沿革を中心に述べることとする。

　独立行政法人国立文化財機構（2007年設置）は、傘下に四つの博物館、二つの文化財研究所及びアジア太平洋無形文化遺産研究センターを設置し、管理・運営を行っている。

　東京国立博物館は、1872年に湯島聖堂にて開催された博覧会に始まる、日本で最古の博物館（文部省博物館）である。1889年には帝国博物館として発足し、同時に帝国京都博物館、帝国奈良博物館の設置が決定された。これを受けて、帝国奈良博物館（のちの奈良国立博物館）が1895年に開館、帝国京都博物館（のちの京都国立博物館）が1897年に開館した。1900年、官制改正により、東京帝室博物館、京都帝室博物館、奈良帝室博物館に改称された。その後、京都帝室博物館は京都市に下賜された。

　戦前の帝室博物館の系譜を引く以上の三館は、戦後、宮内省から文部省（京都帝室博物館は宮内省～京都市～文部省）、その後文化庁の所管となり、東京国立博物館、京都国立博物館、奈良国立博物館に改称された。2005年には九州国立博物館（福岡県太宰府市）も開館した。

　東京文化財研究所は、1930年に帝国美術院附属研究所として設置され、戦後文化財研究所となった。奈良文化財研究所は、1952年に設置された。また、アジア太平洋無形文化遺産研究センター（大阪府堺市）は2011年に設置された。

　博物館、文化財研究所は、戦後、文化財保護の組織の一環に位置付けられてきた。現在も、独立行政法人国立文化財機構は、文化財政策の一端を担うものとなっている。

　独立行政法人国立美術館（2001年設置）は、傘下に五つの美術館を設置し、管理・運営を行っている。

東京国立近代美術館は、国立近代美術館として 1952 年に開館し、1967 年に現在の名称となった。京都国立近代美術館は、1963 年に国立近代美術館京都分館として開館し、1967 年に独立して現在の名称となった。一方、国立西洋美術館（東京都）は、1959 年に開館した。その後、国立国際美術館（大阪市）が 1977 年に開館し、国立新美術館（東京都）が、最も新しい国立美術館として 2006 年に開館した。

　国立の美術館は、戦後、「文化の振興と普及」すなわち芸術文化政策の一翼を担うものとして設置され、現在もその位置付けは変わらない。

2－3　国立の劇場とその設置主体

　第 4 章で見たように、独立行政法人日本芸術文化振興会（以下「振興会」という）は、国の支援行政を担っているが、今一つの重要な役割は、国立の劇場である国立劇場・新国立劇場を設置し、管理・運営を行う設置者行政としてのそれである。

　独立行政法人日本芸術文化振興会法第 3 条において、振興会は、①芸術家及び芸術に関する団体が行う芸術の創造又は普及を図るための活動その他の文化の振興又は普及を図るための活動に対する援助を行うこと、②我が国古来の伝統的な芸能（以下「伝統芸能」という）の公開、伝承者の養成、調査研究等を行い、その保存及び振興を図ること、③我が国における現代の舞台芸術（以下「現代舞台芸術」という）の公演、実演家等の研修、調査研究等を行い、その振興及び普及を図ること、とされている。

　上記①の業務は、第 4 章で詳述した支援行政であるが、②の業務として、伝統芸能の公開等を行うための国立劇場を、③の業務として、現代舞台芸術の公演等を行うための新国立劇場を設置し、管理・運営を行っている。

　国立劇場については、次項で詳述するが、本来は文化財保護の一環として設立され、現在も文化財政策の一翼を担っている。振興会は、本館を含む五つの劇場群を擁し、伝統芸能の公開等を中心に、管理・運営を行っている。ただし、国立劇場おきなわのみは、公益財団法人国立劇場おきなわ運営財団に管理・運営を委託している。

　新国立劇場についても、第 4 項で詳述するが、同劇場は、現代舞台芸

第 5 章　文化施設の設置と管理・運営—設置者行政—

術（＝芸術文化）振興のために設立され、いわば芸術文化政策の一翼を担うものとなっている。一つの施設内に三つの劇場を収め、現代舞台芸術の公演等を行っている。なお、新国立劇場は、振興会から公益財団法人新国立劇場運営財団に管理・運営を委託している。

　本節では、特に国立劇場と新国立劇場に焦点を当て、次項と第 4 項において、その沿革、施設及び事業の概要について眺めていくこととする。

3　国立劇場とその活動

3－1　国立劇場の沿革

　国立劇場（本館）は、1966 年、当時の文化財保護委員会（現・文化庁）の所管のもとに設置された。従って、国立劇場は、文化財政策の一環として設置されたということができる。しかし、国立劇場は、文化財保護委員会の附属機関として位置付けられたのではなく、同年に公布された国立劇場法により特殊法人国立劇場が発足し、この特殊法人により設置され、管理・運営される形態となった。

　その後、同法人には、1989 年に新国立劇場の業務が加わることになり、また、1990 年、新たに芸術文化振興基金による助成業務が付加されることとなったため、国立劇場法が日本芸術文化振興会法として改正され、その名称は特殊法人日本芸術文化振興会に改称された。さらに、その後、政府の行政改革により、2002 年に同法が改正され、新たに制定された独立行政法人日本芸術文化振興会法に基づき、2003 年からは独立行政法人日本芸術文化振興会（以下「振興会」という）として現在に至っている。

　1966 年に開場した国立劇場本館（大劇場・小劇場、東京都）は、歌舞伎、雅楽、文楽等を中心に伝統芸能の各ジャンルを対象とした。その後、1979 年には、落語、講談、浪曲、漫才等の大衆芸能を対象とする国立演芸資料館（国立演芸場、東京都）が、1983 年には、能狂言のための国立能楽堂（東京都）が、1984 年には、人形浄瑠璃文楽を中心とする国立文楽劇場（大阪市）が相次いで開場した。さらに 2004 年には、組踊ほかの琉球芸能を対象とする国立劇場おきなわ（沖縄県浦添市）が開場した。

－ 175 －

このように、国立劇場は、本館のほかに四つの劇場を擁する一大劇場群を構成し、後述するように、伝統芸能全般にわたる公演をはじめとする各種の事業を実施している。

なお、国立劇場本館（大劇場・小劇場）、国立演芸資料館、国立能楽堂、国立文楽劇場は、振興会が直接管理・運営しているが、前述したように、国立劇場おきなわは、公益財団法人国立劇場おきなわ運営財団に委託して管理・運営を行う形態となっている。

３－２　各施設と主たる公演

国立劇場本館は、東京都千代田区に立地し、校倉（あぜくら）造りを模倣した意匠による外観が特徴的である。大劇場（総席数1610席）と小劇場（総席数590席）の二つの劇場を擁している。大劇場の主催公演では、歌舞伎をはじめ、雅楽、声明、舞踊、民俗芸能等の公演が行われ、小劇場の主催公演では、文楽、舞踊、邦楽、雅楽、民俗芸能等の公演が行われている。

国立演芸資料館（国立演芸場）は、国立劇場本館と同じ敷地内に設置されている。客席数は300席であり、落語、講談、浪曲、漫才等の大衆芸能が上演されている。

なお、国立劇場本館及び国立演芸資料館と同じ敷地内に伝統芸能情報館が設置され、情報展示室や図書閲覧室は一般に開放されている。

国立能楽堂は、東京都渋谷区に立地し、文字どおり能狂言が上演されている。客席は、正面が245席、脇正面が190席、中正面が156席、GB（グランドボックス）席が36席で、計627席である。2006年には、パーソナルタイプの座席字幕システムが、我が国ではじめて導入された。能楽鑑賞の助けとなるとともに、英語表示により、外国人鑑賞者にとっても利用しやすいものとなっている。

国立文楽劇場は、大阪府大阪市に立地している。文楽劇場（総席数753席）と小ホール（総席数159席）からなる。文楽劇場の主催公演では、文楽を中心に舞踊等も上演され、また、小ホールの主催公演では大衆芸能等が上演されている。

国立劇場おきなわは、沖縄県浦添市に立地している。大劇場（632席）と小劇場（255席）からなっている。大劇場の客席数は、プロセニアム

－ 176 －

ステージのときは632席であるが、張り出し舞台や花道の設置に応じて客席数が変化する。同劇場の主催公演では、国の重要無形文化財に指定されるとともに、2010年にユネスコの無形文化遺産条約に登録された組踊をはじめ、沖縄全土で盛んな琉球舞踊など、沖縄の伝統芸能が上演されている。

3−3　事業の概要

　国立劇場の各施設では、前項で触れたように、①伝統芸能の公開、②伝統芸能の伝承者の養成、③伝統芸能に関する調査研究及び資料の収集・活用、④劇場施設の貸与、の四つの事業を行っている。

　伝統芸能は、公開されることが保存につながり、保存と公開は相即不離の関係にある。その意味で、公開は、伝統芸能の保存と継承にとって必須の事業といえる。また、伝承者の養成は、伝統芸能の保存と継承のための最も基盤的な事業である。調査研究及び資料の収集等も、伝統芸能の保存と継承の基盤を培うものである。施設の貸与は、伝統芸能関係者に公演の機会と場を提供し、これも保存と継承の一翼を担うものとなっている。

　ここでは、このうち、①伝統芸能の公開に関する基本的な考え方、②伝統芸能の伝承者の養成を中心に、事業の概要を述べることとする[7]。

　まず、①伝統芸能の公開（自主公演）は、努めて古典伝承のままの姿により、できるだけ広く、各種の伝統芸能の演出や技法を尊重しながら、その正しい維持と継承を目的としている。無形の文化財の保護という観点からの基本的な考え方といえる。

　例えば、歌舞伎、文楽については、古典を主とし、代表的な演目につき初演当時の作品の構想を今日の制作状況に合わせ、筋を通して上演する、いわゆる通し狂言を建前としている。また、中絶した優れた作品の復活、伝統的な演出及び技法を基盤にした新作の上演、若手俳優や技芸員、文芸者、技術者の育成にも配慮している。

　能楽については、普及と観客層の開拓を目指して、能一番、狂言一番による番組を原則とし、初心者にも鑑賞しやすく、かつ能楽の魅力を発見できるよう努力している。また、出演者は、一流一派に偏することなく、全国的視野で人材を選び、適材適所の配役に意を用いている。

2015 年度には、国立劇場（本館）、国立演芸場、国立能楽堂、国立文楽劇場、国立劇場おきなわの各施設において、総計 184 公演（1033 回）の主催公演が実施され、53 万人を超える入場者があった[8]。また、青少年を対象とする鑑賞教室や普及公演等も行われ、伝統芸能の普及に努めている。

　次に、②伝統芸能の伝承者の養成（研修事業）については、国立劇場設立の当初からその事業に組み込まれ、それぞれの分野ごとに研修生として受入れ、拡大が図られてきた。無形の文化財の保護において、伝統芸能に係る伝承者の養成は極めて重要であり、国立劇場では、設立当初から、長期的な視点に立った保存振興と各分野の伝承者の安定的な確保のため、これら伝承者の養成に取り組んできている。

　本館においては、歌舞伎俳優、竹本（太夫、三味線）の演奏者の養成が 1975 年度から、鳴物の演奏者の養成が 1981 年度から実施されており、長唄（唄、三味線）の演奏者の養成が 1999 年度から開始された。また、寄席囃子の演奏者の養成が 1979 年度から、太神楽の演奏者の養成が 1995 年度から行われている。

　能楽堂においては、三役（ワキ方、囃子方、狂言方）の養成が 1984 年度から行われている。文楽については、1972 年度から本館で開始された文楽三業（太夫、三味線、人形）の各技芸員の養成が、1974 年度からは文楽劇場に本拠を移して行われている。国立劇場おきなわでは、組踊（立方、地方）の伝承者の養成が 2005 年度から開始されている。

　以上のような公演事業、研修事業に加えて、③伝統芸能に関する調査研究並びに資料の収集及び活用の事業では、各種伝統芸能に関する資料の公開も行われている。なお、国立劇場各施設において、こうした事業を行うための財源としては、国から交付される運営費交付金のほか、主催公演の入場料等による事業収入その他の収入が充てられている。

4　新国立劇場とその活動

4－1　新国立劇場の沿革

　新国立劇場は、国によるオペラ、バレエ、現代舞踊、演劇等の現代舞台芸術の振興・普及の拠点として、1997 年に開場した。国立劇場と同様、

－ 178 －

第5章　文化施設の設置と管理・運営─設置者行政─

独立行政法人日本芸術文化振興会（以下「振興会」という）によって設置されているが、管理・運営は公益財団法人新国立劇場運営財団（以下「運営財団」という）に委託されている。

　新国立劇場の設置は、1966年の国立劇場法の制定に際し、「伝統芸能以外の芸能の振興を図るため、施設その他につき、必要な措置を講ずべきこと」との附帯決議が衆議院で付されたことに始まる。

　その後、1972年、文化庁に「第二国立劇場（仮称）設立準備協議会」が設置されて設立準備が進められ、1986年の国際的な建築設計競技と基本設計、1988年から1990年にかけての実施設計、1992年から1997年にかけての建設工事を経た後、1997年10月に開場となった。

　なお、前述したとおり、特殊法人国立劇場が当初の新国立劇場の設置主体であったが（1989年）、その後、同法人は日本芸術文化振興会となり（1990年）、さらに行政改革により独立行政法人日本芸術文化振興会（2003年）となった。

　また、新国立劇場運営財団は、1993年に設立され（当時は財団法人第二国立劇場運営財団）、翌1994年から業務が委託された（現在の名称への変更は1995年）。

　なお、新国立劇場では、現代舞台芸術の公演に際し、質の高い作品制作を行うため、オペラ、舞踊、演劇の三部門にそれぞれ芸術監督が置かれているほか、新国立劇場合唱団、新国立劇場バレエ団を擁している。

　また、1997年の開場後、舞台美術センター（1997年）が開設されたほか、実演家等の研修のため、オペラ研修所（1998年）、バレエ研修所（2001年）、演劇研修所（2005年）の三研修所が相次いで開所されていった。

4－2　三つの劇場とその特徴

　新国立劇場は東京都渋谷区に立地し、一つの施設の中に、オペラ劇場、中劇場、小劇場の三つの劇場を擁している。

　オペラ劇場は、四階席まで総席数1814席の客席数を持ち、舞台は四面舞台であり、約120名収容のオーケストラピットを備えている。このような多面舞台を持つ劇場はいくつか存在するが、なかでも新国立劇場は、最も充実したオペラ・バレエ専用劇場といわれる。いうまでもなく、ここでは、オペラ、バレエの公演が主として行われている。

－ 179 －

中劇場は、四面舞台を備え、プロセニアム形式、オープン形式の両方に対応でき、演劇やコンテンポラリーダンスをはじめ、オペラ、バレエ等の多様な現代舞台芸術が上演される。客席数は舞台形式により変化するが、プロセニアム形式時最大1038席、オープン形式時1010席とされている。

　小劇場は、可動床により様々な舞台形式に対応可能なオープンスペースとなっている。客席も含め劇場全体が舞台にもなり、様々な実験的な試みもできる空間である。最大468席の客席を設置することができ、演劇等多様な公演が行われている。

　以上の三劇場のほか、舞台装置、衣裳の保守・管理、資料の保存公開を行うため、舞台美術センター（千葉県銚子市）が設置されている。なお、新国立劇場では、新国立劇場合唱団、新国立劇場バレエ団を擁していることは、前述したとおりである。

　オペラ劇場（中劇場も）に取り入れられた四面舞台、すなわち主舞台とほぼ同じ広さの奥舞台、上手側・下手側舞台で構成される構造は、日替わりで演目を上演するレパートリー制も可能である。このようなオペラ劇場の構造は、各地の公立文化施設に波及し、いくつかの多面舞台を持つ劇場・ホールが設立されている。

　また、新国立劇場と隣接する東京オペラシティビルを含めた周辺街区は、特定街区の手法により、同劇場の建設と一体となって開発された。その際、東京オペラシティコンサートホールが、新国立劇場とほぼ同時期に開場するなど、周辺街区全体に文化的な都市空間が形成されている。

4－3　事業の概要

　新国立劇場では、現代舞台芸術の公演、実演家等の研修、調査研究、劇場施設の貸与等を行っており、その目的・事業は、次のとおりである[9]。

　①芸術的に高い水準の舞台を企画・制作し、公演すること。

　②各年代、各層にわたる数多くの人々に広く現代舞台芸術に親しめる機会を提供すること。

　③次代を担う実演家等、現代舞台芸術に係る人材を育成するため研修を行うこと。

　④全国の劇場・芸術団体との幅広い協力関係をもちつつ、全国公演の

第5章　文化施設の設置と管理・運営―設置者行政―

実施や共同制作・招聘公演及び劇場の提供等を行うこと。

⑤世界各国の舞台芸術活動との相互交流を推進すること。

⑥世界ならびに我が国の現代舞台芸術に関する調査研究及び講演・展示を行うとともに、関係資料の収集と公開を推進すること。

ここでは、公演事業と実演家等の研修事業に焦点を当て、その概要を述べることとする。

まず、公演事業では、オペラ、舞踊、演劇の各部門において上演作品を自主制作している。オペラ劇場、中劇場、小劇場の公演を合計すると、2015 年度は 30 公演 271 回の主催公演が行われ、20 万人を超える入場者があった[10]。このほか、新国立劇場で制作・上演された作品は、海外公演あるいは全国各地での地域公演も行われている。

また、オペラ、舞踊、演劇の各部門では、次のような方針により、制作が行われている。

オペラ部門では、スタンダードな作品を上演し、レパートリーとして定着させていくとともに、上演機会の少ない優れた作品の上演や、日本の作曲家の作品の上演が挙げられる。

舞踊部門では、スタンダードな古典演目の上演をはじめ、バレエ・レパートリーを充実させるとともに、日本人振付家による創作バレエの上演や、現代舞踊の上演等が挙げられる。

また、演劇部門では、新作の上演、諸外国の演劇人や演劇集団との共同制作、テーマによる作品の上演等が挙げられる。

次に、実演家等の研修事業は、オペラ、バレエ、演劇の三分野について行われている。

オペラについては、かつて二期会内に設けられていたオペラ研修所を引き継ぎ、1998 年度から新国立劇場オペラ研修所として発足した（研修期間三年）。バレエについては、2001 年度にバレエ研修所が開設され（研修期間二年）、演劇については、2005 年度に演劇研修所が開設され（研修期間三年）、それぞれの研修所で研修が行われている。

以上のような公演事業、研修事業に加えて、現代舞台芸術に関する調査研究、資料の収集・公開も行われている。なお、こうした事業を行うための財源としては、国から振興会に交付される運営費交付金や運営財団に対する運営委託費のほか、主催公演の入場料等による事業収入その

他の収入が充てられている。

第5章　文化施設の設置と管理・運営─設置者行政─

第2節　地方公共団体の文化施設

　地方公共団体が設置する劇場、音楽堂等は、公立文化施設とも呼ばれ、現在2100館を超えるに至っている。これらは、戦前の公会堂に淵源を有し、戦後は舞台機構を備えた文化施設として設置されてきた。当初は多目的ホールとして建設されたが、1980年代以降は専用ホールも設置されるようになった。また、設置者行政の主体も、当初の教育委員会の所管から、首長部局が所管する例が多くなっていった。なお、近年、ホール機能を持つ公民館も増えてきたが、社会教育施設のため公立文化施設の範疇からは除かれる。

　公立文化施設は、当初は施設（ハード）の整備が先行し、設置目的や運営方針が不明確なままであったが、「劇場、音楽堂等の活性化に関する法律」とこれに伴う文部科学大臣告示において、運営方針の明確化が求められることとなった。また、同法及び告示では、専門的人材として、制作者、技術者、経営者、実演家が明示されるとともに、その養成、確保、配置の必要性が規定された。

　公立文化施設は、これまで日本芸能実演家団体協議会と全国公立文化施設協会によって、四つの類型に整理されてきた。両者の四類型は、それぞれの観点が異なり、また微妙に重複している部分もある。類型が指す事業形態をさらに集約すれば、貸館事業と主催事業に区分できる。そして、施設の利用状況に即してその内容を再整理すれば、貸館事業、主催事業の中に、それぞれ、両者の類型が含まれることになる。

1　公立文化施設の成り立ち

1－1　前身としての公会堂

　現在、全国に2100館を超える国公立の劇場、音楽堂等が存在する。これら「劇場、音楽堂等」と総称される施設の中には、名称が文化会館、市民会館、文化ホールなど様々なものが含まれる。特に地方公共団体が設置する劇場、音楽堂等は、1970年代から90年代にかけて全国で急増し、それに伴い多くの課題が指摘されてきた。本節では、これら公立の劇場、音楽堂等の一般名称として、「公立文化施設」の語を用いること

－ 183 －

とする[11]。

　公立文化施設が、文化会館等の名称で全国各地に建設が進められていく以前の原形は、明治期に出現し始めた公会堂にさかのぼるといわれる。当時、地域住民の集会や講演会等の場として、地域の有力者等が出資し、各市区町村で公会堂が建てられた。中には現存する施設もあり、主なものに1918年に開館した大阪市中央公会堂（2002年、国の重要文化財に指定）や、1929年に開館した日比谷公会堂が挙げられる。

　このような公会堂では、欧米文化の普及、浸透に伴い次第に音楽会等の公演も行われるようになったが、劇場のような本格的な舞台芸術上演のための機能はまだ備わっていなかった。しかし、東京音楽学校奏楽堂（1890年創建）、（旧）帝国劇場（1911年開館）など、西洋音楽ないし現代舞台芸術の公演場所の嚆矢となる施設に続き、日比谷公会堂のように東京における主要な公演会場としての役割を果たしていたものもある。戦後に東京文化会館等多くの劇場施設が開館するまで、日比谷公会堂では数多くの西洋音楽の公演が行われたのである。

　このように、公会堂は、そもそも地域住民の集会施設等として設置されたのであるが、多目的な使用に供される中で、次第に公演会場としての機能も兼ね備えるようになった。その意味で、公会堂は、いわば後の文化会館等の公立文化施設の淵源ともいえる。

1－2　公立文化施設の広がりと専用ホール化

　第二次世界大戦後の復興とともに、まず、民間の劇場・ホールが相次いで再開、あるいは新たに開館した。

　それとともに、1950年代に入ると、地方公共団体は、それまでの公会堂の建替えや新たな施設の建設に当たり、市民会館や文化会館といった名称を用いた公立の文化施設を、各地に設置するようになった。これらの施設は、一つには地域住民等の文化活動の場として、二つには中央（東京）からの巡回公演の受け皿としての役割を担い、文化の普及に寄与したと言える。しかし、その反面、様々な用途に利用可能な多目的ホールという形態がとられたため、各ジャンルの公演を必ずしも満足させるものとはならない"無目的ホール"と揶揄されるようになり、設備面、運営面ともに多くの課題を生むこととなった。

第5章　文化施設の設置と管理・運営―設置者行政―

　一方、1954年には神奈川県立音楽堂が開館した。このホールは、西洋音楽の上演を明確に志向した専用ホールの先駆けとされている。さらに、1961年には東京文化会館が開館したが、専用ホールの建設は、その後しばらくは途絶え、1981年に中新田バッハホールが開館することで、ようやくその流れが促進されるようになった。また、1980年代以降には、大都市部を中心に、優れた企画力を備えた民間の専用ホールも相次いで開館した。

　専用ホール化の流れによって施設設備が高度化すると同時に、運営面においては、貸館事業のみならず、自主事業が実施されるようになった。さらに、専門的人材を配置し、固有の創造団体の設置あるいは外部の芸術団体との提携等に取り組む施設が見られるようになった。その取組は、例えば組織に芸術監督制を導入したり、特定の芸術団体等とフランチャイズないし事業提携を結んだりといった事例を生んでいったのである。専門的人材の配置については、第2項において詳述する。

1－3　設置者行政の主体の変遷

　公立文化施設の成り立ちは以上のとおりであるが、ここで、地方公共団体の設置者行政における文化施設の所管部門について概観しておく。

　地方公共団体は、劇場、音楽堂等の文化施設のほか、公民館や博物館、美術館等の社会教育施設[12]を設置している。公民館は社会教育法、博物館及び美術館は博物館法で規定されているのに対し、文化施設である劇場、音楽堂等は、2012年に「劇場、音楽堂等の活性化に関する法律」が制定されるまで、その実体を規定する法律を持たなかった。そのような経緯から、当初の行政内の位置付けとしては、公民館や博物館、美術館等を扱う社会教育行政の中で、その管理・運営を含めて所掌されていた。具体的には、教育委員会で所管する例がほとんどであった。

　しかし、1970年代の終わり頃から、「地方の時代」、「文化の時代」が標榜されるようになると、いわゆる「自治体文化行政」の名の下に、首長（都道府県知事、市町村長）部局に文化行政担当部署を置いて、文化振興の一環として、公立文化施設の設置を進めることが多くなっていった。1980年代から1990年代にかけての公立文化会館等の急激な増加は、このような首長の主導による文化振興の機運の高まりを受けたもので

－ 185 －

あった。

公立文化施設の設置に対する助成は、1967年、文部省文化局（1968年から文化庁）により、教育委員会を対象に開始された（1995年度をもって廃止）。従って、公立文化施設に係る設置者行政は、当初は教育委員会が主体であった。しかし、その後、上記のように、1980年代の自治体文化行政の進展により、文化施設の整備は首長部局の主導により行われた。このため、以後の設置者行政は、主として首長部局が中心となって進められるようになり、現在に至っている。

1－4　公立文化施設と公民館

先に見たように、公立文化施設は、戦前の公会堂にその淵源があり、戦後、文化会館等の名で建設が進められた。このような公立文化施設は、「地方公共団体が、地域における舞台芸術創造の拠点として設置し、多目的又は専用の舞台機構を備え、地域住民に対し、舞台芸術鑑賞の機会と舞台芸術創造の場を提供する施設」と定義することができる。それは、当初は教育委員会が所管し、1980年代にいわゆる自治体文化行政が推進されるようになってからは、首長（都道府県知事、市町村長）部局で所管する例が多くなった。そして、いずれの所管であるかにかかわらず、公立文化施設は、"文化施設"として認識されるとともに、一貫して文化政策（行政）の対象とされてきた。

一方、社会教育法では、社会教育に関する市町村教育委員会の事務として、公民館等の社会教育施設の設置・管理、講座の開設、討論会・講習会・講演会・展示会等の開催と並んで、「音楽、演劇、美術その他芸術の発表会等の開催及びその奨励に関すること」（第5条第12号）を掲げており、同法を見る限り、芸術文化に関することも社会教育の範疇に位置付けられている。しかしながら、社会教育政策（行政）の主力は専ら公民館等に対して注がれ、音楽、演劇等の舞台芸術に関しては消極的であった。それは、戦後、公民館が社会教育の中核施設として提唱されたことと無縁ではない。

すなわち、公民館の主たる事業は、定期講座の開設、討論会・講習会・講演会・実習会・展示会等の開催、住民の集会その他の公共的利用への施設の供与などであり（第22条）、文化会館で実施しているような

－ 186 －

第5章　文化施設の設置と管理・運営―設置者行政―

事業は、もともと予想していない。このため、公民館の立場から、舞台芸術に対して関心が払われることはあまりなく、また、公民館をその中核施設に位置付ける社会教育において、芸術文化は二義的な存在であったといえる。

　このように、社会教育においては、芸術文化とりわけ舞台芸術への関心は乏しかったといえるが、近年では、ホール機能を備えた大型の公民館が設置され始めた。そして、公民館の事業に住民の公演活動が取り込まれるようになり、公立文化施設との間の区別が曖昧になってきている。また、社会教育の側からも、ようやく芸術文化への接近が見られるようになった。

　しかし、公民館は、基本的には社会教育施設であるため、公立文化施設の範疇からは省くこととする。

2　公立文化施設の運営の基盤

2－1　設置目的と運営方針の明確化

2－1－1　明確化の要請

　前項で述べたとおり、公立文化施設は、1970年代から90年代にかけて急速に増加したが、施設（ハード）の整備を中心に進められ、必ずしも十分に活用されていないことがしばしば指摘された。すなわち、単なる貸館としての存在にとどまり、地域住民のニーズを掘り起こすことができないために、利用率が低調な施設が多いことが問題視された。また、自主事業を実施する場合も、外部で制作された公演を買い取る手法による、いわゆる「買い取り公演」を実施するだけでは、職員に事業運営のノウハウが蓄積されず、集客もままならなかった。

　このような状況への反省から、公立文化施設が自ら創造活動を行うことが重視され始めた。さらには、これらの課題を踏まえ、各公立文化施設が地域にふさわしい活動を行っていくためには、設置者が文化施設の設置目的やミッション等を明確に示していくことが必要とされるようになったのである。

　また、2003年の地方自治法改正により導入された指定管理者制度に

－ 187 －

より、地方公共団体は、公立文化施設の管理運営を指定管理者に委任することが可能となった。同制度は、民間の参入を促進し、施設の管理運営における経費削減を主眼に置いたものであること、指定管理者に対する有期の委任となること等から、経済性、効率性の追求を第一義に置いたものであり、公立文化施設の管理運営に与える影響が危惧された。

　その一方で、指定管理者により公立文化施設が本来の役割を果たしていくためには、設置者が設置目的やミッションを定めるとともに、これを実現するための運営方針の明確化が求められるようになった。なお、指定管理者制度については、あらためて第3節で詳述する。

2－1－2　劇場法における明示

　以上のような状況の中で、2012年に制定された「劇場、音楽堂等の活性化に関する法律」（以下「劇場法」という）及びこれに基づく文部科学大臣告示「劇場、音楽堂等の事業の活性化のための取組に関する指針」（以下「指針」という）において、短期的な経済性、効率性を一律に求めることなく、長期的、継続的な視点に立って、設置目的を踏まえた運営方針の明確化を図ることが示された。

　同法の制定に先立ち、文化庁に設けられた「劇場・音楽堂等の制度的な在り方に関する検討会」の「まとめ」（以下「文化庁検討会まとめ」という）[13]では、「文化施設の大半は・・・文化政策上の役割が不明確であるために、施設が有している機能を十分に発揮できていない」と指摘していた[14]。

　同法は、この「文化庁検討会まとめ」の指摘を踏まえ、特にその前文において、劇場、音楽堂等の役割・機能・意義について詳細に言及し、また、本則では、劇場、音楽堂等の事業を列挙することで、劇場、音楽堂等の具体的な事業の内容を明記し（第3条）、そのような事業の実施を具体化するために、設置者である国・地方公共団体の果たす役割を明記している。そして、「指針」において、運営方針の明記と周知を規定した[15]。

　2013年度の全国公立文化施設協会の調査[16]によれば、80％以上の施設が、設置目的として「地域の文化振興の拠点」を挙げている。次いで、「地域住民の文化活動の場の提供」、「地域住民に対する実演芸術の鑑賞

機会の提供」、「地域住民の交流の場の提供」、「地域住民の福祉」等となっている。また、2014年度の同協会の調査[17]で、運営方針を策定している施設の割合は43.8%である。

今後は、指定管理者制度の利点を生かしつつ、「劇場法」及び「指針」にのっとり、設置者である地方公共団体が、設置目的を実現していくための運営方針を明示することにより、長期的な視点に立って施設の管理運営が行われることが期待される。

2－2　専門的人材の配置

2－2－1　専門的人材配置の流れ

専用ホール化とともに、創造活動を自ら行う施設が増え始めた1990年代以降、公立文化施設における専門的人材の必要性が高まっていった。早くには、1978年に開館した兵庫県立尼崎青少年創造劇場ピッコロシアターにその先進事例が見られるが、1990年に開館した水戸芸術館以降、専門的人材の配置に本格的に取り組む施設が現れるようになった。

水戸芸術館では、楽団及び劇団を専属の芸術団体として設置し、館の創造活動の方向性を主導する芸術監督等を配置した。また、音楽、演劇、美術の各部門に学芸員を置いたことも特筆すべきであり、質の高い創造活動を重視し、そのための専門的人材を配置した事例と言える。また、1997年に開館したすみだトリフォニーホールは、墨田区と新日本フィルハーモニー交響楽団のフランチャイズ契約にもとづき、同楽団と提携して公演を行っている。楽団側では、同ホールを拠点とすることで、リハーサルと本番を同一の会場で行うことができるため、演奏の質の向上が図られ、かつ、地域に根差した活動も行われるようになった。

以上のように、公立文化施設における専門的人材の配置は、運営組織内部に芸術家・芸術団体等を擁することや、外部芸術組織との提携を行うというものであり、これによって、施設が自ら創造活動を行うことが可能になったといえる。

一方、これと並行して、1990年代以降、我が国でもアートマネジメントの概念が導入され、大学に専門の学科や講座等が開設され、国（文化庁）、地方公共団体、関係業界等の各方面でも現職研修等の取組が始

まった。これに伴い、文化施設においても、運営面で中心的な役割を果たす「アートマネジメント人材」が求められるようになり、これを配置する文化施設が増えるようになった。

　しかし、2003年の指定管理者制度の導入が、これに水を差し、安定的な人材配置を困難にしていった。

2-2-2　劇場法における明記

　そのような状況の中、2012年に制定された「劇場法」は、劇場、音楽堂等における専門的人材として、制作者、技術者、経営者、実演家を明記し、とりわけ「指針」においては、これら人材の養成、確保、配置の必要性を規定するに至った。

　同法は、第2条の劇場、音楽堂等の定義において、かつての営造物の概念を実質的に復活し、かつ、人的組織に蓄積された創意と工夫によって、劇場、音楽堂等の事業の展開を図ることを意図している。そして、第13条において、そのような人的体制を担う専門的人材として、制作者、技術者、経営者、演奏家を挙げるとともに、その養成と確保について規定している。また、劇場、音楽堂等の職員の資質の向上を図るため、劇場、音楽堂等と大学等との連携と協力等についても規定している（同条）。このように、専門的人材の養成・確保は、本法における大きな柱の一つとして位置付けられた。

　なお、「指針」では、同法第13条で規定された制作者、技術者、経営者、実演家の能力を、実演芸術の公演等を企画制作する能力、舞台関係の施設・設備を運用する能力、組織・事業を管理運営する能力、実演芸術を創造する能力の四つに区分して明記している[18]。

　このように、近年は、専門的人材を細かく機能別に捉え、その配置に留意することが要請されるようになった。

　現在、専門的人材の配置については、79.7％の施設が「十分に確保されていない」と回答し、今後確保が必要な人材としては、「公演などの企画制作を行う人材」が最も多く51.4％、次いで「舞台技術者」が39.2％、「管理運営を行う人材」が36.8％、「マーケティングを行う人材」が29.7％となっている[19]。この結果には、「劇場法」において、専門的人材の必要性が規定されたことも、一定程度影響していると考えられる。

第5章　文化施設の設置と管理・運営―設置者行政―

今後、各施設においては、設置目的を実現するため、専門的人材の配置及び養成に努めることが求められている。

3　公立文化施設の類型と利用の実態

3－1　芸団協と公文協による類型化

　全国に展開する公立の劇場、音楽堂等の実態は、立地条件等によって千差万別である。かつて、公益社団法人日本芸能実演家団体協議会（以下「芸団協」という）と公益社団法人全国公立文化施設協会（以下「公文協」という）は、それぞれ四つの類型に整理している。

3－1－1　芸団協

　芸団協では、劇場は、「舞台芸術を創造し、公演し、普及する事業を業として行い、一般公衆の利用に供し、芸術、教養、レクレーション等に資することを目的として存在する自立的な組織体」であり、「地域の創造性を刺激し、育み、新しい価値観への転換を促していくような社会的装置」であるとし[20]、以下の四つの類型を提示している[21]。

　○創造型劇場：

　　・優れた舞台芸術作品の創造活動を行うとともに、それらの作品が地域においてより幅広い人々に享受されるよう働きかけていく劇場。

　　・組織体制として、専門的人材（芸術監督、プロデューサー、舞台技術ディレクター、プロフェッショナルなクリエイター、実演家、技術スタッフなど）を配置し、新人の抜擢やインターンの受け入れ等の人材の育成機能も有している。

　○提供型劇場：

　　・先の「創造型劇場」のように、自ら創造活動を常時行うことができる体制は有しておらず、主に他地域の劇場や、他の芸術団体で制作された作品の招聘、提携、共催などにより作品を提供する劇場。

　　・組織体制として、プログラムの方針を決定する役割を担う芸術監督又はプロデューサーを配置している。

－ 191 －

○コミュニティ・アーツ・センター：
  ・「創造型劇場」、「提供型劇場」のように創造活動や鑑賞機会の提供を行うよりも、主として地域の人々に芸術文化活動とその発表の場を提供する施設。
  ・組織体制として、地域の人々の芸術文化活動を促進する役割を担う、専門性を有する芸術コーディネーター等を配置している。
○集会施設：
  ・地域のグループの会議等の利用や、アマチュア文化芸術活動の発表の場、すなわち「お稽古ごと」として芸能に親しむ人々のニーズに応える施設。
  ・組織体制として、専門的人材は特に配置していない。

3-1-2　公文協

公文協では、地域の劇場・音楽堂等の望ましい方向性として、「地域の文化芸術振興のために、常にアートマネジメントの考え方に基づいて、ミッション達成のための活動（アクティビティ）を行う必要がある」とし[22]、まず、これらを大きく次の二つに分ける。
  □総合型：
  ・貸し館事業を主体とし、文化芸術振興のみならず地域活性化、経済波及効果、普及や育成など多くの点を館に期待し、地域の特性や設置目的等により、館によっては、鑑賞事業、普及・育成系事業など多彩な事業を展開しているタイプの施設。
  □重点型：
  ・明確なミッションや方針のもと、上質な公演芸術作品を創造することにより文化芸術の発展に寄与し、また、公演芸術の次代を担う人材を育成している施設。

そして、この二つの枠組みのもとに、以下のとおり、それぞれ二つずつ、計四つの類型を提示している[23]。
  ○総合型－交流モデル：
  ・発表会等への場の提供・支援を中心としつつ、買い取り型の自主公演事業等も積極的に行うことにより、利用を促進し、交流や賑わいづくりの拠点となることを重視する。

第 5 章　文化施設の設置と管理・運営―設置者行政―

・文化芸術振興のみならず、地域貢献や経済波及効果などの役割を幅
　広く期待している。
〇総合型―文化芸術振興モデル：
・自主事業では、鑑賞、普及・育成など多彩な事業を展開するととも
　に、市民参加を推進し、市民・館・行政の協働により館独自の事業
　や運営を行う場合もある。
・文化芸術振興のみならず、地域の活性化や経済波及効果、子どもや
　青少年の育成など多くの役割を期待している。
〇重点型―地域密着モデル：
・地域住民が参加する形の作品創造や、地域在住アーティストの活用
　等、自治体と館が一体となり、「地域の専門家」の立場から実演芸
　術家等と住民の間の橋渡しを行う。
・地域の文化芸術振興をミッションとする。
〇重点型―専門モデル：
・明確なミッションや方針のもと、上質な公演芸術作品の創造や、演
　芸術の次代を担う人材を育成し、文化芸術の発展に寄与する。
・上質な公演芸術作品の国内外への発信により、シティセールスや地
　域のイメージアップ、地域住民の誇りの醸成等に貢献することを期
　待している。

3－2　施設利用の実態と類型との相関

　公立文化施設は、全国各地において、立地する各地域の特性に応じて
設置されており、その在り方は自ずと多様である。一方では、貸館事業
により、あらゆる地域住民の文化活動の場としての機能が求められると
ともに、他方では、自主事業として質の高い創造活動を行い、当該地域
をはじめ国内外に発信していくことも要請されている。芸団協と公文協
は、貸館事業と自主事業を踏まえて四類型に整理したものと考えられる。
　両者による類型化の背景には、2000 年以降に浮上してきた公立文化
施設に対する法的基盤の整備という課題があった。そして、両者からの
提示の結果は、2012 年に制定された「劇場法」に陰に陽に反映されて
いるといってよいであろう[24]。
　しかし、両者の四類型は、それぞれの観点が異なり、また微妙に重複

－ 193 －

している部分もある。類型が指す事業形態をさらに集約すれば、貸館事業と主催事業に区分できる。それは、次のような施設の利用状況に表れている。

2014 年度の公文協の調査[25]によれば、施設の年間平均利用日数は249.1 日、年間平均施設稼働率は 78.9％である。この施設利用日数及び稼働率には、主催事業による利用と、貸館事業による利用が含まれている。

主催事業については、年間平均主催公演事業数が 11.0 本、年間平均主催公演回数が 21.5 回とされている。なお、主催事業の実施形態は、「自主制作」を行っている施設が 54.9％、「買い取り」を行っている施設が 47.8％、「共催・提携」を行っている施設が 49.2％となっている。この「自主制作」を中心とするのが、芸団協の「創造型劇場」であり、公文協の「重点型－専門モデル」であろう。また、「買い取り」を中心とするのが、芸団協の「提供型劇場」であり、公文協の「総合型－交流モデル」といえる。なお、「共催・提携」は、両者に関連している。

一方、貸館事業は、主催事業と比べて事業数が圧倒的に多い。もとより主催事業とは異なり、借り手の利用に供するものであるが、貸館も含めた事業全体が、施設の運営方針や、ひいては設置目的に繋がるものと考えられる。芸団協の「コミュニティ・アーツ・センター」と公文協の「総合型－文化芸術振興モデル」「重点型－地域密着モデル」は、住民参加型の文化芸術活動や他の芸術文化団体への施設提供を中心に、その積極的な役割を担うものとして位置付けられている。また、芸団協の「集会施設」は、純然たる住民への施設提供としたものと考えられる。

第5章　文化施設の設置と管理・運営―設置者行政―

第3節　劇場、音楽堂等の現状と課題

　地方公共団体が設置する劇場、音楽堂等、すなわち公立文化施設は、地方自治法上の「公の施設」とされている。2003年、地方自治法の改正により、公の施設に指定管理者制度が導入され、多くの課題を生じさせた。この制度導入の背景には、文化施設の本来の在り方とは相容れない経済性・効率性の重視がある。

　一方、1963年に改正される前の地方自治法は、「営造物」の語を使用していた。文化施設である劇場、音楽堂等には、物的施設と人的組織の総合体であるとする、かつての営造物概念を再確認する必要がある。

　2012年、「劇場、音楽堂等の活性化に関する法律」が制定された。同法は、劇場、音楽堂等は「公共財」であり、施設とこれを運営する人的体制により構成される機能体と定義付け、そこで展開されるべき事業を示した。その意味で、同法は、営造物性を確認したものと考えられるとともに、指定管理者制度の行き過ぎを是正するものとなっている。

　同法の制定を受け、文化庁では、劇場、音楽堂等の活動に対する支援措置を強化し、現在それは、三層構造からなる枠組みとして成立している。今後は、劇場、音楽堂等の設置・運営主体に地方独立行政法人を加えること、専門的人材の養成・確保を大学と連携して図っていくこと、などが主要な課題として存在している。

1　地方自治法上の「公の施設」と指定管理者制度

1−1　公の施設

　地方公共団体が設置する劇場、音楽堂等（以下、前節に倣い「公立文化施設」という）の設置根拠は、地方自治法によって定められている。同法第244条第1項において、「普通地方公共団体は、住民の福祉を増進する目的をもつてその利用に供するための施設（これを公の施設という。）を設けるものとする」とされている。これにより「公の施設」の設置根拠が定められるとともに、公立文化施設は、住民の福祉を増進することを目的とする「公の施設」とされている。

　また、「公の施設」の設置及び管理に関する事項は、条例で定めなけ

- 195 -

ればならないとされていることから（第244条の2第1項）、公立文化施設は、設置者である地方公共団体が定める条例によって設置される。すなわち、地方自治法は、「公の施設」の設置根拠を定める「設置法」であるが、個別の施設の設置及び管理に関する具体的な規定は、地方公共団体の条例に委ねられている。なお、同法に対し、後述する「劇場、音楽堂等の活性化に関する法律」は、劇場、音楽堂等の事業の活性化を通じ、実演芸術の振興を図ることに主眼が置かれていることから、「実演芸術振興法」の性格を持つと言うことができる[26]。

さらに、地方公共団体は、「正当な理由がない限り、住民が公の施設を利用することを拒んではならない」（第244条第2項）、「住民が公の施設を利用することについて、不当な差別的取扱いをしてはならない」（同条第3項）とされ、「公の施設」の利用における公平性の原則が規定されている。

しかし、その一方で、「条例で定める長期かつ独占的な利用をさせようとするときは、議会において出席議員の三分の二以上の者の同意を得なければならない」（第244条の2第2項）との規定により、議会の同意を得ることを前提に、特定の者による長期かつ独占的な利用をさせることも可能となっている。

1－2　指定管理者制度の導入

上述のように、公立文化施設は、地方自治法において「公の施設」として規定され、その設置根拠が定められているが、2003年6月に同法の改正が行われ、「公の施設」の運営に指定管理者制度が導入された。すなわち、同法第244条の2第3項以下が新たに設けられ、同条同項において「普通地方公共団体は、公の施設の設置の目的を効果的に達成するため必要があると認めるときは、条例の定めるところにより、法人その他の団体であつて当該普通地方公共団体が指定するもの（以下本条及び第244条の4において「指定管理者」という。）に、当該公の施設の管理を行わせることができる」とされるに至った。

同法の改正前には、「公の施設」の管理は地方公共団体の直営で行われるか、地方公共団体が二分の一以上出資する法人、すなわち地方公共団体が設立した財団法人等への管理委託によって行われていた。しかし、

第5章　文化施設の設置と管理・運営—設置者行政—

指定管理者制度では、地方公共団体による直営、もしくは指定管理者への管理委任のいずれかを選択することとなり、かつ指定管理者による場合は、上記財団法人等に限らず、広く民間の団体にも施設の管理運営を行わせることが可能となったわけである。

　なお、指定管理者の指定の手続、指定管理者が行う管理の基準、業務の範囲等は地方公共団体が条例により定めることとされ（第244条の2第4項）、指定管理者を指定する際は、議会の議決を経ることとされている（同条第6項）。

　また、「公の施設」の利用に係る料金を、指定管理者の収入として収受することができる「利用料金制度」については、条例の定めるところにより、その利用料金は指定管理者が定めるものとされている（同条第8項、第9項）。

　そもそも指定管理者制度の導入に当たっては、行政改革による規制緩和、官から民への大きな流れの中で、民間の能力の活用を含め、行政サービスの効率化を進めていくといった方向性が示されており、「公の施設」の管理運営についても、効率性・経済性を求める目的があった。地方自治法改正に伴う各都道府県知事宛、総務省自治行政局長発出の通知（2003年7月17日）では、指定管理者の選定に際し、望ましい基準として、「施設の効用を最大限に発揮するとともに管理経費の縮減が図られるものであること」を挙げており、このことからも、上記のような目的を読み取ることができる。

　しかし、「公の施設」には公立文化施設のみならず、社会教育施設や病院、ひいては駐車場等の多様な施設が含まれており、各々の施設によって役割が異なるところに、一括して制度の導入を図ったことは、重要な問題点として指摘されてきた[27]。とりわけ、文化施設は文化の振興をその使命とするものであり、短期的な効率性・経済性の追求とは相容れない性格を持つ。その意味で、指定管理者制度の導入は、文化施設の管理運営に大きな影響を与えることとなったのである。

　現在、公立文化施設における指定管理者制度の導入率は、53.0%という調査結果がある[28]。同制度を導入している施設のうち、指定管理者の管理期間は、5年以上6年未満が70.3%で最も多く、次いで3年以上4年未満が17.9%となっている[29]。設置者である地方公共団体は、各施設

- 197 -

の指定管理者の選定、指定管理期間、指定管理料等において、長期的、継続的な観点から管理運営が行われるよう取り組むことが求められており、そのことは次項に述べる「劇場法」においても指摘されている。

1－3　「営造物」性の再確認の必要性

1－3－1　営造物と公の施設

　前述のように、公立文化施設は、現行の地方自治法では「公の施設」と規定されているが、1963年の同法改正前には「営造物」とされていた（改正前の地方自治法第209～211条）。そして、この「営造物」については、「地方公共団体により、継続的に一般公衆の使用に供される人的手段及び物的施設の総合体」と解されていた。文化施設の運営を考えるに当たり、この両者の概念について検討を加えることが有益であろう。

　営造物は、一般的には、「国又は地方公共団体等の行政主体により、公の目的に供用される人的手段及び物的施設の総合体」をいうものと考えてよいであろう。このような認識は、特に"公の目的"を強調し、そのような"公の目的"の観点から、物的施設と人的手段を一体として捉えようとするものである。

　地方自治法は、1963年の改正でこのような営造物の語を排除し、「公の施設」の概念を導入した。そして、公の施設については、次のように解されていた[30]。

　第一は、住民の福祉を増進する目的をもってその利用に供するため、地方公共団体が設ける施設である。これは、従来の営造物の語が財産と併用され、その意義が必ずしも明確でなく、法令の用例も一定していなかったため、財産的管理の見地から見たものを財産とし、行政的管理の見地から捉えたものを公の施設として規定したとされる。

　第二は、物的施設を中心とする概念である。通常は、人的手段と一体となってはじめて住民の利用に役立つことができるとされる反面、施設として、これを構成する個々の物的手段又は人的手段と区別されるとしている。また、これは、住民による施設の利用関係に着目して立てられた概念と認識されている。

第5章　文化施設の設置と管理・運営―設置者行政―

1−3−2　「公の施設」概念による認識の変化

このような「公の施設」概念の導入により、従来の地方自治法上の営造物に対しては、次のような認識の変化があったと考えられる。

第一は、公の施設は、物的施設を中心とする概念であることから、「施設の管理」が第一義に考えられたといえる。このため、従来の営造物概念にあった人的手段と物的施設の総合体としての認識、及びそこに含意されていた公の目的のための「営為」、すなわち機能体としての認識が希薄になったと考えられる。

第二は、公の施設は、住民による施設の利用関係に着目して立てられた概念であることから、「施設の提供」が第一義に考えられたといえる。このため、従来の営造物概念に含まれていたであろう自らの「営為」、すなわちサービス活動としての実質の形成という認識は後退したと考えられる。

第三に、公立の文化施設は、「公の施設」概念が導入された後にその大半が設置されていったため、当初から、そのサービス活動としての実質の形成、特に「創造活動」という「営為」をその機能に含めることは、あまり想定されていなかったといえる。

公立の文化施設のうち劇場、音楽堂等の設立は、1960年代に入ってから盛んとなったが、それは、「公の施設」概念が導入された時期に符合する。地域に劇場、音楽堂等がほとんどなかったこの時代において求められたのは多目的ホールであり、住民が鑑賞又は文化活動の場として利用する場合が主に想定されていた。

その後、1990年代に入って加速された専用ホール化の傾向は、劇場、音楽堂等に「創造活動」という「営為」を期待するようになり、従前の多目的ホールでも「自主事業」が重要な機能として求められるようになった。

しかしながら、公の施設における「施設の提供」を第一義とする枠組みの中で、これら自主事業、とりわけ創造活動をその機能に加えることは、もともと想定外のことであった。従って、公の施設についての形式上の文理解釈からは、公立の劇場・ホールにおける「創造活動」という「営為」を導き出すことは困難であったといえる。

− 199 −

1－3－3 「施設」から「機関」へ

　前述したように、従来の営造物概念は、地方公共団体により、公の目的に供用される人的手段と物的施設の総合体であり、営造物の種類ごとに、その公の目的を実現すべき一定の機能を持つことが前提とされていたと解される。しばしば示される例が、学校、病院、図書館、博物館等であり、これらは人的組織を備え、公の目的実現のための実質的な活動を提供し（教育・医療活動、図書・博物資料の整備と展示の企画等）、そこを利用する児童・生徒、患者、来館者をも包括した機能体として認識されている。

　このような動的な捉え方は、公企業の概念とも共通する。営造物は、静的に、行政主体により一定の行政目的の継続的な遂行に向けられた人的・物的施設の総合体を指すのに対し、公企業は、動的に、行政主体により行政目的の遂行のために経営される企業そのものを指す概念とされている[31]。

　公立の文化施設のうち博物館については、かつては営造物としての認識があり、現在もそれが暗黙の前提となっていると考えられるが、劇場、音楽堂等については、沿革的な理由もあって、このような認識は極めて希薄であった。しかし、劇場、音楽堂等も、基本的には博物館と同列に認識すべきである。従って、かつての営造物概念を念頭に置き、人的組織を備え、公の目的実現のための実質（舞台芸術の企画・制作＝創造）を形成し、かつ観客をも包括した機能体として捉えることが必要である。

　なお、博物館・美術館、劇場、音楽堂等ともに、今日、効率性・経済性が求められている状況にかんがみ、公企業における動的な経営体としての認識を基底に置くことも要請されているといえるであろう。

　いずれにしても、公立の文化施設は、実定法上は公の施設として規定されているにしても、かつての営造物概念を援用して再度その概念把握を行うことが、ソフトの脆弱が指摘されている今日、極めて有用と考えられる。また、そのような観点に立てば、公立の文化施設は、単なる「施設」ではなく、それ自体が動的に活動する機能体、すなわち「機関」として認識されることになるであろう。

第5章　文化施設の設置と管理・運営—設置者行政—

2　「劇場法」の制定

2−1　「劇場法」の意義

　「劇場、音楽堂等の活性化に関する法律」（以下「劇場法」という）は、2012年6月27日に公布、施行された。劇場、音楽堂等に関して、その目的、定義、事業等の実体を定めた個別法は、これまで存在しなかった。しかし、全国各地に劇場、音楽堂等が相次いで設置されたにもかかわらず、必ずしも十分に活用されていないという問題に加え、2003年には指定管理者制度が導入され、その影響が懸念される状況となった。このような状況を受けて、関係者の間で劇場、音楽堂等の法的基盤の整備が重要な課題として浮上し、議員立法により劇場法が制定されるに至ったのである。

　従って、劇場法は、施設や設備についての基準を設けようとするものではなく、劇場、音楽堂等を活性化し、これを通じて実演芸術の振興を図ることを目的としている。同法第1条では、「この法律は、（中略）劇場、音楽堂等の活性化を図ることにより、我が国の実演芸術の水準の向上等を通じて実演芸術の振興を図るため」定めるものと明記されており、実演芸術の振興を謳っている。その際、劇場、音楽堂等が「文化芸術に関する活動を行うための施設及びその施設の運営に係る人的体制により構成される」（同法第2条）ことを規定し、物的施設のみならず、人的体制をも備えた機能体であるとの認識に立っていることは、従来の「公の施設」の概念に不足していた点として特筆される。

　このように、劇場法において、劇場、音楽堂等の持つ使命と、そのために必要な施設及び人的体制の総合体という観念が盛り込まれた意義は大きく、地方自治法が「公の施設」の設置根拠を示すに留まっているという意味での「形式法」であるのに対し、劇場法は劇場、音楽堂等の実体を示した「実体法」として捉えられる。

　また、前文において劇場、音楽堂等が果たす役割に触れるとともに、「劇場、音楽堂等は、国民の生活においていわば公共財ともいうべき存在である」ことが明記された。これまで、個別法が存在しなかったため、劇場、音楽堂等の役割が定められていないことが、その運営方針を不明確にし、また活用の進まない一因ともなっていた。その意味で、劇場法の

前文で、国民にとって劇場、音楽堂等が公共的な役割を果たすものであるとして、社会における必要性を示したことは重要であると言える。

さらには、同じく前文で、「文化芸術の特質を踏まえ、国及び地方公共団体が劇場、音楽堂等に関する施策を講ずるに当たっては、短期的な経済効率性を一律に求めるのではなく、長期的かつ継続的に行うよう配慮する必要がある」とされた。このことは、実演芸術の振興という使命のもと、劇場、音楽堂等が短期的な効率性・経済性の追求のみに捕われることなく、その役割を果たしていくことができるよう、国及び地方公共団体に指定管理者制度の適切な運用を促しているものと捉えられる。

2－2　劇場、音楽堂等の定義

前項でも触れたように、劇場法第2条は、劇場、音楽堂等とは、「文化芸術に関する活動を行うための施設及びその施設の運営に係る人的体制により構成されるもの」（第1項前段）と定義した。このことは、物的施設と人的組織からなる機能体であることを明記したものと解される。

公立の劇場、音楽堂等は、地方自治法で「公の施設」と規定されているが、前述したように、1963年の改正以前には「営造物」とされていた。営造物は、一般的には、国及び地方公共団体等の行政主体により、公の目的に供用される人的組織及び物的組織の総合体をいうものとして捉えられていた。これに対し、公の施設は、物的施設を中心とする概念であることから、それを動かす人的組織についての認識は希薄になりがちであった[32]。劇場法では、このような公の施設に関する一般的な通念を転換し、かつての営造物に近い概念を導入したものであり、大きな前進といえる。

また、劇場法第2条は、上記に引き続いて、劇場、音楽堂等を、「その有する創意と工夫をもって実演芸術の公演を企画し、又は行うこと等により、これを一般公衆に鑑賞させることを目的とするもの」（第1項後段）とした。「実演芸術の公演を企画し、又は行うこと等」とは、第3条に列挙する事業を指すが、「その有する知見と創意をもって」とあるように、劇場、音楽堂等の「人的体制」に保有・蓄積されてきたノウハウをもとに企画、実施することを中核に置いていると考えられる。

第5章　文化施設の設置と管理・運営―設置者行政―

　なお、第2条は、さらに「他の施設と一体的に設置されている場合も含む」（第1項後段括弧書き）とし、風俗営業等の場合を除き、その範囲を広く捉えている。すなわち、社会教育施設やギャラリー等と複合した施設の場合も、その中核部分が上述の定義に合致する限り、劇場、音楽堂等の範囲に含めることとしている。

2−3　劇場、音楽堂等の事業

　次に、劇場法第3条は、劇場、音楽堂等の事業の内容を具体的に列挙した。

　それは、①実演芸術の公演等の企画・実施、②実演芸術の公演・発表を行う者の利用への供与、③実演芸術に関する普及啓発、④他の劇場、音楽堂等その他の関係機関と連携した取組、⑤実演芸術に係る国際的な交流、⑥実演芸術に関する調査研究、資料の収集、情報の提供、⑥事業の実施に必要な人材の養成、⑧地域社会の絆の維持・強化を図り、共生社会の実現に資するための事業、の八項目からなる。

　劇場法が、前述したように「実演芸術振興法」であり、劇場、音楽堂等の実体を示す「実体法」である所以は、これら事業展開の実質を明示したことにあるといってよい。

　なお、劇場法を受けた文部科学省告示「劇場、音楽堂等の事業の活性化のための取組に関する指針」（以下「指針」という）では、これらの事業を、「創造性及び企画性の高い事業、特色のある事業、利用者のニーズ等に対応した事業その他の質の高い事業として実施するよう努める」[33]として、クオリティの維持を要請している。このことも、劇場、音楽堂等を通ずる実演芸術の振興と、劇場、音楽堂等の本来あるべき実体の形成を図ることを志向したものと解される。

　なお、質の高い事業として、創造性及び企画性の高い事業、特色のある事業、利用者のニーズに対応した事業を具体的な例に挙げ、以下のようにこれらの事業を推進することを示している。すなわち、実演芸術の公演を相当程度企画及び実施した実績のある劇場、音楽堂等では、創造性及び企画性がより高く、かつ特色のある公演を実施し、その成果を国内外に発信する。それ以外の劇場、音楽堂等では、各劇場、音楽堂等の実態や利用者のニーズ等を勘案し、創造性及び企画性のある公演を試行

- 203 -

するなどの姿勢をとる。また、実演芸術の公演を行う者の利用に供する事業（貸館事業）では、劇場、音楽堂等の設置目的及び運営方針を踏まえ、かつ利用者等のニーズ等を十分に勘案する、というものである。

3 劇場、音楽堂等への支援と課題

3－1 支援の構造

「劇場法」及び「指針」の目的と内容を踏まえ、文化庁では2013年度から「劇場・音楽堂等活性化事業」を創設し、劇場、音楽堂等への支援を拡充した。この事業は、「我が国の文化拠点である劇場・音楽堂等が行う実演芸術の創造発信や、専門的人材の養成、普及啓発、劇場・音楽堂等間のネットワーク構築を支援すること等により、劇場・音楽堂等の活性化を図るとともに、地域コミュニティの創造と再生を推進すること」を目的として、①特別支援事業、②共同制作支援事業、③活動別支援事業、④劇場・音楽堂等間ネットワーク構築支援事業の各メニューにより、実施されている。

このうち、①特別支援事業は「我が国のトップレベルの劇場・音楽堂等が行う公演事業、人材養成事業、普及啓発事業を総合的に支援」するものであり、2015年度の同事業採択件数は15件、採択額は892,509千円となっている。また、③活動別支援事業は「地域のリーダー的役割を担う劇場・音楽堂等が中心となり、地域住民等とともに取り組む公演事業、人材養成事業、普及啓発事業を活動単位で支援」するもので、2015年度の同事業採択件数は97件、採択額は1,317,017千円である。このことから、同事業においては、トップレベルの劇場、音楽堂等と、地域のリーダー的役割すなわち中核的な劇場、音楽堂等の二層に対して支援が行われているものと解される。

また、（独）日本芸術文化振興会（以下「振興会」という）における芸術文化振興基金による助成事業では、「地域文化施設公演・展示活動」（このうち、ここでは文化会館公演活動を対象）に対する助成が行われており、「地域の文化施設の活動の充実を図り、地域の文化の振興に資する文化会館等の文化施設が行う公演活動」を支援するものとされている。2015年度の助成採択件数は110件、助成金交付予定額は114,647千

第5章　文化施設の設置と管理・運営―設置者行政―

円である。

　以上に述べてきたように、文化庁及び振興会が行う劇場、音楽堂等への支援の構造は、トップレベルの劇場、音楽堂等、地域の中核的な劇場、音楽堂等、そして地域の文化施設の三つの層に対し、総合的に支援しているものと把握され、図5-1のように示すことができる。

　なお、文化庁の「劇場・音楽堂等活性化事業」では、施設ごとの支援に加え、上記の②共同制作支援事業及び④劇場・音楽堂等間ネットワーク構築支援事業を行うことにより、劇場、音楽堂等が、他館及び実演芸術団体と連携して行う活動に対しても支援している。このことは、劇場法において、劇場、音楽堂等の関係者等の相互の連携及び協力等が盛り込まれている（同法第8条）ことを踏まえたものと考えられる。

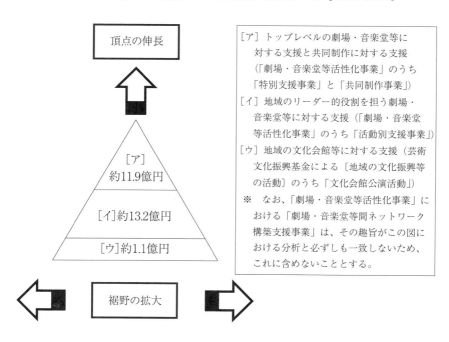

出典：佐藤作成。金額は［ア］および［イ］は2015年度「劇場・音楽堂等活性化事業」採択一覧（文化庁資料）より算出、［ウ］は2015年度芸術文化振興基金「文化会館公演活動」助成金交付予定額を参照。
図5-1　劇場・音楽堂等に対する支援の構造

3－2　劇場、音楽堂等の課題

　指定管理者制度の最大の問題点は、経済性、効率性を重視するあまり、劇場、音楽堂等を他の施設と十把一絡げの扱いとし、"文化施設"であることを忘却したことにある。しかし、「劇場法」の制定により、この点はある程度是正されたように見受けられる。劇場、音楽堂等に関し、今後に残された主要な課題として次の二点が挙げられる。

　第一は、公立の劇場、音楽堂等の設置・運営の主体に、地方独立行政法人を加えることである。

　地方独立行政法人の業務の範囲に、「公共的な施設で政令で定めるものの設置及び管理を行うこと」（地方独立行政法人法第21条第5号）が規定されているが、文化施設でこれに相当するものとしては、「博物館、美術館、植物園、動物園又は水族館」（同法施行令第4条第3号）のみが認められている。

　しかし、「劇場法」及び「指針」において、劇場、音楽堂等の「公共財性」と、明確な運営方針に基づき、専門的人材による安定的、継続的な運営が明記された以上、地方独立行政法人としての設置・運営も認めるべきである[34]。そのことが、現行の直営又は指定管理者制度によることを損なうものではなく、むしろ、同じ文化施設である博物館等との均衡を保つ所以であるといえる。

　第二は、劇場、音楽堂等の事業を行うために必要な専門的人材の養成・確保を図ることである。

　専門的人材については、前節でも触れたように、「劇場法」において、制作者、技術者、経営者、実演家に区分して明記し（第13条）、「指針」でさらに詳細にわたって規定している[35]。とりわけ、これらの人材育成に関し大学との連携・協力を強調している。このことは、第四次「文化芸術の振興に関する基本的な方針」（2015年5月22日閣議決定）でも言及している[36]。なお、専門的人材の育成に関する大学との連携事業は、2013年度から文化庁において予算が計上され、現在も具体的な事業が進行中である[37]。

　専門的人材のうち、制作者（アートマネジメント人材）、技術者（舞台スタッフ人材）は、音楽大学を中心に養成が行われているが[38]、学内での企画制作や実習に加え、学外でのインターンシップは欠かせない。と

りわけ、劇場、音楽堂等における実習は、現場の運営の実態に触れる意味で重要である。一方、劇場、音楽堂等にとっても、大学の教育に協力することは、その重要な役割といえる。

　人材育成に関する劇場、音楽堂等と大学との連携は、ようやく緒に就いたばかりであるが、「指針」でも提案しているように[39]、将来は、劇場、音楽堂等を連携大学院制度に位置付け、専門教育としての高度化を図っていくことも視野に入れるべきであろう。

注

1 （社）全国公立文化施設協会「公立文化施設における指定管理者制度導入状況に関する調査 II 報告書（平成 18 年 10 月 1 日現在の導入状況）」2006 年 11 月 20 日、p.3。回答のあった 2189 施設のうち、直営 1249 施設（57.1％）、指定管理者 881 施設（40.2％）、その他 59 施設（2.7％）であった。

2 （社）全国公立文化施設協会・前掲報告書、p.4。指定管理者制度を導入した 881 施設のうち、公共的団体 724 施設（82.1％）、民間事業者 116 施設（13.2％）、NPO 法人 26 施設（3.0％）、公共的団体と民間事業者の共同体 15 施設（1.7％）であった。

3 注 2 の時点（2006 年）と 2010 年度の同報告書におけるデータを比較すると、公共的団体、民間事業者、NPO 法人、公共的団体と民間事業者の共同体の順位は変わっていない。ただし、2010 年度の報告書によれば、同じ順番で 707 施設（65.5％）、263 施設（24.4％）、67 施設（6.2％）、50 施設（4.6％）となっており、公共的団体に管理委任される割合はやや減少している。（社）全国公立文化施設協会「平成 22 年度公立文化施設における指定管理者制度導入状況に関する調査報告書」、2011 年、pp.7-8。

4 注 2 と同じ。

5 注 2 と同じ。

6 注 3 と同じく、2006 年時点と 2010 年度のデータを比較すると、2010 年度には民間事業者、NPO 法人ともに指定管理者として管理委任される割合が増加している。

7 （独）日本芸術文化振興会「日本芸術文化振興会要覧」（毎年度）による。

8 （独）日本芸術文化振興会「平成 27 事業年度事業報告書」、p.17。

9 （公財）新国立劇場運営財団「劇場紹介パンフレット」による。

10 （独）日本芸術文化振興会「平成 27 事業年度事業報告書」、p.18。

11 本来、「文化施設」には、劇場、音楽堂等のほか、美術館、博物館等も含まれるが、本節では、「劇場、音楽堂等」に焦点を当てることとする。また、公立の劇場、音楽堂等は、本文に述べたように、文化会館、市民会館、文化ホールなど様々に呼ばれているが、かつてこれらの建設に対する文化庁の補助金が「地方文化施設整備費補助金」という名称であったこと、これらの連合団体である「公益社団法人全国公立文化施設協会」は、その名のように「公立文化施設」の語を使用していることから、本節でも一般名称としてこの語を用いることとする。

12 公立の美術館、博物館は、教育基本法、社会教育法、博物館法で社会教育施設として位置付けられている。一方、文化芸術振興基本法は、これらを文化施設として認識している。従って、公立の美術館、博物館は、社会教育施設と文化施設の二重の性格を持つと考えてよいであろう。

13 2010 年 12 月 6 日に設置され、全 11 回の審議を経て、2012 年 1 月 13 日に取りまとめられた。

14 「2. 劇場、音楽堂等に係る現状及び課題」の「(2) 我が国の劇場、音楽堂等の課題」。

15 「指針」の「第 2 設置者又は運営者の取組に関する事項」の「1 運営方針の明確化に関する事項」。

16 （公社）全国公立文化施設協会編集・発行「平成 25 年度劇場、音楽堂等の活動

第5章　文化施設の設置と管理・運営─設置者行政─

状況に関する調査研究報告書」、p.28 参照。なお、平成 26 年度の同報告書には、設置目的に関する設問がないため、上記平成 25 年度の報告書を参照した。

17 （公社）全国公立文化施設協会編集・発行「平成 26 年度劇場、音楽堂等の活動状況に関する調査研究報告書」、p.40 参照。

18 「指針」の「第 2 設置者又は運営者の取組に関する事項」の「3 専門的人材の養成・確保及び職員の資質の向上に関する事項」。

19 （公社）全国公立文化施設協会・前掲報告書、p.57 参照。

20 （公社）日本芸能実演家団体協議会「芸能による豊かな社会づくりのために─提言と具体化への道筋─」、2004 年、p.11 より抜粋。

21 （公社）日本芸能実演家団体協議会「芸能による豊かな社会づくりのために─提言と具体化への道筋─ PART Ⅰ」、2004 年、pp.12-14 より、筆者抜粋及びまとめ。

22 （公社）全国公立文化施設協会「平成 21 年度地域の劇場・音楽堂等の活動の基準に関する調査研究報告書」、2010 年、p.20 より抜粋。

23 （公社）全国公立文化施設協会「平成 21 年度地域の劇場・音楽堂等の活動の基準に関する調査研究報告書」、2010 年、pp.29-41 より、筆者抜粋及びまとめ。

24 関係団体による提言を含む「劇場、音楽堂等の活性化に関する法律」制定に至る経緯については、根木昭・佐藤良子『公共ホールと劇場・音楽堂法─文化政策の法的基盤Ⅱ─』水曜社、2013 年を参照のこと。

25 （公社）全国公立文化施設協会編集・発行「平成 26 年度劇場、音楽堂等の活動状況に関する調査研究報告書」、p.60、p.77、p.78、p.115、p.116 参照。

26 地方自治法及び「劇場法」の文化法制上の位置付けについては、本書第 2 章において述べた。また、根木昭・佐藤良子『公共ホールと劇場・音楽堂法─文化政策の法的基盤Ⅱ─』水曜社、2013 年、pp.10-14 を参照。

27 根木昭・佐藤良子・前掲書、pp.18-19 を参照。

28 （公社）全国公立文化施設協会編集・発行「平成 26 年度劇場、音楽堂等の活動状況に関する調査研究報告書」、p.173 参照。

29 （公社）全国公立文化施設協会・前掲報告書、p.178 参照。

30 俣静夫『地方自治法』有斐閣、1965 年、p.320。田中二郎『新版行政法下Ⅰ〔全訂第二版〕』弘文堂、1969 年、p.239。

31 田中二郎・前掲書、p.240。

32 根木昭・佐藤良子・前掲書、pp.137-138。根木昭『文化政策学入門』水曜社、2010 年、pp.132-135。根木昭「公立文化会館の『公の施設』概念及び住民の利用関係等に関する文化行政法上の性格に関する一考察」日本音楽マネジメント学会『音楽芸術マネジメント第 1 号』、2009 年、pp.91-96。

33 「指針」の「第 1」の「2 質の高い事業の実施に関する事項」。

34 なお、日本音楽芸術マネジメント学会は、「指針」の策定に先立つ関係団体からのヒアリングにおいてこのことを提案している（2012 年 8 月 23 日）。

35 「指針」の「第 2」の「3 専門的人材の養成・確保及び職員の資質の向上に関する事項」。

36 「第 3」の「9」の「(1) 劇場、音楽堂等の活性化」の項目のみならず、「4 芸術家等の養成及び確保等」の項目にも盛り込まれている。

37 2015 年度の予算でも、「新進芸術家グローバル人材育成事業」として、「芸術系大学等連携における新進芸術家等人材育成」、「芸術系大学等におけるアートマ

ネジメント人材育成」が含まれている。

38 例えば、昭和音楽大学は、1994年に音楽芸術運営学科（現在、同学科アートマネジメントコース）を、2000年に短期大学部音楽科舞台スタッフコース（現在、同大学音楽芸術運営学科舞台スタッフコース）を開設し、人材養成を行っている。

39 「指針」の「第2」の「3 専門的人材の養成・確保及び職員の資質の向上に関する事項」。

第6章　文化政策をめぐる課題

第1節　文化芸術の「公共性」と「公共財性」

　文化政策では、文化芸術の「公共性」について、「文化芸術の本質面と効用面」及び「文化芸術の社会的便益（外部性）」の二つの観点から、その根拠付けがなされている。

　前者は、実定法である文化芸術振興基本法と同法に基づき策定された行政計画である第一次から第四次までの「文化芸術の振興に関する基本的な方針」（以下「基本方針」という）を一貫して流れる捉え方である。一方、後者は、公共性を「公共財性」に置き換えた経済学の所論を採用し、第三次基本方針から新たに付加された考え方である。

　また、前者は、2002年の文化審議会答申に由来し、文化芸術の本質、効用の両面から「公共性」を根拠付けようとするものであるのに対し、後者は、経済学上の所論に基づき、文化芸術を「公共財」とし、社会的便益（外部性）からこれを根拠付けようとするものである。両者は、第三次及び第四次基本方針において別々に言及されており、このような二系列に分かれる認識が、基本方針の中に混在している。

　後者の「外部性」という、専ら効用面のみを強調し、本質面を捨象する考え方には限界がある。一方、前者は、文化芸術の本質、効用の両面を踏まえ、文化芸術は「国民全体の社会的財産」であるとする。この"国民の共同所有"の実体は、法学上の「総有」概念を借用することによって説明することが可能である。

1　実定法及び行政計画における捉え方

1－1　公共性

1－1－1　文化芸術振興基本法

　文化芸術の「公共性」については、実定法である文化芸術振興基本法（以下「基本法」という）と、同法に基づき政府が策定する行政計画である

「文化芸術の振興に関する基本的な方針」（以下「基本方針」という）において、詳細な言及がなされている。

　まず、基本法の前文は、文化芸術の役割に関し、「本質」と「効用」の両面から、次のように規定し、その「公共性」を根拠付けている[1]。

本質面：○文化芸術を創造し、享受し、文化的な環境の中で生きる喜び
　　　　　を見出すことは、人々の変わらない願い
　　　　○文化芸術は、人々の創造性をはぐくみ、その表現力を高める
　　　　○文化芸術は、それ自体が固有の価値を有する

効用面：○（文化芸術は）人々の心のつながりや相互に理解し尊重し合
　　　　　う土壌を提供し、多様性を受け入れることができる心豊かな
　　　　　社会を形成するものであり、世界の平和に寄与するもの
　　　　○（文化芸術は）それぞれの国やそれぞれの時代における国民
　　　　　共通のよりどころとして重要な意味を持ち、国際化が進展す
　　　　　る中にあって、自己認識の基点となり、文化的な伝統を尊重
　　　　　する心を育てる

　本質面は、文化芸術が、人間の本性に根ざした存在であり、人間と文化芸術の不可分一体性について説いたものと解される。文化芸術を振興する理念上の根拠は、まさにこの本質面にあるといえる。また、本質面は、文化芸術を創造し享受する権利（基本法第2条第3項）が導き出される理念的前提でもある。

　効用面は、文化芸術が、人間相互の関係、社会の形成、世界の平和、アイデンティティの確認などにおいて、極めて有用であることに言及したものである。文化芸術を振興する現実的な根拠は、この効用面に求められている。なお、この効用面が、後述するように、経済学の説く社会的便益（外部性）の実体をなすものといえる。

　いずれにしても、基本法は、文化芸術の「本質」と「効用」の両面から、文化芸術の「公共性」を根拠付けているといえる。

1－1－2　文化芸術振興基本方針

　基本法前文の趣旨は、第一次基本方針（2002年12月10日閣議決定）において、文化芸術の意義として、次のとおり、五項目に整理し詳細に敷衍されている[2]。

①人間が人間らしく生きるための糧（本質面）

○人々に楽しさや感動、精神的な安らぎや生きる喜びをもたらし、人生を豊かにする

○豊かな人間性を涵養し、創造力をはぐくむ

○人間の感性を育てる

②共に生きる社会の基盤の形成（効用面）

○他者に共感する心を通じて、人と人とを結び付け、相互に理解し、尊重し合う土壌を提供する

○人間が協働し、共生する社会の基盤となる

③質の高い経済活動の実現（効用面）

○文化の在り方は、経済活動に多大な影響を与える

○文化そのものが新たな需要や付加価値を生み出し、多くの産業の発展に寄与する

④人類の真の発展への貢献（効用面）

○科学技術や情報通信技術が急速に発展する中で、倫理観や人間の価値観に関わる問題が生じている

○人間尊重の価値観に基づく文化の側からの積極的な働き掛けにより、人類の真の発展がもたらされる

⑤世界平和の礎（効用面）

○文化の交流を通じて、各国、各民族が互いの文化を理解し、尊重し、多様な文化を認め合うことにより、国境や言語、民族を超えて、人々の心が結びつけられ、世界平和の礎が築かれる

　この第一次基本方針の五項目は、第二次（2007年2月9日閣議決定）、第三次（2011年2月8日同）を経て、現行の第四次（2015年5月22日同）基本方針においても基本的に継承されている[3]。

　以上のとおり、基本法と基本方針は、一貫して、文化芸術の「公共性」を、その「本質」と「効用」の両面から根拠付けている。

　すなわち、文化芸術の振興に関する実定法とこれを受けた行政計画においては、このような「文化芸術の本質面と効用面」⇒「文化芸術の公共性」という捉え方が、その基底に置かれていると考えてよいであろう。

1-1-3 基礎となる文化審議会答申

　以上のような基本法と基本方針の言及は、2002年の文化審議会答申「文化を大切にする社会の構築について〜一人一人が心豊かに生きる社会を目指して」（2002年4月答申、以下「2002年答申」という）がその基礎となっている。

　2002年答申は、「今後の社会における文化の機能・役割」について、次のとおり、五項目にわたって詳細に言及している。

　①人間と文化〜人間らしく生きるために
　②社会と文化〜共に生きる社会を作るために
　③経済と文化〜より質の高い経済活動の実現のために
　④科学技術・情報化と文化〜人類の真の発展のために
　⑤グローバル化と文化〜世界平和のために

　2002年答申のこの五項目は、基本方針の五項目にそれぞれ対応している。2002年答申では、この五項目について詳細に述べているが、基本方針は、それをさらに整理し要約したものと見なされる。一方、2002年答申のこの五項目は、基本法前文の趣旨を踏まえて敷衍されたものでもある。それは、基本法の制定、基本方針の策定、2002年答申の時間的な前後関係からうかがわれる。

　基本法は、2001年11月30日に成立し、12月7日に公布、施行された。また、基本方針は、2002年6月5日付けで文部科学大臣から文化審議会に諮問され、同審議会は同年12月5日付けで文部科学大臣に答申し、同年12月10日に閣議決定された。一方、2002年答申に係る諮問は、基本法の制定に先立つ2001年4月16日に行われており、その答申は、基本法制定後の2002年4月24日付けで文部科学大臣に対してなされた。

　従って、2002年答申は、審議中に基本法が制定されたことに伴い、基本法前文の趣旨と、今後作成されるべき第一次基本方針を念頭に置いて取りまとめられたものと推測される。このことは、同答申の末尾に、「基本方針の策定に当たって、この答申の内容が十分生かされることを期待」するとしていることからもいえる。すなわち、2002年答申には、基本法前文の趣旨が反映されており、第一次基本方針は、これを受ける形で2002年答申を要約・収斂させたものと考えてよいであろう。

第6章　文化政策をめぐる課題

　再整理すれば、基本法前文の趣旨は、第一次基本方針において敷衍されているが、第一次基本方針は、2002 年答申を踏まえて作成されるとともに、2002 年答申にもまた基本法の趣旨が反映されていると見なすことができる。いわば、基本法前文の趣旨、第一次基本方針及び 2002 年答申は、三位一体と考えてよいであろう。

1－2　公共財性

1－2－1　文化芸術振興基本方針
　第三次基本方針（2011 年 2 月 8 日閣議決定）では、上記の「公共性」とは別の観点から、文化芸術の「公共財性」について言及し、第四次基本方針（2015 年 5 月 22 日同）にもこれが継承されている。それは、経済学の説く文化芸術の「社会的便益（外部性）」（以下「外部性」という）を根拠とするものである。
　第三次基本方針では、文化芸術の外部性として、次のものを挙げている。
　①国家への威信付与
　②周辺ビジネスへの波及効果
　③将来世代のために継承すべき価値
　④コミュニティへの教育価値
　第四次基本方針では、次のものを挙げている。
　①成熟社会における成長の源泉
　②国家への威信付与
　③地域への愛着
　④周辺ビジネスへの波及効果
　⑤将来世代のために継承すべき価値
　第四次基本方針では、第三次基本方針で掲げていた「④コミュニティへの教育価値」が「③地域への愛着」に置き換えられ、新たに「①成熟社会における成長の源泉」が付加されている[4]。
　以上のように、第三次基本方針から、文化芸術の外部性を根拠に、文化芸術を公共財とする捉え方が定着した。それは、後述する経済学の所論を採用したものであり、前述の文化芸術の本質、効用の両面から公共

－ 215 －

性を導き出した流れとは、全く別の文脈に位置付けられている。従って
また、公共性の根拠とされている文化芸術の本質面は、外部性の根拠か
らは捨象され、専ら効用面にのみ着目されている。さらに、ここでは、
公共財という“財”の面が強調されていることはいうまでもない[5]。

　ところで、第三次基本方針では、外部性の説明の後に、文化芸術は「国
民共有の財産」ともいっている。これは、公共財を別の表現に置き換え
たものと考えられる。ただし、第四次基本方針では、この語は用いられ
ていない。

　一方、第一次から第四次までの基本方針を通じ、文化芸術は「国民全
体の社会的財産」と記されている。この社会的財産という認識も、文化
芸術を“財”の観点から見ようとするものであり、その限りにおいて、
公共財の認識につながる。しかし、この用語は、文化芸術の本質、効用
の両面から公共性を根拠付けた文脈の最後に置かれている。このため、
この用語は、文化芸術の本質、効用の両面を踏まえたものとするのが適
当である。

　いずれにしても、基本方針には、「文化芸術の社会的便益（外部性）」
⇒「文化芸術の公共財性」という捉え方が新たに加わり、前述の「文化
芸術の本質面と効用面」⇒「文化芸術の公共性」という捉え方と併記さ
れた形となっている。

１－２－２　文化財保護法と劇場法

　文化芸術の公共財性についての言及は、文化財保護法と「劇場、音楽
堂等の活性化に関する法律」（以下「劇場法」という）にも見られる。

　文化財保護法は、1950 年制定の当初から、文化財が「貴重な国民的
財産」（第４条第２項）であるとしている。文化財は、無形のものも含
め“財”という認識が強く、従って、この用語は、文化財を公共財的な
観点から捉えたものといえる。

　従来、法学の分野では、文化財については、これを歴史的文化的環境
ないしこれを享受する権利として捉えようとする傾向が強く、次のよう
な見解が示されている。

　内田新氏は、行政法学上、有体物である文化財は、従来「公物」とさ
れてきたが、「公共用物に比較してその公物としての性質は比較的弱い」

ため、「歴史的文化的環境」として捉えるべきだとする[6]。一方、林迪廣氏は、これを権利性と結び付け、「歴史的環境権」を提唱している[7]。逆に、椎名慎太郎氏は、「歴史的環境権」という新たな権利概念を立てることには疑問を呈しつつも、その理論の一層の精緻化に期待している[8]。

　文化財を歴史的環境として把握できるかどうか（またその権利性が認められるかどうか）は別として、これらの見解は、いずれも文化財の公共財的な存在を前提としている。

　2012年6月27日に公布・施行された劇場法は、劇場、音楽堂等は「公共財ともいうべき存在」（前文）としている。すなわち、劇場法は、劇場、音楽堂等を"財"として捉え、これを直接的に公共財として規定したわけである。

　劇場法の国会上程に先立ち、文化庁に設けられた「劇場、音楽堂等の制度的な在り方に関する検討会」の「まとめ」（2012年1月13日）では、文化芸術振興基本法の前文を引用しながら、文化芸術を「国民共有の財産」であるとし[9]、その上で、劇場、音楽堂等は、「国民の生活に新しい価値を付与する公共財というべきものである」とした[10]。劇場法の「公共財」の表現は、直接これを受けたものと考えられる。

　また、第三次基本方針に文化芸術の公共財性が明記されたことも、劇場法が劇場、音楽堂等を公共財とすることに間接的に影響を与えたと考えられる。

　なお、文化芸術の継承、創造、発信のために設置されている劇場、音楽堂等は、厳密には準公共財として認識すべきであろうが[11]、ここでは、"公共性"を強調するため、広い意味で「公共財」という表現をしたものと考えられる。

　以上のように、文化財保護法、劇場法は、文化財、劇場、音楽堂等という"財"を前提としてその公共財性に言及している。このことは、第三次、第四次基本方針における、外部性を根拠とする公共財性の認識と同列のものと考えられる。

2 経済学上の捉え方と法学上の概念の借用

2-1 経済学上の「外部性」概念とその限界

2-1-1 経済学諸家の見解

　前述したように、文化芸術の「外部性」に基づく文化芸術の「公共財性」は、経済学において提起されたものである。

　これについての諸家の説の概要は、次のとおりである。

　最初の提起者は、W.J. ボウモルと W.G. ボウエンであり、1966 年に著した『舞台芸術—芸術と経済のジレンマ—』において、舞台芸術は混合財であり、それに由来する一般的便益（外部性）として、①舞台芸術が国家に付与する威信、②文化活動の広がりが周辺のビジネスに与える影響、③将来世代にもたらされる便益、④コミュニティにもたらされる教育的貢献、の四つの項目を挙げている[12]。

　その後、B.S. フライと W.W. ポメレーネは、文化芸術の外部性について、①オプション価値、②存在価値、③遺産価値、④威光価値、⑤教育的価値を挙げ、また、J. ハイルブランと C.M. グレイは、①将来世代への遺贈、②国のアイデンティティ又は威信、③地域経済への便益、④自由な教育への貢献、⑤芸術への参加による社会進歩、⑥芸術的イノベーションを促進することによる便益、を挙げている[13]。若干の相違はあるものの、これらは、大筋においてボウモルとボウエンの指摘に沿った項目といえる。

　このような諸外国における「外部性」概念の提起の流れを受けて、我が国でも、次のような所論が展開されている。

　後藤和子氏は、現代経済学において、文化・芸術に対する公的支援の根拠は、「（資源配分における）平等性や再配分」、「芸術・文化の持つ外部性」、「資源配分の効率性」の三つの観点から論じられているとし、特に「外部性」について、次のように説明している。

　すなわち、外部性とは、文化・芸術が、「コミュニティや社会全体にとって便益がある」ことをいい、この場合の便益とは、「（1）国家に付与する威信、（2）文化活動の広がりが周辺のビジネスに与えるメリット、（3）将来世代への遺贈、（4）コミュニティへの教育的価値」を指すとする。

- 218 -

いうまでもなく、これはボウモルとボウエンの見解をそのまま受け継いでいる。

しかし、最近では、文化・芸術の価値を、「経済資本・社会資本・文化資本」の三つの要素から構成する見方があり、経済資本は便益の（２）に、社会資本は便益の（４）に、文化資本は便益の（１）（３）（４）に関連しているとする。そして、外部性は、上のような「オプション価値や遺産価値、威光価値、教育価値等様々なもの」に加え、地域レベルでは、「コミュニティに活気を与え、地域環境を良くする」こと、いわば「アメニティとしての価値」に注目する必要があるとしている[14]。

以上のような認識に立って、我が国の経済学の分野では、文化・芸術を「準公共財」として捉え、公的支援の根拠としている[15]。

前述のように、第三次及び第四次基本方針に、新たに社会的便益（外部性）を根拠とする文化芸術の「公共財性」に関する記述が入ったのは、このような経済学系の諸家からの強い影響によるものと推測される。

２－１－２　「外部性」概念の限界

前項で述べたように、基本法前文、第一次から第四次までの基本方針は、本質、効用の両面から、文化芸術の「公共性」に言及している。

一方、第三次基本方針は、これに加え、新たに社会的便益（外部性）を根拠に、文化芸術を「公共財」とし、第四次基本方針もこれを踏襲している。この社会的便益（外部性）は、文化芸術の効用面にほかならない。従って、「公共財」の概念は、"社会的に役に立つ"という効用面に着目して導き出されたといえる。

しかし、文化芸術の「公共性」が、文化芸術の本質、効用の両面に由来するものであることは、「公共財」についても同様のはずである。経済学上の社会的便益（外部性）＝効用という文脈の中では、遺憾ながらこの本質面は捨象されている。この点が、経済学上の観点に立つ場合の限界といえる。

そもそも文化芸術は、その効用面が論じられる前に、文化芸術それ自体が人間の本性に根ざした存在であること、すなわちその本質面が認識されなければならない。そのような文化芸術の本質面＝人間と文化芸術の不可分一体性については、2002年文化審議会答申の第１章の「1.　人

間と文化～人間らしく生きるために」の項において、次のように詳しく言及されている。なお、第一次基本方針では、これが整理・要約された形で取り込まれていることは前述したとおりである。

　まず、「文化は、人々に楽しさや感動、精神的な安らぎや生きる喜びをもたらし、人生を豊かにするものであり、豊かな人間性を涵養する上で重要」である。また、「文化は人々の想像力の源泉である創造力を育てる」、従って、「人間の生活における知恵の結晶といえる文化は、次なる新たな創造の基盤」であるとしている。

　さらに、「日本古来の文化は、……自然と共生することを前提とした文化」であり、「こうした日本古来の文化を踏まえて、……『循環』という考え方を再評価し、重視していく必要が（ある）」として、「人間にとって文化の持つ意味を確認」している。

　このような文化芸術の本質面は、人間生存の基盤であり、またそれ故に、文化芸術の公共性、公共財性が導き出されると解される。文化芸術の効用面は、この本質面を踏まえた上で考慮される必要がある。従って、本質面を捨象し、効用面のみを強調する経済学上の観点には限界があるといわざるを得ない。

　本質、効用の両面から文化芸術の公共性、公共財性を根拠付ける基礎とすべきは、第一次から第四次までの基本方針に一貫して用いられてきた「国民全体の社会的財産」という概念であろう。前にも触れたように、この用語は、文化芸術の本質、効用の両面から公共性を根拠付けた文脈の最後に置かれている。従って、文化芸術の本質、効用の両面を踏まえているといってよい。

　そして、そのような「国民全体の社会的財産」をもとに、「公共性」と「公共財性」を根拠付けるには、経済学上の社会的便益（外部性）だけでは足りず、法学（民法）上の「総有」概念を借用することが有用と考える。

２－２　法学上の「総有」概念の借用

２－２－１　共同所有の三形態

　民法学においては、所有権の「共同所有」について、次のように、「共有」、「合有」、「総有」の三つの形態があるとしている。

第6章　文化政策をめぐる課題

　「共有」とは、同一物の所有権が各人に量的に分有される状態をいう。各人は、その物についての管理権能と収益権能を持つ。そして、各人は、管理権能と収益権能が結合した自分の持分権を自由に処分でき、またいつでも共有物の分割を請求できる。従って、各人間の団体的結合は弱く、各人の権利は極めて個人的なものといわれる。近代法の共同所有は、このような形態を原則とし、民法上の共有はこれである。

　「合有」とは、同一物の所有権が各人に量的に分有されるが、持分権が一定の拘束を受けている状態をいう。各人が持分権を有する点では共有と同じであるが、共同目的のため持分権の処分や分割の請求に一定の制限がある点で異なる。すなわち、各人は、持分権を処分する自由も、分割を請求する権利もない。民法上は共有とされる組合財産及び共同相続財産が、合有の性質を持つといわれる。

　「総有」とは、所有権が質的に分有され、管理処分の権能は共同体（ゲノッセンシャフト）に属し、使用収益の権能は共同体構成員に属する状態をいう。共同体構成員は、持分権を持たず、また分割の請求もできない。すなわち、管理権能と収益権能は分離し、各人は、共有における持分権を持たず、最も団体性の強い共同所有の形態である。ゲルマンの村落共同体の山林、原野、河川等の共同所有がその典型であり、我が国の入会権も総有の性質を持つといわれる。

　なお、ゲノッセンシャフト（genossenschaft）とは、法人のように構成員と別個の人格を持たず、構成員の総体が単一体と認められる団体であって、ゲルマンの村落共同体（マルク団体、markgenossenschaft）がその典型といわれる。権利義務は、その団体に総有的に帰属し、管理処分の権能は全体に、使用収益の権能は構成員に帰属する。江戸時代から明治初年の村は、この性質を持つと考えられている [16]。

　文化芸術が「国民全体の社会的財産」であるとすれば、この「総有」の概念を借用することが有用と考えられる。以下では、その可能性について考察する。

２－２－２　「国民全体の社会的財産」

　前述したように、第一次から第四次までの基本方針は、文化芸術を「国民全体の社会的財産」としている。

－ 221 －

とりわけ、第一次基本方針は、「文化芸術は、芸術家や文化芸術団体、また、一部の愛好者だけのものではなく、すべての国民が真にゆとりと潤いの実感できる心豊かな生活を実現していく上で不可欠なものであり、この意味において、文化芸術は国民全体の社会的財産である」と明快に説明している。

　第二次基本方針からは、このような理由付けは省略され、単に社会的財産であることにのみ触れているが、基本的には、第一次基本方針に示された考え方が踏襲されているものと考えられる。

　この"社会的財産"という捉え方は、文化芸術を"財"の観点から見ようとするものであり、その限りにおいて、「公共財」の認識につながる。ただし、この用語が、文化芸術の本質、効用の両面から公共性を根拠付けた文脈の最後に置かれていることを勘案すれば、「文化芸術の本質面と効用面」⇒「文化芸術の公共性」という考え方の系列に位置付けられると考えるのが適当である。

　また、その意味で、この用語は、経済学上の観点からの、「文化芸術の社会的便益（外部性）」⇒「文化芸術の公共財性」という考え方とは別系統とするのが適当であろう。文化芸術を"財"の観点から捉えた場合、経済学的には「公共財」として捉えられるにしても、「文化芸術の本質面と効用面」⇒「文化芸術の公共性」という考え方の系列に位置付けられる限り、経済学上の観点とは別の理論構成があり得ると考えられる。

　とりわけ、"国民全体の"という語が冠されていることは、国民が"共同所有"しているとの意を含んでいると考えられる。すなわち、社会的財産である"財"、換言すれば、文化芸術という"財"を国民が共同所有しているという図式と考える余地がある。

　そして、そのような"国民の共同所有"の実体は、「総有」概念を借用することで明確に把握でき、ひいては、共同所有の対象である文化芸術の「公共性」ないし「公共財性」を浮き彫りにすることができるであろう。

2－2－3　文化芸術の「総有」

　国民は、国家の所属員であり、国家は、一定の領土に定住する多人数

第6章　文化政策をめぐる課題

から成る団体とされている。また、国家は、法人と見なされ、権利義務の主体である。従って、個々の国民はもとより、国民全体とも別の存在と見なされる。国有財産は、公共財ないし準公共財であり、国民全体が便益を受けることはいうまでもないが、その所有は、法人としての国家に属する。すなわち、その所有権は国民全体にあるわけではなく、国民全体とは別の存在である法人たる国家に帰属する。このように、近代的な法関係において、国家は、「国民全体」といった観念的な存在ではなく、権利義務の主体である法人として存在し、同時に、有形、無形の財産の所有権者としての地位も有している。

　一方、「文化芸術」は、極めて抽象的な概念であり、有形文化財などの財産的な形態をとって現れない限り、近代的な国家概念や所有権概念を前提として、これらの帰属関係を求めることは不可能に近い。それは、前述のように、"社会的財産" という言葉に置き換えたにしても、―財産的な形態を持つものは別として―具体的な "財産性" があるわけではなく、あくまで観念的、抽象的な存在に過ぎない。しかし、そのような「文化芸術」も、基本方針においては "国民全体の社会的財産" としており、国民一般もそれを暗黙の前提とし、また、そのことを「公共性」の根拠とする暗黙の合意があるように見受けられる。そして、このような "国民全体の社会的財産" の性格を理解するのは、「総有」概念を借用することが最も適当と考えられる。

　前述したように、「総有」とは、所有権が質的に分有され、管理処分の権能は共同体に属し、使用収益の権能は共同体構成員に属する状態をいう。共同体構成員は、持分権を持たず、また分割の請求もできない。「文化芸術」も、共同体である "国民全体" に属し、それから生ずる利益は構成員である個々の国民に帰属する。もとより、国民全体に管理処分の権能があるわけではなく、国民も持分権を持つとはいえない。また、前近代の古い共同体的な概念を持ち込むことに異論もあるであろう。

　しかしながら、「文化芸術」という抽象的な概念の帰属主体を措定し、同時に文化芸術の「公共性」ないし「公共財性」の根拠を得るには、このような「総有」概念によることが適当と考えられる。すなわち、国民全体の総有と観念することは、文化芸術と国民全体との不可分一体性(文化芸術は国民＝人間の本性に根ざした存在であること)を前提とするた

め、文化芸術の本質面も含めた認識に立つことになる。それは、文化芸術の社会的便益（外部性）＝効用面のみを根拠とし、かつ「公共財性」にのみ限定した経済学の観点からの認識の限界を補正するものとなるであろう。

第6章　文化政策をめぐる課題

第2節　文化政策の二元構造の克服

　第1章第1節で見たように、文化の三態様として、「芸術文化」、「生活文化」、「国民娯楽」が措定されているが、新たな観点から、「芸術文化」、「生活文化」、「環境文化」の三態様を考えるのが適当である。芸術文化は近現代文化と伝統的文化、生活文化は表層文化と基層文化に分離して把握されてきたが、これらを包括し再認識する必要があること（なお、国民娯楽も生活文化に含める）、不動産文化財や文化芸術施設についても、これらを包括して「環境文化」として新たに措定することが適当であることによる。

　また、これまで文化政策では、「文化の振興と普及」、「文化財の保護」の二系列による「二元的把握」がなされてきた。しかしながら、無形の文化財や不動産文化財については、創造・発展と保存・継承が連続していること、文化政策においては、給付行政と規制行政が近接していること、設置者行政における管理・運営という作用面では、この二系列は融合していることなど、二元構造としての把握には課題が存在している。

　このため、文化の概念を、新たに「環境文化」、「生活文化」、「芸術文化」の三態様に再構成し、創造・発展と保存・継承を総合し、給付行政と規制行政を止揚し、設置者行政における管理・運営面での包括を行うことにより、従来の二元構造の相対化を図ることが、将来の新たな文化政策の枠組みを考える際の布石となる。

1　文化の新たな三態様

1－1　「芸術文化」の再構成

　第1章で触れたように、芸術文化とは、文学、音楽、美術、演劇、舞踊、伝統芸能、映画等の各ジャンルを含み、文化の精華として、その"上部構造"を形づくるものである。

　これまで芸術文化は、「文化の振興と普及」の中の〈芸術の振興〉において、専らその対象ジャンルが想定されてきた。具体的には、明治以降に欧米から伝来したオーケストラ、オペラ、バレエ、現代舞踊、現代演劇などの現代舞台芸術や、近現代美術、近現代文学などを典型として

- 225 -

いた。すなわち、主として "近現代文化" を中心として捉えられてきたということができる。

　また、この意味での芸術文化に係る活動は、民間の文化芸術団体等が主体であるため、それへの支援、すなわち支援行政が中心であった。そして、支援行政において実現しようとする内容は、これら芸術文化の創造・発展にあることは前述したとおりである。なお、「文化の振興と普及」の中の〈文化の普及〉にも、これら芸術文化の普及が含まれていることはいうまでもない。

　一方、「文化財の保護」の領域においても、芸術文化として捉えられるべき類型が存在する。有形文化財は、歴史上又は芸術上価値の高い建造物、絵画、彫刻、工芸品、書跡、典籍、古文書のほか、考古資料、学術上価値の高い歴史資料からなり、これらは、おおむね芸術文化の範疇に整理されるものである。また、無形文化財は、歴史上又は芸術上価値の高い伝統芸能、工芸技術で、これらも芸術文化として捉えられる。従って、"伝統的文化" である有形文化財と無形文化財は、芸術文化の広範なジャンルを含んでおり、従って、これらも芸術文化の範疇に加えるのが適当である。

　冒頭の芸術文化の定義の中にも伝統芸能が含められており、また、音楽には邦楽が、舞踊には、西洋伝来のバレエ、現代舞踊のほか、日本舞踊、琉球舞踊などの伝統的な舞踊が入っていることはいうまでもない。美術に関しても、現代工芸展、新工芸展と並んで、伝統工芸展が、美術の公募展として大きな存在となっている。

　文化財については、前述のように保護行政によっており、また、保護行政において実現しようとする内容は、専らこれら文化財の保存・継承にある。従って、創造・発展の方向には、これまであまり目が向けられなかったといえる。しかしながら、有形文化財と無形文化財が、芸術文化の範疇で捉えられる以上、この両類型の文化財については、創造・発展の方向も考えていく必要があろう。

　以上のことから、"近現代文化" を構成するジャンルと、"伝統的文化" を構成する芸術系の文化財の類型は、新たな「芸術文化」として再構成することが適当と考えられる。それは、芸術文化を、過去から現在まで一連の流れとして認識することである。そして、そのような流れの中に

芸術文化を包括することによって、歴史的過程を踏まえた芸術文化の全体的な把握が可能となる。また、それは、保存・継承による過去の芸術文化の蓄積の上に立って、今日の芸術文化の創造・発展を促すとともに、将来の芸術文化の新たな展開の方向を示すことになるであろう。

1－2 「生活文化」の再認識

　国（＝文化庁）の文化政策において、生活文化とは、茶道、華道、香道、礼法等の生活芸術と、盆栽、盆石、錦鯉、料理、服飾、室内装飾等の生活全般にわたる文化をいうものとして、種類別に把握されてきた。これらは、生活文化の"表層"を形づくるものといえる。一方、前述したように、かつての文化庁の文化政策推進会議は、生活文化の"包括概念"として、「人が生活するに当たって限られた時間・空間・ものを使って織りなす暮らしのスタイル」と定義していた[17]。

　これらに対し、いわゆる自治体文化行政では、生活文化をまちづくりまで含む広い観点から捉えている。しかし、この意味での生活文化は、住民の生活環境全般、換言すれば後述する環境文化まで含むことになり、あまりに広範多岐にわたることになる。このため、生活文化は、環境文化に相当する部分を避け、専ら人間の日常的な活動を中心に捉えることが適当と考えられる。そのような観点に立てば、上記の"包括概念"の範囲にとどめられることとなる。

　また、従来、生活文化と国民娯楽とは分けて考えられてきた。しかし、国民娯楽は、優れて生活文化の一部をなすものである。すなわち、あえて区別せずとも、生活文化の内容として捉えられるものである。このため、冒頭の生活文化を構成する各"種類"の中に、国民娯楽も加えたものとすることが適当である。

　ところで、文化財のうち民俗文化財は、それぞれの地域の風土、歴史、社会の中で、日常生活の必要性から創り出されてきたものであり、それまでの国民の生活の在り方を示す基盤となる文化である。具体的には、衣食住、生業、信仰、年中行事等に関する風俗慣習、民俗芸能、民俗技術（無形の民俗文化財）と、これらに用いられる衣服、器具、家屋その他の物件（有形の民俗文化財）とされている。すなわち、民俗文化財は、"生活の推移の理解"という観点から捉えられ、いわば生活の"基層"

を形づくるものであり、従って、生活文化の重要な一環をなすものといえる。

　従来、"表層文化"としての生活文化は、「文化の振興と普及」の対象領域の中に位置付けられ、支援行政として振興と普及が図られてきた。それは、創造・発展に重点が置かれていることはいうまでもない。一方、"基層文化"としての生活文化は、「文化財の保護」の対象領域の中に位置付けられ、保護行政として発現されてきた。そして、それは、保存・継承が中心となっている。

　そもそも、生活文化は、人間の"日常的な生活"に由来する以上、時間とともに変化していく。民俗文化財の"生活の推移の理解"という判断基準そのものに、変化が想定されている。従って、"基層文化"として現在の生活に引き継がれているもの、引き継がれていないが生活の推移の理解に必要なもの、"表層文化"として今日の生活に息づいているものすべてを含め、過去から現在までを包括的に把握することが求められる。

　すなわち、「生活文化」については、冒頭の各種類（国民娯楽も含む）の"表層文化"と"基層文化"である民俗文化財を包括し、再認識することが必要と考えられる。

1－3　「環境文化」の新措定

　有形文化財の建造物、記念物（史跡、名勝、天然記念物）、伝統的建造物群及び文化的景観は、天然記念物の一部を除き、いずれも不動産文化財である。

　建造物は、おおむね単体であるが、記念物には、個々の物件から一定の面的な広がりのあるものまで含まれる。伝統的建造物群は、周囲の環境と一体をなして歴史的風致を形成している歴史的な集落・町並みであり、文化的景観は、地域における人々の生活又は生業及び当該地域の風土により形成された景観地である。この二つは、いずれも広域的な広がりを持つ区域である。

　また、これら不動産文化財の指定又は選定の観点は、次のとおりである。すなわち、建造物はおおむね芸術的観点、名勝は芸術的・観賞的観点、史跡と天然記念物は学術的観点、伝統的建造物群は芸術的・学術

的・環境的観点、文化的景観は生活的・環境的観点から指定又は選定されている。

さらに、これら指定又は選定の観点と指定又は選定の対象範囲には、次のような相関関係が見られる。芸術的観点（建造物）からは優品主義となり、対象範囲は狭くなる（単体）。観賞的・学術的観点（名勝、史跡、天然記念物）からは、その範囲はある程度広くなる。そして、生活的・環境的観点（伝統的建造物群、文化的景観）に立てばより広域的となり、場合によっては当該地域全体が関係してくる。

このように、価値基準と面的な広狭は密接に関連しているが、いずれにしても不動産文化財は、地域環境の重要な構成要素となっている。いわば、地域の人文的景観及び自然的景観の一部ないしその主要な部分を形づくるものと見なしてよいであろう。

とりわけ、史跡については、近年は遺跡公園としての整備が進むとともに、これら遺跡を附置した博物館の設置や、地区全体に博物館施設を展開する例も見られる。前者は、博物館がフィールドを持つことを意味し、後者は、いわゆるエコミュージアムの発想により、地域の歴史的・文化的遺産を積極的に景観形成に取り込み、博物館機能と一体となったまちづくりとなって展開している。

一方、設置者行政の対象である文化芸術施設（劇場・音楽堂等、美術館・博物館等）は、主として都市地域に立地するが、これらの存在自体が、都市景観の重要な構成要素をなしている。文化芸術施設の立地は、初期の単発的で孤立した「点」としての設置から、次第に、一定のエリアの再開発のため、文化施設と商業施設を複合したり、異分野の文化施設を群としてまとめたりする「面」の形に発展していった。そして、文化芸術施設の持つシンボル性は、当該地域の風景に文化的な彩りを与えるに至っている。

すなわち、文化芸術施設は、それが展開するソフト事業も含め、都市景観形成の主要な一翼を担うものとなっている。

以上のとおり、不動産文化財や文化芸術施設は、地域ないし都市の風景・景観の重要な構成要素であり、その活用や事業展開と相まって、"環境文化"を形成している。このため、今後は、このような「環境文化」の概念を新たに措定することが適当と考えられる。

2 「二元的把握」に関する課題

2−1 「創造・発展」と「保存・継承」の"連続性"

　第1章で述べたように、支援行政にあっては「創造・発展」を、保護行政にあっては「保存・継承」を作用（＝実現の内容）とするが、一部の文化財にあっては、両者の間の"連続性"が求められる。

　無形文化財として保存・継承の対象となる人間の"わざ"は、歴史のある時点でその芸術性が完成されたと見なされるものである。このため、例えば、国立劇場では、古典伝承のままの姿により、できるだけ広く、各種の伝統芸能の演出や技法を尊重しながら、その正しい維持と保存を図ることとしている[18]。しかし、それぞれの公演にあっては、その都度創意工夫が加えられていることはいうまでもない。また、創意工夫がなければ、社会の変化や時代の要請に対応できないであろう。

　このことは、伝統工芸でも同様といえる。すなわち、「伝統とは、日本伝統工芸展の開催（1954年）や、重要無形文化財保持者（人間国宝）の認定（1955年）にともなって、戦後、新たに確立されてきた工芸の新しいカテゴリーなのである」といわれるように[19]、単なる伝統の保存・継承にとどまらず、新たな創造・発展と表裏一体のものとして捉えられている。

　その意味で、無形の文化財にあっては、保存・継承と創造・発展は紙一重の間にあり、保存・継承の上に創造・発展の側面が、毎回架上されているといっても過言ではない。

　無形の民俗文化財である民俗芸能も、地域社会の変化に伴って常に変容しており、また、演じられるたびに新たなものが付加されているといってよい。重要無形文化財に指定されている民俗芸能は、①神楽（かぐら）、②田楽（でんがく）、③風流（ふりゅう）、④語り物・祝福芸、⑤延年（えんねん）・おこない、⑥渡来芸・舞台芸、⑦その他、の七分野で極めて多岐にわたっている。

　これらの地域に根ざした民俗芸能は、農山漁村の過疎化が進行した地域に存在していることが多く、本来の伝承基盤が揺らぎつつある。それを補うための工夫が凝らされているが、それとともに民俗芸能そのものが変貌をきたしている。また、近年では、本来それが演じられる場所（社

－ 230 －

寺の境内等）から離れ、劇場・ホールで上演されることも多くなっており、そのような舞台化に伴う変化も見られる。しかし、そこでは、新たな創意工夫による創造・発展の側面があることを見逃すことができない。不動産文化財である文化的景観の保存・継承は、景観全体のインテグリティ（完全性）の維持にあるが、それを構成する資産は常に変化していくとともに、地域の新たな景観形成を担っているという点で創造・発展の側面を有している。伝統的建造物群も、これに近い性格を持っている。また、記念物については、保存・継承に重点が置かれているものの、これも景観形成の一翼を担っており、その意味で創造・発展の側面を有している。

　以上のように、無形の文化財では、創造・発展と保存・継承は切り離し難く結び付いており、不動産文化財も、地域の景観形成という創造・発展の側面を担っている。従って、これらの文化財については、「保存・継承」と「創造・発展」の"連続性"に留意した観点からの政策的配慮が必要となるであろう。

２－２　「給付行政」と「規制行政」の"近接性"

　文化政策の対象領域「文化の振興と普及」では、文化芸術団体等に対する支援行政や文化芸術施設等に係る設置者行政、すなわち「給付行政」がその中核となっている。そして、前述したように、行政法学における一般的な見解としては、文化芸術に対する給付に関する権利性は希薄であると解されている[20]。しかし、そのような権利性の厚薄にかかわらず、給付行政は、行政過程全体の中において、その適切な形成と発動が求められる。

　給付行政は、非権力的公行政であるが故に、規制行政のように必ずしも法律の留保を要しない。すなわち、給付行政にあっては、事実上の行政（予算）措置として実施されていることが多く、従って、行政作用上の行政行為（処分）として現れる場合は少ない。しかし、文化政策にあっては、行政計画の内容として盛り込まれ、行政上の契約の対象及び内容をなすほか、行政指導として発現する例も少なくない。このため、行政過程全体の流れの中に適切な"統制"を組み込むことによって、その運用の適正を期することが求められる。換言すれば、行政作用としての側

面では、相手方に対し適正な手続きにより行われることが要請されるといえる[21]。

　一方、対象領域「文化財の保護」における保護行政では、「規制行政」としての面が強く現れ、行政行為（処分）を中核とする行政法の一般原則が適用される。すなわち、文化財の保護は、重要文化財等の指定等（行政行為（処分）としてなされる）に伴い、その所有者等に一定の受任義務を負わせるものであり、規制行政の典型といえる。しかし、文化政策の観点からは、規制行政にも相応の修正を試みることが求められる。それは、文化政策は、原則的には規制行政になじまない政策分野であり、保護行政にあっても、行政行為（処分）の発動を最小限にとどめる必要があることによる。

　文化財保護法は、重要文化財の指定等及びこれらの解除等を行うに当たっては文部科学大臣が、その他の保護法に規定されている命令については文化庁長官が、あらかじめ文化審議会に諮問しなければならないとし（第153条第1項、第2項）、一部の事項については聴聞を行わなければならないとしている（第154条）。これらは、一定の手続きを経ることで、規制行政の適正な発動とその抑制を求めたものと考えられる。また、重要文化財等の指定が相手方の同意を得て行われ、文化的景観や伝統的建造物群の選定が、住民の意思を基礎に置く地方公共団体の申出に基づいているのも、規制行政に対する事実上の抑制措置であるといえる。

　また、「文化財の保護」の領域でも、前述したとおり、設置者行政は、給付行政としての性格を持っている。
このようなことから、「文化財の保護」の領域では、抑制された規制行政（＝保護行政）と給付行政（＝設置者行政）が混在していると見てよいであろう。

　以上のとおり、「給付行政」における適正手続きの必要性、「規制行政」における抑制的な発動の要請、文化財の保護における両者の混在という実態から、両者の距離の"近接性"を踏まえた政策展開が必要と考えられる。

2－3　「管理・運営」における二系列の"融合"

　前述したように、設置者行政は、文化芸術の振興・普及を図るため、国又は地方公共団体が、文化芸術機関（文化芸術施設、文化芸術団体）を設置し、その「管理・運営」を図る形態の行政をいう。文化芸術機関は、文化政策の二大対象領域である「文化の振興と普及」、「文化財の保護」を具体化するために設置され、管理・運営されている。

　例えば、新国立劇場及び国立美術館は、欧米起源の芸術文化を含め多様な展開をしている"近現代文化"（現代舞台芸術、近現代美術等）の創造・発展を担い、国立劇場及び国立博物館は、我が国固有の"伝統的文化"（伝統芸能、古典美術等）の保存・継承を担うものとなっている。その意味では、国立の文化芸術施設は、二大領域に対応して機能的にも分化している。

　しかし、設置者行政の本質は、「管理・運営」という価値中立的な作用面にある。従って、国立劇場であるか新国立劇場であるか、国立博物館であるか国立美術館であるかを問わず、管理・運営に関する限り共通した作用として発現すると考えてよい。

　なお、地方公共団体が設置する文化芸術施設では、対象（"近現代文化"か"伝統的文化"か）による機能分化は国立の施設ほど明確でなく、一つの施設で過去から現代までを通じた公演・展示を行う例が多く見られる。また、公立の文化芸術施設における設置者行政の本質的な機能も、管理・運営という作用面にあることはいうまでもない。

　冒頭で触れたように、設置者行政は、文化政策の二大領域に関係し、そのため、支援行政、保護行政とは別異のものではあるが、これらと連動し、又はこれらを包含することもあり得る。また、第1章第2節で述べたように、「管理・運営」とは、設置者行政において示された文化芸術機関の理念・目的・目標の実現を図ることを主体とする作用と定義されるが、それはまた、アートマネジメントそのものでもある。すなわち、文化政策の発現形態とアートマネジメントは、この管理・運営という作用面において交錯し、その限りにおいて、管理・運営は、アートマネジメントとして捉えることができる。

　第1章第2節で述べたように、アートマネジメントには広狭二義がある。再説すれば、狭義には、文化芸術機関及びこれらが実施する文化芸

術活動に係る管理・運営（＝経営）をいい、広義には、文化芸術活動をめぐる三要素としての芸術家等の創造性、聴衆を中心とする社会、これらを支える資本の、それぞれの間の連携・接続の機能全般をいう。

　そして、とりわけ今日求められているのは、文化芸術機関がいかに適切に管理され、文化芸術活動がいかに効果的に運営されているかについての具体的な方法論である。具体的な方法論である限り、その性格は価値中立的であり、従って、二大領域のいずれにも共通する作用といえる。

　すなわち、「設置者行政」にあっては、「文化の振興と普及」⇒"近現代文化"の「創造・発展」と、「文化財の保護」⇒"伝統的文化"の「保存・継承」の二系列が、公演（劇場・音楽堂等）又は展示（美術館・博物館等）という営為を具体化する「管理・運営」という作用面において"融合"されていると考えてよいであろう。

3　文化政策の新たな枠組みの構築に向けて

3－1　文化の新たな三態様を基礎とする把握

　第1章第1節で見た文化の新たな三態様は、次のような内容及び構造として把握される。

　まず、「環境文化」については、山、川、丘、沼、湖、田園、町並みなどの「風景・景観」がすべて含まれる。これらは、"歴史への照射"と"文化的な意味付け"がなされることによって環境文化として成立する。

　環境文化の構成要素には、本節第1項で触れた不動産文化財や文化芸術施設などからなる歴史的景観・都市景観のほか、近隣の自然と小生態系を含む人文的景観がある。近年、文化的景観が文化財の類型とされ、棚田や里山などの田園景観にも目が向けられるようになった。近隣の自然は、そこに生息する動物や生育する植物の小生態系（ビオトープ）を形成している。都市化の波は、一旦これらの人文的景観を破壊したが、近年ようやくその重要性が再確認されている。

　次に、「生活文化」は、生活主体の「生活・行動」全般に関わるものとして捉えられる。そこでは、活気に溢れる"殷賑と交流"が見られると同時に、自適の境地に遊ぶ"静寂と安寧"も求められている。また、

第 6 章　文化政策をめぐる課題

社会の表に流通する "表層文化" と、その底に沈潜する "基層文化" が、互いに層をなしている。

表層文化は、茶道、華道などの生活芸術や、盆栽、料理、服飾、室内装飾などの生活文化であり、広く社会の表層に息づいている。国民娯楽も、これに含められる。基層文化は、おおむね民俗文化財が該当する。民俗文化財は、風俗慣習、民俗芸能、民俗技術（無形の民俗文化財）と、これに供される衣服、器具、家屋等（有形の民俗文化財）からなる。これらは、現代の生活にとっては過去のものとなっているが、社寺の祭礼や民俗芸能は地域社会に根付き、折に触れて生活に彩りを添えている。

最後の「芸術文化」には、芸術文化各ジャンルに加え、芸術文化の創造活動そのものと、それが発現される場である文化芸術施設の管理・運営、すなわちマネジメントも含まれる。

芸術文化各ジャンルの内容は、明治以降に導入されたオーケストラ、オペラ、バレエ、現代舞踊等の現代舞台芸術や、近現代文学、近現代美術等を中心とする "近現代文化" と、芸術系の文化財を主体とする "伝統的文化" からなる。前述したように、芸術系の文化財には、歴史上又は芸術上価値の高い建造物、絵画、彫刻、工芸品、書跡等の有形文化財と、歴史上又は芸術上価値の高い伝統芸能、工芸技術等の無形文化財が該当する。従来、これらは "文化財" として位置付けられるのみで、「芸術文化」としては捉えられなかった。近現代文化と伝統的文化の違いはあるが、同じ芸術文化として把握すべきものである。

以上の文化の三態様の相互関係は、環境文化を "基盤構造"、生活文化を "中間構造"、芸術文化を "上部構造" とする三層構造として理解される。ただし、三態様相互の間の優劣を意味しているのではなく、社会における文化の存在形態として捉えたものである。

従来の二元構造においては、芸術文化政策と文化財政策が、手法的にも性格的にも異なるものとして運用されてきた。しかし、この三態様を基礎とし、《環境文化の醸成》、《生活文化の形成》、《芸術文化の振興》を図っていくことを考えるべきであろう。

3－2　二元構造の相対化

前節で見てきたように、無形の文化財については、創造・発展と保

－ 235 －

存・継承は切り離し難く関連し、不動産文化財についても、地域の景観形成という観点から創造・発展の側面を担っている。

　伝統芸能は、歴史のある時点で完成された芸術性を将来に維持・継続していくことをねらいとしているが、それとともに、新たな演出や創作が行われないと時代や社会の変化の波に耐えることができず、新たな発展を期することもできない。工芸技術の維持・継承をねらいとした日本伝統工芸展への出品作品は、前述のように「工芸の新たなカテゴリー」と形容されているほうに、過去に完成された芸術性を乗り越えた展開が見られる。不動産文化財による地域の景観形成に至っては、日々、変容・発展を伴っているといえる。

　従って、これらの文化財においては、保存・継承と創造・発展は"連続"したものとして捉える必要がある。

　また、給付行政における適正手続きの必要性、規制行政における抑制的な発動の要請、文化財の保護の領域における両者の混在という実態は、文化政策において、給付行政と規制行政の距離が、他の政策ほど大きくないことを示している。

　芸術文化に係る給付行政において、手続きの適正を期するためには、行政側にその厳格さが求められると同時に、受け手側である文化芸術団体等にも、定められた手続きに則って、助成金の申請、受領をすることが要請される。すなわち、両者ともに一定の手続きを踏むことが要求され、その意味で、手続き上の制約が増すことは避けられない。他方、文化財に係る規制行政では、できるだけその抑制が図られようとしている。

　このことは、芸術文化＝近現代文化＝給付行政、文化財＝伝統的文化＝規制行政、という図式がそれほど鞏固なものではないことを意味する。文化政策においては、規制行政と給付行政の"近接性"に配慮する必要があると考えられる。

　さらに、設置者行政にあっては、「文化の振興と普及」＝近現代文化の創造・発展も、「文化財の保護」＝伝統的文化の保存・継承も、文化芸術施設の「管理・運営」という作用面では、ほとんど違いは見られない。

　前述したように、管理・運営とは、文化芸術機関等を適切かつ効果的に運営するための具体的な方法論（狭義のアートマネジメント）であり、価値中立的な概念である。

第6章　文化政策をめぐる課題

　すなわち、管理・運営という作用面は、二元構造のいずれにあっても同じであり、逆にいえば、二元構造は、管理・運営という作用面で"融合"されているといってよい。

　以上のような、無形の文化財・不動産文化財における保存・継承と創造・発展の"連続性"、文化政策における給付行政と規制行政の"近接性"、設置者行政における管理・運営面での二元構造の"融合"という実態は、「文化の振興と普及」⇒「支援行政」⇒「創造・発展」⇒「給付行政」の系列と、「文化財の保護」⇒「保護行政」⇒「保存・継承」⇒「規制行政」の系列による二元構造が、必ずしも絶対的なものではないことを示している。従って、この二元構造は、今後、相対化して捉えることを考える必要がある。

3－3　新たな枠組みへの布石

　これまで見たように、現在の文化政策は、二大対象領域である「文化の振興と普及」と「文化財の保護」を基礎とする二元構造からなっている。これは、明治以来の我が国の文化政策の成立の経緯からしてそれなりの合理性があり、現実の文化行政組織も、これに沿った構成で運営されている。

　すなわち、明治以降の我が国においては、欧米近代文明を普遍的存在と観念し、これに歩調を合わせる方向と、我が国の伝統文化の固有性を想起し、確認しようとする方向が、文化政策の場で微妙に交錯していた。対象によって関わり方に濃淡があるものの、この二つの方向は、文化政策の二面性となって現在に至った[22]。そして、前者の方向が「文化の振興と普及」の領域、後者の方向が「文化財の保護」の領域となっている。

　しかし、このような二元構造では、文化の捉え方も"近現代文化"と"伝統的文化"に分断され、その間の連続性が考慮されないことになる。文化は、過去から現在へ、現在から未来へと、一連の流れとなって継承され、創造されていくものであり、明治維新からすでに一世紀半になろうとしている今日、このような"近現代文化"と"伝統的文化"を区分する固定的な観念から脱却することが必要である。

　明治初期の芸術文化政策は、前述した欧米を基準とする普遍化の方向と、伝統を踏まえた明治以来の"伝統的文化"を総合する時期にきてい

るといえよう。前項に見たように、二元構造そのものが必ずしも絶対的なものではなくなっており、両者を相対化して捉えることを考える必要がある。

そのためには、次のような点に留意する必要がある。

第一は、これまで述べてきたように、文化の概念を、新たな「芸術文化」、「生活文化」、「環境文化」の三態様に再編成し、それぞれの中で、「創造・発展」と「保存・継承」を総合することである。それは、新たな文化の三態様それぞれにおいて、近現代文化と伝統的文化を統合することを意味する。

第二は、「給付行政」と「規制行政」を統合した、文化政策としての新たな理論の構築を図ることである。すでに両者の現実の接近が見られることを考えれば、このことを理論化することが今後の課題であろう。

第三は、「管理・運営」という価値中立的な作用面（換言すれば、狭義のアートマネジメント）から、二元構造の相対化に努めるべきであろう。管理・運営は、二元構造に共通する作用であることは前に見たとおりである。

なお、以上のことは、現実の文化政策の枠組みを、直ちに白紙に戻すことを意味するものではない。これまでの二元構造にそれなりの合理性があることは、第1章でも見たとおりである。

しかし、以上のような再編成を試みることが、現在の二元構造では説明が困難な点を補い、空白の部分を埋めることにつながる。そしてまた、遠い将来、新たな枠組みを構築していく際の布石となるであろう。

注

1　基本法前文の第1段落。

2　第一次基本方針の「第1 文化芸術の振興の基本的方向」の「1. 文化芸術の振興の必要性」。なお、この第一次基本方針の五項目は、これに先立つ文化審議会答申「文化を大切にする社会の構築について〜一人一人が心豊かに生きる社会を目指して」（2002年4月24日答申）にその淵源がある。同答申は、文化の機能・役割として、①人間と文化〜人間らしく生きるために、②社会と文化〜共に生きる社会を作るために、③経済と文化〜より質の高い経済活動の実現のために、④科学技術・情報化と文化〜人類の真の発展のために、⑤グローバル化と文化〜世界平和のために、の五項目を挙げ、詳細な説明を加えている。この各項目の副題が、第一次基本方針の五項目の表題に置き換えられ、その内容が、要約・収斂されて第一次基本方針に取り込まれている。その意味で、基本法、第一次基本方針の公共性についての考え方の淵源は、この答申が背景となっている。

3　ただし、第一次基本方針における詳細な説明とは異なり、第二次基本方針からは項目の列記にとどまっている。

4　第三次基本方針では、「第1 文化芸術振興の基本理念」の「2. 文化芸術振興に当たっての基本的視点」の「(2) 基本的視点」の「①成熟社会における成長の源泉」の中で、第四次基本方針では、「第1 社会を挙げての文化芸術振興」の「2. 文化芸術振興の基本理念等」の「(3) 基本的視点」の［公共財・社会包摂の機能・公的支援の必要性］の中で言及されている。なお、第四次基本方針で付加された①は、第三次基本方針の表題をそのまま転用したものといえる。

5　なお、文化芸術は、「公共財」というより「準公共財」とするのが正しい。注11参照。

6　内田新「文化財保護法概説 (1)」『自治研究（第58巻第4号）』第一法規、1982年、pp.42-66及び「文化財保護法概説 (2)」『自治研究（第58巻第7号）』第一法規、1982年、pp.42-75。なお、同氏は、本文のような見解を示しつつも、「無形の文化財を「含めることは無理」があるとして、無形の文化財は除いているもののようである。

7　林迪廣・江頭邦道『歴史的環境権と社会法』法律文化社、1984年。

8　椎名慎太郎「第1部 文化財保護法・学術法」椎名慎太郎・稗貫俊文『文化・学術法』ぎょうせい、1986年、p.3。

9　「3. 基本的な考え方」の「(1) 音楽、舞踊、演劇、伝統芸能、大衆芸能等の文化芸術の役割等」及び「4. 法的基盤の内容として考えられる事項」。

10　「3. 基本的な考え方」の「(2) 劇場、音楽堂の機能等」。

11　公共財とは、不特定多数の個人が享受できる財・サービス（道路、公園、義務教育、防災等）であり、準公共財とは、特定多数の個人が享受できる財・サービス（有料道路、有料公園、高等教育、救急医療サービス等）である。文化芸術の創造・発展、保存・継承のために設置されている劇場、音楽堂等は、それに興味と関心のある個人が享受できるという意味で準公共財と見なされる。

12　W.J. ボウモル・W.G. ボウエン著、池上惇・渡辺守章監訳『舞台芸術 芸術と経済のジレンマ』芸団協出版部、1994年、pp.496-500。

13　以上の諸家の説のまとめは、後藤和子編『文化政策学―法・経済・マネジメント―』有斐閣コンパクト、2001年、pp.53-58によっている。

14 池上惇・後藤和子「第1章 文化政策の過去・現在・未来」池上惇他編『文化政策入門―文化の風が社会を変える―』丸善、2001年、pp.36-37。後藤和子『芸術文化の公共政策』勁草書房、1998年、p.114。後藤和子編・前掲書、pp.68-69。池上惇・植木浩・福原義春編『文化経済学』有斐閣、1998年、p.12。

15 後藤和子『文化と都市の公共政策』有斐閣、2005年、p.51。池上惇『文化と固有価値の経済学』岩波書店、2003年、p.51。池上惇・植木浩・福原義春編・前掲書、p.74。

16 『新版新法律学辞典』有斐閣、1967年。

17 文化庁・文化政策推進会議報告「文化政策推進会議審議状況について」1992年、p.43。

18 独立行政法人日本芸術文化振興会・各年の『要覧』。

19 木田拓也「『工芸館』の誕生：『近衛師団司令部庁舎』の再生と谷口吉郎」東京国立近代美術館『工芸館開館30周年記念展Ⅰ 工芸館30年のあゆみ』、2007年、p.177 。

20 例えば、村上武則編『応用行政法〔第二版〕』有信堂高文社、2001年、p.8、pp.14-16、pp.19-20。

21 根木昭『文化政策学入門』水曜社、2010年、pp.41-42、pp.68-71。根木昭『文化行政法の展開』水曜社、2005年、pp.35-38。

22 根木昭『文化政策学入門』水曜社、2010年、p.29。

参考資料

　本文において頻出する下記の法律等（一部抜粋）を参考資料として収録する。

- ・日本国憲法（昭和21年11月3日憲法）（抄）【第2章、第3章関係】
- ・文部科学省設置法（平成11年7月16日法律第96号）【第1章、第2章、第3章関係】
- ・文化芸術振興基本法（平成13年12月7日法律第148号）【第1章、第2章、第3章、第6章関係】
- ・文化芸術の振興に関する基本的な方針（第4次基本方針）（平成27年5月22日閣議決定）（抄）【第4章、第6章関係】
- ・地方自治法（昭和22年4月17日法律第67号）（抄）【第2章、第5章関係】
- ・劇場、音楽堂等の活性化に関する法律（平成24年6月27日法律第49号）【第5章、第6章関係】
- ・劇場、音楽堂等の事業の活性化のための取組に関する指針（平成25年文部科学省告示第60号）【第5章関係】

日本国憲法
（昭和21年11月3日憲法）（抄）

第3章　国民の権利及び義務（抄）

　第13条　すべて国民は、個人として尊重される。生命、自由及び幸福追求に対する国民の権利については、公共の福祉に反しない限り、立法その他の国政の上で、最大の尊重を必要とする。

　第19条　思想及び良心の自由は、これを侵してはならない。

　第20条　信教の自由は、何人に対してもこれを保障する。いかなる宗教団体も、国から特権を受け、又は政治上の権力を行使してはならない。

　　○2　何人も、宗教上の行為、祝典、儀式又は行事に参加することを強制されない。

　　○3　国及びその機関は、宗教教育その他いかなる宗教的活動もしては

ならない。

第 21 条　集会、結社及び言論、出版その他一切の表現の自由は、これを保障する。

　　○ 2　検閲は、これをしてはならない。通信の秘密は、これを侵してはならない。

第 23 条　学問の自由は、これを保障する。

第 25 条　すべて国民は、健康で文化的な最低限度の生活を営む権利を有する。

　　○ 2　国は、すべての生活部面について、社会福祉、社会保障及び公衆衛生の向上及び増進に努めなければならない。

第 5 章　内閣（抄）

第 65 条　行政権は、内閣に属する。

文部科学省設置法
（平成 11 年 7 月 16 日法律第 96 号）（抄）

第 2 章　文部科学省の設置並びに任務及び所掌事務（抄）
第 2 節　文部科学省の任務及び所掌事務

（任務）

第 3 条　文部科学省は、教育の振興及び生涯学習の推進を中核とした豊かな人間性を備えた創造的な人材の育成、学術及び文化の振興、科学技術の総合的な振興並びにスポーツに関する施策の総合的な推進を図るとともに、宗教に関する行政事務を適切に行うことを任務とする。

　　2　前項に定めるもののほか、文部科学省は、同項の任務に関連する特定の内閣の重要政策に関する内閣の事務を助けることを任務とする。

　　3　文部科学省は、前項の任務を遂行するに当たり、内閣官房を助けるものとする。

（所掌事務）

第 4 条　文部科学省は、前条第一項の任務を達成するため、次に掲げる事

務をつかさどる。

一　豊かな人間性を備えた創造的な人材の育成のための教育改革に関すること。

二　生涯学習に係る機会の整備の推進に関すること。

三　地方教育行政に関する制度の企画及び立案並びに地方教育行政の組織及び一般的運営に関する指導、助言及び勧告に関すること。

四　地方教育費に関する企画に関すること。

五　地方公務員である教育関係職員の任免、給与その他の身分取扱いに関する制度の企画及び立案並びにこれらの制度の運営に関する指導、助言及び勧告に関すること。

六　地方公務員である教育関係職員の福利厚生に関すること。

七　初等中等教育（幼稚園、小学校、中学校、義務教育学校、高等学校、中等教育学校、特別支援学校及び幼保連携型認定こども園における教育をいう。以下同じ。）の振興に関する企画及び立案並びに援助及び助言に関すること。

八　初等中等教育のための補助に関すること。

九　初等中等教育の基準の設定に関すること。

十　教科用図書の検定に関すること。

十一　教科用図書その他の教授上用いられる図書の発行及び義務教育諸学校（小学校、中学校、義務教育学校、中等教育学校の前期課程並びに特別支援学校の小学部及び中学部をいう。）において使用する教科用図書の無償措置に関すること。

十二　学校保健（学校における保健教育及び保健管理をいう。）、学校安全（学校における安全教育及び安全管理をいう。）、学校給食及び災害共済給付（学校の管理下における幼児、児童、生徒及び学生の負傷その他の災害に関する共済給付をいう。）に関すること。

十二の二　公認心理師に関する事務のうち所掌に係るものに関すること。

十三　教育職員の養成並びに資質の保持及び向上に関すること。

十四　海外に在留する邦人の子女のための在外教育施設及び関係団体が行う教育、海外から帰国した児童及び生徒の教育並びに本邦に在留する外国人の児童及び生徒の学校生活への適応のための指導に関

すること。

十五　大学及び高等専門学校における教育の振興に関する企画及び立案並びに援助及び助言に関すること。

十六　大学及び高等専門学校における教育のための補助に関すること。

十七　大学及び高等専門学校における教育の基準の設定に関すること。

十八　大学及び高等専門学校の設置、廃止、設置者の変更その他の事項の認可に関すること。

十九　大学の入学者の選抜及び学位の授与に関すること。

二十　学生及び生徒の奨学、厚生及び補導に関すること。

二十一　外国人留学生の受入れの連絡及び教育並びに海外への留学生の派遣に関すること。

二十二　政府開発援助のうち外国人留学生に係る技術協力に関すること（外交政策に係るものを除く。）。

二十三　専修学校及び各種学校における教育の振興に関する企画及び立案並びに援助及び助言に関すること。

二十四　専修学校及び各種学校における教育の基準の設定に関すること。

二十五　国立大学（国立大学法人法（平成十五年法律第百十二号）第二条第二項　に規定する国立大学をいう。）及び大学共同利用機関（同条第四項　に規定する大学共同利用機関をいう。）における教育及び研究に関すること。

二十六　国立高等専門学校（独立行政法人国立高等専門学校機構法（平成十五年法律第百十三号）第三条　に規定する国立高等専門学校をいう。）における教育に関すること。

二十七　国立研究開発法人宇宙航空研究開発機構における学術研究及び教育に関すること。

二十八　私立学校に関する行政の制度の企画及び立案並びにこれらの行政の組織及び一般的運営に関する指導、助言及び勧告に関すること。

二十九　文部科学大臣が所轄庁である学校法人についての認可及び認定並びにその経営に関する指導及び助言に関すること。

三十　私立学校教育の振興のための学校法人その他の私立学校の設置者、地方公共団体及び関係団体に対する助成に関すること。

三十一　私立学校教職員の共済制度に関すること。

三十二　社会教育の振興に関する企画及び立案並びに援助及び助言に関すること。

三十三　社会教育のための補助に関すること。

三十四　青少年教育に関する施設において行う青少年の団体宿泊訓練に関すること。

三十五　通信教育及び視聴覚教育に関すること。

三十六　外国人に対する日本語教育に関すること（外交政策に係るものを除く。）。

三十七　家庭教育の支援に関すること。

三十八　公立及び私立の文教施設並びに地方独立行政法人が設置する文教施設の整備に関する指導及び助言に関すること。

三十九　公立の文教施設の整備のための補助に関すること。

四十　学校施設及び教育用品の基準の設定に関すること。

四十一　学校環境の整備に関する指導及び助言に関すること。

四十二　青少年の健全な育成の推進に関すること（内閣府の所掌に属するものを除く。）。

四十三　科学技術に関する基本的な政策の企画及び立案並びに推進に関すること（内閣府の所掌に属するものを除く。）。

四十四　科学技術に関する研究及び開発（以下「研究開発」という。）に関する計画の作成及び推進に関すること。

四十五　科学技術に関する関係行政機関の事務の調整に関すること（内閣府の所掌に属するものを除く。）。

四十六　学術の振興に関すること。

四十七　研究者の養成及び資質の向上に関すること。

四十八　技術者の養成及び資質の向上に関すること（文部科学省に置かれる試験研究機関及び文部科学大臣が所管する法人において行うものに限る。）。

四十九　技術士に関すること。

五十　研究開発に必要な施設及び設備（関係行政機関に重複して設置することが多額の経費を要するため適当でないと認められるものに限る。）の整備（共用に供することを含む。）、研究開発に関する情

報処理の高度化及び情報の流通の促進その他の科学技術に関する研究開発の基盤の整備に関すること。

五十一　科学技術に関する研究開発に係る交流の助成に関すること。

五十二　前二号に掲げるもののほか、科学技術に関する研究開発の推進のための環境の整備に関すること。

五十三　科学技術に関する研究開発の成果の普及及び成果の活用の促進に関すること。

五十四　発明及び実用新案の奨励並びにこれらの実施化の推進に関すること。

五十五　科学技術に関する知識の普及並びに国民の関心及び理解の増進に関すること。

五十六　科学技術に関する研究開発が経済社会及び国民生活に及ぼす影響に関し、評価を行うことその他の措置に関すること。

五十七　科学技術に関する基礎研究及び科学技術に関する共通的な研究開発（二以上の府省のそれぞれの所掌に係る研究開発に共通する研究開発をいう。）に関すること。

五十八　科学技術に関する研究開発で、関係行政機関に重複して設置することが多額の経費を要するため適当でないと認められる施設及び設備を必要とするものに関すること。

五十九　科学技術に関する研究開発で多数部門の協力を要する総合的なものに関すること（他の府省の所掌に属するものを除く。）。

六十　　国立研究開発法人理化学研究所の行う科学技術に関する試験及び研究に関すること。

六十一　放射線の利用に関する研究開発に関すること。

六十二　宇宙の開発及び原子力に関する技術開発で科学技術の水準の向上を図るためのものに関すること。

六十三　宇宙の利用の推進に関する事務のうち科学技術の水準の向上を図るためのものに関すること。

六十四　放射性同位元素の利用の推進に関すること。

六十五　資源の総合的利用に関すること（他の府省の所掌に属するものを除く。）。

六十六　原子力政策のうち科学技術に関するものに関すること。

六十七　原子力に関する関係行政機関の試験及び研究に係る経費その他これに類する経費の配分計画に関すること。

六十八　原子力損害の賠償に関すること。

六十九　スポーツに関する基本的な政策の企画及び立案並びに推進に関すること。

七十　スポーツに関する関係行政機関の事務の調整に関すること。

七十一　スポーツの振興に関する企画及び立案並びに援助及び助言に関すること。

七十二　スポーツのための助成に関すること。

七十三　心身の健康の保持増進に資するスポーツの機会の確保に関すること。

七十四　国際的又は全国的な規模において行われるスポーツ事業に関すること。

七十五　スポーツに関する競技水準の向上に関すること。

七十六　スポーツ振興投票に関すること。

七十七　文化（文化財（文化財保護法（昭和二十五年法律第二百十四号）第二条第一項 に規定する文化財をいう。第八十三号において同じ。）に係る事項を除く。次号及び第八十号において同じ。）の振興に関する企画及び立案並びに援助及び助言に関すること。

七十八　文化の振興のための助成に関すること。

七十九　劇場、音楽堂、美術館その他の文化施設に関すること。

八十　文化に関する展示会、講習会その他の催しを主催すること。

八十一　国語の改善及びその普及に関すること。

八十二　著作者の権利、出版権及び著作隣接権の保護及び利用に関すること。

八十三　文化財の保存及び活用に関すること。

八十四　アイヌ文化の振興に関すること。

八十五　宗教法人の規則、規則の変更、合併及び任意解散の認証並びに宗教に関する情報資料の収集及び宗教団体との連絡に関すること。

八十六　国際文化交流の振興に関すること（外交政策に係るものを除く。）。

八十七　ユネスコ活動（ユネスコ活動に関する法律（昭和二十七年法律

第二百七号）第二条 に規定するユネスコ活動をいう。）の振興に関すること（外交政策に係るものを除く。）。

八十八 文化功労者に関すること。

八十九 地方公共団体の機関、大学、高等専門学校、研究機関その他の関係機関に対し、教育、学術、スポーツ、文化及び宗教に係る専門的、技術的な指導及び助言を行うこと。

九十 教育関係職員、研究者、社会教育に関する団体、社会教育指導者、スポーツの指導者その他の関係者に対し、教育、学術、スポーツ及び文化に係る専門的、技術的な指導及び助言を行うこと。

九十一 所掌事務に係る国際協力に関すること。

九十二 政令で定める文教研修施設において所掌事務に関する研修を行うこと。

九十三 前各号に掲げるもののほか、法律（法律に基づく命令を含む。）に基づき文部科学省に属させられた事務

2 前項に定めるもののほか、文部科学省は、前条第二項の任務を達成するため、同条第一項の任務に関連する特定の内閣の重要政策について、当該重要政策に関して閣議において決定された基本的な方針に基づいて、行政各部の施策の統一を図るために必要となる企画及び立案並びに総合調整に関する事務をつかさどる。

第4章 外局（抄）

第1節 設置

第13条 国家行政組織法第三条第二項 の規定に基づいて、文部科学省に、次の外局を置く。

スポーツ庁

文化庁

第3節 文化庁

第1款 任務及び所掌事務

（長官）

第17条 文化庁の長は、文化庁長官とする。

（任務）

第18条 文化庁は、文化の振興及び国際文化交流の振興を図るとともに、

宗教に関する行政事務を適切に行うことを任務とする。

（所掌事務）

第 19 条　文化庁は、前条の任務を達成するため、第四条第一項第三号、第五号、第三十六号、第三十八号、第三十九号、第七十七号から第八十五号まで、第八十六号（学術及びスポーツの振興に係るものを除く。）、第八十七号及び第八十九号から第九十三号までに掲げる事務をつかさどる。

第 2 款　審議会等

（設置）

第 20 条　文化庁に、文化審議会を置く。

　　2　前項に定めるもののほか、別に法律で定めるところにより文部科学省に置かれる審議会等で文化庁に置かれるものは、宗教法人審議会とする。

（文化審議会）

第 21 条　文化審議会は、次に掲げる事務をつかさどる。

　　一　文部科学大臣又は文化庁長官の諮問に応じて文化の振興及び国際文化交流の振興（学術及びスポーツの振興に係るものを除く。）に関する重要事項（第三号に規定するものを除く。）を調査審議すること。

　　二　前号に規定する重要事項に関し、文部科学大臣又は文化庁長官に意見を述べること。

　　三　文部科学大臣又は文化庁長官の諮問に応じて国語の改善及びその普及に関する事項を調査審議すること。

　　四　前号に規定する事項に関し、文部科学大臣、関係各大臣又は文化庁長官に意見を述べること。

　　五　文化芸術振興基本法（平成十三年法律第百四十八号）第七条第三項 、展覧会における美術品損害の補償に関する法律（平成二十三年法律第十七号）第十二条第二項 、著作権法（昭和四十五年法律第四十八号）、万国著作権条約の実施に伴う著作権法の特例に関する法律（昭和三十一年法律第八十六号）第五条第四項 、著作権等管理事業法（平成十二年法律第百三十一号）第二十四条第四項、文化財保護法第百五十三条 及び文化功労者年金法（昭和

二十六年法律第百二十五号）第二条第二項 の規定によりその権限
に属させられた事項を処理すること。

 2 文化審議会の委員その他の職員で政令で定めるものは、文部科学大
臣が任命する。

 3 前二項に定めるもののほか、文化審議会の組織及び委員その他の職
員その他文化審議会に関し必要な事項については、政令で定める。

（宗教法人審議会）

第22条 宗教法人審議会については、宗教法人法（昭和二十六年法律第
百二十六号）の定めるところによる。

第3款　特別の機関

（日本芸術院）

第23条 文化庁に、日本芸術院を置く。

 2 日本芸術院は、次に掲げる事務をつかさどる。

  一 芸術上の功績顕著な芸術家の優遇に関すること。

  二 芸術の発達に寄与する活動を行い、並びに芸術に関する重要事項
を審議し、及びこれに関し、文部科学大臣又は文化庁長官に意見
を述べること。

 3 日本芸術院の長及び会員は、政令で定めるところにより、文部科学
大臣が任命する。

 4 日本芸術院の会員には、予算の範囲内で、文部科学大臣の定めると
ころにより、年金を支給することができる。

 5 日本芸術院の組織、会員その他の職員及び運営については、政令で
定める。

文化芸術振興基本法
（平成 13 年 12 月 7 日法律第 148 号）

目次

 前　文

 第 1 章　総則（第 1 条―第 6 条）

 第 2 章　基本方針（第 7 条）

第3章 文化芸術の振興に関する基本的施策（第8条—第35条）
附 則

　文化芸術を創造し、享受し、文化的な環境の中で生きる喜びを見出すことは、人々の変わらない願いである。また、文化芸術は、人々の創造性をはぐくみ、その表現力を高めるとともに、人々の心のつながりや相互に理解し尊重し合う土壌を提供し、多様性を受け入れることができる心豊かな社会を形成するものであり、世界の平和に寄与するものである。更に、文化芸術は、それ自体が固有の意義と価値を有するとともに、それぞれの国やそれぞれの時代における国民共通のよりどころとして重要な意味を持ち、国際化が進展する中にあって、自己認識の基点となり、文化的な伝統を尊重する心を育てるものである。

　我々は、このような文化芸術の役割が今後においても変わることなく、心豊かな活力ある社会の形成にとって極めて重要な意義を持ち続けると確信する。

　しかるに、現状をみるに、経済的な豊かさの中にありながら、文化芸術がその役割を果たすことができるような基盤の整備及び環境の形成は十分な状態にあるとはいえない。21世紀を迎えた今、これまで培われてきた伝統的な文化芸術を継承し、発展させるとともに、独創性のある新たな文化芸術の創造を促進することは、我々に課された緊要な課題となっている。

　このような事態に対処して、我が国の文化芸術の振興を図るためには、文化芸術活動を行う者の自主性を尊重することを旨としつつ、文化芸術を国民の身近なものとし、それを尊重し大切にするよう包括的に施策を推進していくことが不可欠である。

　ここに、文化芸術の振興についての基本理念を明らかにしてその方向を示し、文化芸術の振興に関する施策を総合的に推進するため、この法律を制定する。

第1章　総則

（目的）

第1条　この法律は、文化芸術が人間に多くの恵沢をもたらすものであることにかんがみ、文化芸術の振興に関し、基本理念を定め、並びに国及

び地方公共団体の責務を明らかにするとともに、文化芸術の振興に関する施策の基本となる事項を定めることにより、文化芸術に関する活動（以下「文化芸術活動」という。）を行う者（文化芸術活動を行う団体を含む。以下同じ。）の自主的な活動の促進を旨として、文化芸術の振興に関する施策の総合的な推進を図り、もって心豊かな国民生活及び活力ある社会の実現に寄与することを目的とする。

（基本理念）

第2条　文化芸術の振興に当たっては、文化芸術活動を行う者の自主性が十分に尊重されなければならない。

　2　文化芸術の振興に当たっては、文化芸術活動を行う者の創造性が十分に尊重されるとともに、その地位の向上が図られ、その能力が十分に発揮されるよう考慮されなければならない。

　3　文化芸術の振興に当たっては、文化芸術を創造し、享受することが人々の生まれながらの権利であることにかんがみ、国民がその居住する地域にかかわらず等しく、文化芸術を鑑賞し、これに参加し、又はこれを創造することができるような環境の整備が図られなければならない。

　4　文化芸術の振興に当たっては、我が国において、文化芸術活動が活発に行われるような環境を醸成することを旨として文化芸術の発展が図られ、ひいては世界の文化芸術の発展に資するものであるよう考慮されなければならない。

　5　文化芸術の振興に当たっては、多様な文化芸術の保護及び発展が図られなければならない。

　6　文化芸術の振興に当たっては、地域の人々により主体的に文化芸術活動が行われるよう配慮するとともに、各地域の歴史、風土等を反映した特色ある文化芸術の発展が図られなければならない。

　7　文化芸術の振興に当たっては、我が国の文化芸術が広く世界へ発信されるよう、文化芸術に係る国際的な交流及び貢献の推進が図られなければならない。

　8　文化芸術の振興に当たっては、文化芸術活動を行う者その他広く国民の意見が反映されるよう十分配慮されなければならない。

（国の責務）

第3条　国は、前条の基本理念（以下「基本理念」という。）にのっとり、文化芸術の振興に関する施策を総合的に策定し、及び実施する責務を有する。

（地方公共団体の責務）

第4条　地方公共団体は、基本理念にのっとり、文化芸術の振興に関し、国との連携を図りつつ、自主的かつ主体的に、その地域の特性に応じた施策を策定し、及び実施する責務を有する。

（国民の関心及び理解）

第5条　国は、現在及び将来の世代にわたって人々が文化芸術を創造し、享受することができるとともに、文化芸術が将来にわたって発展するよう、国民の文化芸術に対する関心及び理解を深めるように努めなければならない。

（法制上の措置等）

第6条　政府は、文化芸術の振興に関する施策を実施するため必要な法制上又は財政上の措置その他の措置を講じなければならない。

第2章　基本方針

第7条　政府は、文化芸術の振興に関する施策の総合的な推進を図るため、文化芸術の振興に関する基本的な方針（以下「基本方針」という。）を定めなければならない。

2　基本方針は、文化芸術の振興に関する施策を総合的に推進するための基本的な事項その他必要な事項について定めるものとする。

3　文部科学大臣は、文化審議会の意見を聴いて、基本方針の案を作成するものとする。

4　文部科学大臣は、基本方針が定められたときは、遅滞なく、これを公表しなければならない。

5　前二項の規定は、基本方針の変更について準用する。

第3章　文化芸術の振興に関する基本的施策

（芸術の振興）

第8条　国は、文学、音楽、美術、写真、演劇、舞踊その他の芸術（次条

に規定するメディア芸術を除く。）の振興を図るため、これらの芸術の公演、展示等への支援、芸術祭等の開催その他の必要な施策を講ずるものとする。

（メディア芸術の振興）

第9条　国は、映画、漫画、アニメーション及びコンピュータその他の電子機器等を利用した芸術（以下「メディア芸術」という。）の振興を図るため、メディア芸術の製作、上映等への支援その他の必要な施策を講ずるものとする。

（伝統芸能の継承及び発展）

第10条　国は、雅楽、能楽、文楽、歌舞伎その他の我が国古来の伝統的な芸能（以下「伝統芸能」という。）の継承及び発展を図るため、伝統芸能の公演等への支援その他の必要な施策を講ずるものとする。

（芸能の振興）

第11条　国は、講談、落語、浪曲、漫談、漫才、歌唱その他の芸能（伝統芸能を除く。）の振興を図るため、これらの芸能の公演等への支援その他の必要な施策を講ずるものとする。

（生活文化、国民娯楽及び出版物等の普及）

第12条　国は、生活文化（茶道、華道、書道その他の生活に係る文化をいう。）、国民娯楽（囲碁、将棋その他の国民的娯楽をいう。）並びに出版物及びレコード等の普及を図るため、これらに関する活動への支援その他の必要な施策を講ずるものとする。

（文化財等の保存及び活用）

第13条　国は、有形及び無形の文化財並びにその保存技術（以下「文化財等」という。）の保存及び活用を図るため、文化財等に関し、修復、防災対策、公開等への支援その他の必要な施策を講ずるものとする。

（地域における文化芸術の振興）

第14条　国は、各地域における文化芸術の振興を図るため、各地域における文化芸術の公演、展示等への支援、地域固有の伝統芸能及び民俗芸能（地域の人々によって行われる民俗的な芸能をいう。）に関する活動への支援その他の必要な施策を講ずるものとする。

（国際交流等の推進）

第15条　国は、文化芸術に係る国際的な交流及び貢献の推進を図ることに

より、我が国の文化芸術活動の発展を図るとともに、世界の文化芸術活動の発展に資するため、文化芸術活動を行う者の国際的な交流及び文化芸術に係る国際的な催しの開催又はこれへの参加への支援、海外の文化遺産の修復等に関する協力その他の必要な施策を講ずるものとする。

2　国は、前項の施策を講ずるに当たっては、我が国の文化芸術を総合的に世界に発信するよう努めなければならない。

（芸術家等の養成及び確保）

第16条　国は、文化芸術に関する創造的活動を行う者、伝統芸能の伝承者、文化財等の保存及び活用に関する専門的知識及び技能を有する者、文化芸術活動の企画等を行う者、文化施設の管理及び運営を行う者その他の文化芸術を担う者（以下「芸術家等」という。）の養成及び確保を図るため、国内外における研修への支援、研修成果の発表の機会の確保その他の必要な施策を講ずるものとする。

（文化芸術に係る教育研究機関等の整備等）

第17条　国は、芸術家等の養成及び文化芸術に関する調査研究の充実を図るため、文化芸術に係る大学その他の教育研究機関等の整備その他の必要な施策を講ずるものとする。

（国語についての理解）

第18条　国は、国語が文化芸術の基盤をなすことにかんがみ、国語について正しい理解を深めるため、国語教育の充実、国語に関する調査研究及び知識の普及その他の必要な施策を講ずるものとする。

（日本語教育の充実）

第19条　国は、外国人の我が国の文化芸術に関する理解に資するよう、外国人に対する日本語教育の充実を図るため、日本語教育に従事する者の養成及び研修体制の整備、日本語教育に関する教材の開発その他の必要な施策を講ずるものとする。

（著作権等の保護及び利用）

第20条　国は、文化芸術の振興の基盤をなす著作者の権利及びこれに隣接する権利について、これらに関する国際的動向を踏まえつつ、これらの保護及び公正な利用を図るため、これらに関し、制度の整備、調査研究、普及啓発その他の必要な施策を講ずるものとする。

（国民の鑑賞等の機会の充実）

第 21 条　国は、広く国民が自主的に文化芸術を鑑賞し、これに参加し、又はこれを創造する機会の充実を図るため、各地域における文化芸術の公演、展示等への支援、これらに関する情報の提供その他の必要な施策を講ずるものとする。

（高齢者、障害者等の文化芸術活動の充実）

第 22 条　国は、高齢者、障害者等が行う文化芸術活動の充実を図るため、これらの者の文化芸術活動が活発に行われるような環境の整備その他の必要な施策を講ずるものとする。

（青少年の文化芸術活動の充実）

第 23 条　国は、青少年が行う文化芸術活動の充実を図るため、青少年を対象とした文化芸術の公演、展示等への支援、青少年による文化芸術活動への支援その他の必要な施策を講ずるものとする。

（学校教育における文化芸術活動の充実）

第 24 条　国は、学校教育における文化芸術活動の充実を図るため、文化芸術に関する体験学習等文化芸術に関する教育の充実、芸術家等及び文化芸術活動を行う団体（以下「文化芸術団体」という。）による学校における文化芸術活動に対する協力への支援その他の必要な施策を講ずるものとする。

（劇場、音楽堂等の充実）

第 25 条　国は、劇場、音楽堂等の充実を図るため、これらの施設に関し、自らの設置等に係る施設の整備、公演等への支援、芸術家等の配置等への支援、情報の提供その他の必要な施策を講ずるものとする。

（美術館、博物館、図書館等の充実）

第 26 条　国は、美術館、博物館、図書館等の充実を図るため、これらの施設に関し、自らの設置等に係る施設の整備、展示等への支援、芸術家等の配置等への支援、文化芸術に関する作品等の記録及び保存への支援その他の必要な施策を講ずるものとする。

（地域における文化芸術活動の場の充実）

第 27 条　国は、国民に身近な文化芸術活動の場の充実を図るため、各地域における文化施設、学校施設、社会教育施設等を容易に利用できるようにするための措置その他の必要な施策を講ずるものとする。

（公共の建物等の建築に当たっての配慮）

第 28 条　国は、公共の建物等の建築に当たっては、その外観等について、周囲の自然的環境、地域の歴史及び文化等との調和を保つよう努めるものとする。

（情報通信技術の活用の推進）

第 29 条　国は、文化芸術活動における情報通信技術の活用の推進を図るため、文化芸術活動に関する情報通信ネットワークの構築、美術館等における情報通信技術を活用した展示への支援、情報通信技術を活用した文化芸術に関する作品等の記録及び公開への支援その他の必要な施策を講ずるものとする。

（地方公共団体及び民間の団体等への情報提供等）

第 30 条　国は、地方公共団体及び民間の団体等が行う文化芸術の振興のための取組を促進するため、情報の提供その他の必要な施策を講ずるものとする。

（民間の支援活動の活性化等）

第 31 条　国は、個人又は民間の団体が文化芸術活動に対して行う支援活動の活性化を図るとともに、文化芸術活動を行う者の活動を支援するため、文化芸術団体が個人又は民間の団体からの寄附を受けることを容易にする等のための税制上の措置その他の必要な施策を講ずるよう努めなければならない。

（関係機関等の連携等）

第 32 条　国は、第 8 条から前条までの施策を講ずるに当たっては、芸術家等、文化芸術団体、学校、文化施設、社会教育施設その他の関係機関等の間の連携が図られるよう配慮しなければならない。

　2　国は、芸術家等及び文化芸術団体が、学校、文化施設、社会教育施設、福祉施設、医療機関等と協力して、地域の人々が文化芸術を鑑賞し、これに参加し、又はこれを創造する機会を提供できるようにするよう努めなければならない。

（顕彰）

第 33 条　国は、文化芸術活動で顕著な成果を収めた者及び文化芸術の振興に寄与した者の顕彰に努めるものとする。

（政策形成への民意の反映等）

第 34 条　国は、文化芸術の振興に関する政策形成に民意を反映し、その過

程の公正性及び透明性を確保するため、芸術家等、学識経験者その他広く国民の意見を求め、これを十分考慮した上で政策形成を行う仕組みの活用等を図るものとする。

（地方公共団体の施策）

第35条　地方公共団体は、第8条から前条までの国の施策を勘案し、その地域の特性に応じた文化芸術の振興のために必要な施策の推進を図るよう努めるものとする。

附　則

（施行期日）

1　この法律は、公布の日から施行する。

（文部科学省設置法の一部改正）

2　文部科学省設置法（平成11年法律第96号）の一部を次のように改正する。

第29条第1項第5号中「著作権法（昭和45年法律第48号）」を「文化芸術振興基本法（平成13年法律第148号）第7条第3項、著作権法（昭和45年法律第48号）」に改める。第29条第1項第5号中「著作権法（昭和45年法律第48号）」を「文化芸術振興基本法（平成13年法律第148号）第7条第3項、著作権法（昭和45年法律第48号）」に改める。

文化芸術振興基本法案に対する附帯決議（衆議院文部科学委員会）

政府は、本法の施行に当たっては、次の事項について配慮をすべきである。

1　文化芸術の振興に関する施策の策定及び実施に当たっては、必要な財政上の措置等を適切に講ずること。

2　本法は文化芸術のすべての分野を対象とするものであり、例示されている分野のみならず、例示されていない分野についても、本法の対象となるものである。文化芸術の振興に関する施策を講ずるに当たっては、その取扱いに差異を設けることがないようにすること。

3　我が国において継承されてきた武道、相撲などにおける伝統的な様式表現を伴う身体文化についても、本法の対象となることにかんがみ、適切に施策を講ずること。

4　文化芸術の振興に関する施策の実施に当たっては、文化芸術活動を

行う者等広く国民の意見を適切に反映させるよう努めること。
5 文化芸術の振興に関する施策を講ずるに当たっては、文化芸術活動を行う者の自主性及び創造性を十分に尊重し、その活動内容に不当に干渉することないようにすること。

文化芸術振興基本法案に対する附帯決議（参議院文教科学委員会）
　政府及び関係者は、本法の施行に当たっては、次の事項について特段の配慮をすべきである。
1 文化芸術の振興に関する施策の策定及び実施に当たっては、必要な財政上の措置等を適切に講ずること。
2 本法は文化芸術のすべての分野を対象とするものであり、例示されている分野のみならず、例示されていない分野についても、本法の対象となるものである。文化芸術の振興に関する施策を講ずるに当たっては、その取扱いに差異を設けることがないようにすること。
3 文化芸術の振興に関する施策の実施に当たっては、文化芸術活動を行う者等広く国民の意見を適切に反映させるよう努めること。
4 文化芸術の振興に関する施策を講ずるに当たっては、文化芸術活動を行う者の自主性及び創造性を十分に尊重し、その活動内容に不当に干渉することないようにすること。
5 我が国において継承されてきた武道、相撲などにおける伝統的な様式表現を伴う身体文化についても、本法の対象となることにかんがみ、適切に施策を講ずること。
6 我が国独自の音楽である古典邦楽が、来年度から学校教育に取り入れられることにかんがみ、古典邦楽教育の充実について配慮すること。
7 小中学校における芸術に関する教科の授業時数が削減されている事態にかんがみ、児童期の芸術教育の充実について配慮すること。
　右決議する。

文化芸術の振興に関する基本的な方針（第4次基本方針）
（平成 27 年 5 月 22 日閣議決定）（抄）

前文　文化芸術資源で未来をつくり、「文化芸術立国」へ

　我が国は、諸外国を魅了する有形・無形の文化財を有しているとともに、日本人には地域に根付いた祭りや踊りに参加する伝統がある。また、我が国では、多様な文化芸術活動が行われるとともに、日常においても、稽古事や趣味などを通して様々な文化芸術体験が盛んに行われてきた。

　こうした日本の文化財や伝統等は、世界に誇るべきものであり、これを維持、継承、発展させることはもとより、日本人自身がその価値を十分に認識した上で、国内外への発信を、更に強化していく必要がある。

　また、経済成長のみを追求するのではない、成熟社会に適合した新たな社会モデルを構築していくことが求められているなか、教育、福祉、まちづくり、観光・産業等幅広い分野との関連性を意識しながら、それら周辺領域への波及効果を視野に入れた文化芸術振興施策の展開がより一層求められる。

　他方で、人口減少社会が到来し、特に地方においては過疎化や少子高齢化等の影響、都市部においても単身世帯の増加等の影響により、地域コミュニティの衰退と文化芸術の担い手不足が指摘されている。また、昨今の経済情勢や、厳しさを増す地方の財政状況などからも、地域の文化芸術を支える基盤の脆弱化に対する危機感が広がっている。文化芸術が生み出す社会への波及効果を、こうした諸課題の改善や解決につなげることも、求められている。

　2020 年オリンピック・パラリンピック東京大会（以下「2020 年東京大会」という。）は、我が国の文化財や伝統等の価値を世界へ発信するとともに、文化芸術が生み出す社会への波及効果を生かして、諸課題を乗り越え、成熟社会に適合した新たな社会モデルの構築につなげていくまたとない機会である。

　本基本方針は、文化芸術資源で未来をつくり、以下のような「文化芸術立国」の姿を創出していくための国家戦略となることを目指す。

────────＜我が国が目指す「文化芸術立国」の姿＞────────
（1）子供から高齢者まで、あらゆる人々が我が国の様々な場で、創作活動へ
　　　参加、鑑賞体験できる機会等を、国や地方公共団体はもとより、芸術家、

文化芸術団体、ＮＰＯ、企業等様々な民間主体が提供している。

（2）全国の地方公共団体、多くの文化芸術団体、文化施設、芸術家等の関係者により、世界に誇る日本各地の文化力を生かしながら、2020年東京大会を契機とする文化プログラムの全国展開等がなされている。

（3）日本全国津々浦々から、世界中に各地の文化芸術の魅力が発信されている。東日本大震災の被災地からは、力強く復興している姿を、地域の文化芸術の魅力と一体となって、国内外へ発信している。

（4）2020年東京大会を契機とする文化プログラムの全国展開等に伴い、国内外の多くの人々が、それらに生き生きと参画しているとともに、文化芸術に従事する者が安心して、希望を持ちながら働いている。そして、文化芸術関係の新たな雇用や、産業が現在よりも大幅に創出されている。

第1　社会を挙げての文化芸術振興

　昨今、国内外の諸情勢は急速な変化を続け、文化芸術を取り巻く情勢にも大きな影響を与えている。こうした諸情勢の変化を踏まえて、社会を挙げての文化芸術振興が必要である。

1　文化芸術を取り巻く諸情勢の変化を踏まえた対応

[地方創生]

　人口減少社会が到来し、特に地方においては過疎化や少子高齢化等の影響、都市部においても単身世帯の増加等の影響により、地域コミュニティの衰退と文化芸術の担い手不足が指摘されている。文化芸術、町並み、地域の歴史等を地域資源として戦略的に活用し、地域の特色に応じた優れた取組を展開することで交流人口の増加や移住につなげるなど、地域の活性化を図るよい動きを支援し、文化芸術を起爆剤とする地方創生の実現を図る。

　2020年に向け、文化芸術を目的に訪日する外国人を大幅に増加させる。

[2020 年東京大会]

　2020年東京大会を文化の祭典としても成功させることにより、我が国の文化や魅力を世界に示すとともに、文化芸術を通じて世界に大きく貢献するまたとない機会であり、文化芸術の振興にとって大きなチャンスである。

ロンドン大会（2012年）の例では、大会の4年前である2008年から、英国のあらゆる地域で、音楽、演劇、ダンス、美術、映画、ファッション等の多角的な文化や魅力を紹介する文化プログラムが実施された。日本も、これらの例に学んで、2020年東京大会の開催効果を東京のみならず広く全国に波及させるため、文化プログラム等の機会を活用して、全国の自治体や芸術家等との連携の下、地域の文化を体験してもらうための取組を全国各地で実施する。

　リオ大会（2016年）の終了後に、オリンピック・ムーブメントを国際的に高めるための取組を行い、文化プログラム実施に向けた機運の醸成を図る。

[東日本大震災]

　大震災の被災地は、人口減少・高齢化・産業の空洞化など、今の日本が抱える課題が顕著である。一方、大震災を契機に文化芸術の果たす役割の重要性が改めて認識された。このため、従前の状態に復旧するのではなく、復興を契機にこれらの課題を解決し、我が国や世界のモデルとなる「創造と可能性の地」としての「新しい東北」を創造することが期待されている。

　2020年東京大会観戦を目的とした訪日外国人が、力強く復興している東北地方を訪問し、地域の文化芸術の魅力と一体となった復興の姿を体験してもらう機会を提供するなど、復興支援を進める。

　また、「国土強靱化基本計画」（平成26年6月3日閣議決定）において、大震災など過去の災害から得られた経験を最大限活用しつつ、人のつながりやコミュニティ機能の向上に資する地域の特性に応じた施策を推進するとされている点に留意する必要がある。

[グローバル化の進展]

　グローバル化の進展に伴い、多くの人々が国境を越えて行き交い、国内外の文化人・芸術家等の相互交流が進む中で、文化芸術による対話や交流を通じて新たな価値を創出し、それを世界へ発信するとともに、国内外の文化的多様性や相互理解を促進していくことの重要性が一層高まっている。我が国の文化は、独自の継続性や柔軟な受容性等を包含する深みを持ち、世界に大きく貢献する力を有する資産である。互いの価値観やアイデンティティを尊重しながら、文化芸術を介しての国境を越えた人々の交流を推進することは、我が国が各国と連携していくに当たって大きな力とな

るものである。例えば、大学の徹底した国際化等により、グローバル化等に対応する人材の養成が行われているが、文化芸術分野においても、こうした取組を進める。

[情報通信技術の発展等]

インターネット等の情報通信技術の急速な発展と普及は、国境を越えた対話や交流を活性化させたり、情報の受信・発信を容易にしたりするなど、あらゆる分野において人々の生活に大きな利便性をもたらし、文化芸術活動の創造活動への貢献のみならず、多様で広範な文化芸術活動の展開に貢献するものである。一方、新たな社会的課題を惹起している。例えば、人間関係に及ぼす様々な影響が指摘されるほか、違法配信等による著作権侵害の深刻化といった問題も生じている。こうした情報通信技術の利点や課題等を踏まえ、デジタルアーカイブ化の促進やデジタル・ネットワーク社会に対応した著作権制度等の整備を図る。

2 文化芸術振興の基本理念等

基本法第条に掲げられた下記（1）の八つの基本理念にのっとり、また、下記（2）の意義を十分に踏まえ、文化芸術振興施策を総合的に策定し、実施する。その際、上記1に示す時代認識等の下、特に、下記（3）の基本的視点に立つこととする。

（1）文化芸術振興の基本理念

[文化芸術活動を行う者の自主性の尊重]

文化芸術は人間の自由な発想による精神活動及びその現れであることを踏まえ、文化芸術活動を行う者の自主性を十分に尊重する。

[文化芸術活動を行う者の創造性の尊重及び地位の向上]

文化芸術は、活発で意欲的な創造活動により生み出されるものであることを踏まえ、文化芸術活動を行う者の創造性が十分に尊重されるとともに、その地位の向上が図られ、その能力を十分に発揮されるよう考慮する。

[文化芸術を鑑賞、参加、創造することができる環境の整備]

文化芸術を創造し、享受することが人々の生まれながらの権利であることに鑑み、全国各地で様々な優れた文化芸術活動が行われるよう、国民がその居住する地域にかかわらず等しく、文化芸術を鑑賞し、これに参加し、

又はこれを創造することができるような環境の整備を図る。

[我が国及び世界の文化芸術の発展]

　優れた文化芸術は、国民に深い感動や喜びをもたらすとともに、世界各国の人々を触発するものであることを踏まえ、我が国において文化芸術活動が活発に行われるような環境を醸成して文化芸術の発展を図り、ひいては世界の文化芸術の発展に資するよう考慮する。

[多様な文化芸術の保護及び発展]

　人間の精神活動及びその現れである文化芸術は多様であり、こうした多様な文化芸術の共存が文化芸術の幅を広げ、その厚みを加えるものとなることを踏まえ、多様な文化芸術を保護し、その継承・発展を図る。

[各地域の特色ある文化芸術の発展]

　各地域において人々の日常生活の中ではぐくまれてきた多様で特色ある文化芸術が我が国の文化芸術の基盤を形成していることに鑑み、地域の人々により主体的な活動が行われるよう配慮するとともに、各地域の歴史、風土等を反映した特色ある発展を図る。

[世界への発信]

　我が国と諸外国の文化芸術の交や海外の文化芸術への貢献が、我が国の文化芸術のみならず、世界の文化芸術の発展につながることに鑑み、広く世界へ発信されるよう、国際的な交流及び貢献の推進を図る。

[国民の意見の反映]

　文化芸術の振興のためには、文化芸術活動を行う者その他広く国民の理解と参画を得ることが必要であることを踏まえ、文化政策の企画立案、実施、評価等に際しては、可能な限り広く国民の意見を把握し、それらが反映されるように十分配慮する。

（2）文化芸術振興の意義

　文化芸術は、最も広義の「文化」と捉えれば、人間の自然との関わりや風土の中で生まれ、育ち、身に付けていく立ち居振る舞いや、衣食住をはじめとする暮らし、生活様式、価値観等、およそ人間と人間の生活に関わる総体を意味する。他方で、「人間が理想を実現していくための精神活動及びその成果」という視点で捉えると、その意義については、次のように整理できる。

第一として、豊かな人間性を涵養し、創造力と感性を育む等、人間が人間らしく生きるための糧となるものである。第二として、他者と共感し合う心を通じて意思疎通を密なものとし、人間相互の理解を促進する等、共に生きる社会の基盤を形成するものであると言える。第三として、新たな需要や高い付加価値を生み出し、質の高い経済活動を実現するものであると言える。第四として、科学技術の発展と情報化の進展が目覚ましい現代社会において、人間尊重の価値観に基づく人類の真の発展に貢献するものであると言える。第五として、文化の多様性を維持し、世界平和の礎となるものであると言える。

　このような文化芸術は、国民全体の社会的財産であり、創造的な経済活動の源泉でもあり、持続的な経済発展や国際協力の円滑化の基盤ともなることから、我が国の国力を高めるものとして位置付けておかなければならない。

　我が国は、このような認識の下、心豊かな国民生活を実現するとともに、活力ある社会を構築して国力の増進を図るため、文化芸術の振興を国の政策の根幹に据え、今こそ新たな「文化芸術立国」を目指すべきである。

（3）基本的視点
[人的資源の源泉]

　もとより資源の少ない我が国においては人材が重要な資源であり、ハードの整備からソフトへの支援に重点を移すとともに、国民生活の質的向上を追求するためにも、人々の活力や創造力の源泉である文化芸術の振興が求められる。

[公共財・社会包摂の機能・公的支援の必要性]

　文化芸術は、成熟社会における成長の源泉、国家への威信付与、地域への愛着の深化、周辺ビジネスへの波及効果、将来世代のために継承すべき価値といった社会的便益（外部性）を有する公共財である。

　また、文化芸術は、子供・若者や、高齢者、障害者、在留外国人等にも社会参加の機会をひらく社会包摂の機能を有している。

　このような認識の下、従来、社会的費用として捉える向きもあった文化芸術への公的支援に関する考え方を転換し、社会的必要性に基づく戦略的な投資と捉え直す。

文化芸術は、その性質上、市場のみでは資金調達が困難な分野も多く存在し、多様な文化芸術の発展を促すためには公的支援を必要とする。

　このため、厳しい財政事情にも照らして支援の重点化等により文化芸術活動を支える環境づくりを進める必要がある。

[国際的な文化交流の必要性]

　伝統文化から現代の文化芸術活動に至る我が国の多彩な文化芸術の積極的な海外発信や、文化芸術各分野における国際的な交流の推進は、我が国の文化芸術水準の向上を図るとともに、我が国に対するイメージの向上や諸外国との相互理解の促進に貢献するものであり、中国、韓国、ＡＳＥＡＮといった東アジア地域等の日本と緊密な関係を有する国との間では、友好関係の深化にもつながるものである。このことを踏まえ、引き続き戦略的な施策の展開を図る必要がある。また、グローバル化が急速に進展する中、国際文化交流を推進するに当たっては、我が国の存立基盤たる文化的アイデンティティを保持するとともに、国内外の文化的多様性を促進する観点も重要である。

[社会への波及効果]

　文化芸術は、もとより広く社会への波及力を有しており、教育、福祉、まちづくり、観光・産業等幅広い分野との関連性を念頭において、それら周辺領域への波及効果を視野に入れた施策の展開が必要である。また、新たな成長分野としての観点や世界における我が国の文化的存在感を高める観点も踏まえ、官民連携によるオールジャパン体制で進められているクールジャパンの取組等については、これまでに実施してきた施策の成果を基礎として、文化芸術等の「日本の魅力」をより戦略的・効果的に発信する必要がある。

[多様な主体による活動]

　文化芸術は、人間の精神活動及びその現れであることから、まずもって活動主体の自発性と自主性が尊重されなければならず、その上で、活動主体や地域の特性に応じたきめ細かい施策が大切である。

　また、文化芸術振興の意義に対する国民の理解の上に、個人、ＮＰＯ・ＮＧＯを含む民間団体、企業、地方公共団体、国など各主体が各々の役割を明確化しつつ、相互の連携強化を図り、社会を挙げて文化芸術振興を図る必要がある。

参考資料

[地方公共団体における文化施策の展開]

　地方公共団体においては、それぞれの地域の実情を踏まえた、特色ある文化芸術振興の主たる役割を担うことが期待される。特に基本法の制定後、地方公共団体においても文化芸術振興のための条例の制定や指針等の策定が進んでいるが、そうした条例・指針等に基づく施策の展開や、広域連携による取組の推進も望まれる。

[政策評価の必要性]

　文化芸術各分野及び各施策の特性を十分に踏まえ、定量的な評価のみならず定性的な評価も活用し、質的側面を含む適切な評価を行うとともに、年度によって選択的に軽重を付した評価を行うことも検討する。

（4）成果目標と成果指標

　本基本方針の実施に伴う、2020 年までの成果目標と成果指標を以下のように定める。

成果目標：国民の誇りとして「文化・芸術」が広く挙げられている。

成果指標：約 6 割の国民が日本の誇りとして「文化・芸術」を挙げることを目指す。

・内閣府「社会意識に関する世論調査〔2014 年 1 月〕」で、我が国の誇りとして、「すぐれた文化や芸術」と回答した国民の割合は 50.5％。
（考え方：2008 年の調査では、44.9％であり、6 年間で 5.6％上昇。その 1.5倍程度の伸びを目標とする。）

成果目標：地域の文化的環境に対して満足する国民の割合が上昇している。

成果指標：約 6 割の国民が地域の文化的環境に満足すると回答することを目指す。

・住んでいる地域の文化的環境（鑑賞機会、創作・参加機会、文化財や伝統的まちなみの保存・整備等）に対して満足していると回答した国民の割合は、52.1％ 。
（内閣府「文化に関する世論調査」〔2009 年 11 月〕）
（考え方：2009 年以前に同様の調査はないが、上記の国民の誇りの調査の伸びと同等を目指す。）

成果目標：寄附文化が醸成されている。

成果指標：国民の寄付活動を行う割合が倍増（約 20％）することを目
指す。

・過去 1 年間に文化芸術活動に関する寄付を行った割合は 9.1％。（内閣
府「文化に関する世論調査」〔2009 年 11 月〕）
（考え方：我が国の寄付活動を行う割合が、諸外国と比較し特に少ない
ため、倍増という目標を掲げる。）

成果目標：文化芸術の鑑賞活動や創作活動等が広がっている。

成果指標：鑑賞活動をする者の割合が約 80％まで上昇、鑑賞以外の文化
芸術活動をする者の割合が約 40％まで増加することを目指
す。

・ホール、劇場、美術館及び博物館等で直近 1 年間に鑑賞活動をしたこ
とがある者は、62.8％。（内閣府「文化に関する世論調査」〔2009 年 11 月〕）
（考え方：2003 年の調査では、50.9％であり、6 年間で 11.9％上昇。その
1.5 倍程度の伸びを目標とする。）
・直近 1 年間に、鑑賞を除く文化芸術活動をしたことがある者の割合は
23.7％。（内閣府「文化に関する世論調査」〔2009 年 11 月〕）
（考え方：値が少ないため倍増を目指す。）

成果目標：世界の人々が日本文化の魅力を求めて訪日したり、情報にアク
セスしたりする状況を創り出す。

成果指標：

① 訪日外国人旅行者数 2000 万人を目指す。

② 海外発信サイト（文化遺産オンライン）への訪問回数が 200 万回／年
となることを目指す。（平成 23 年度現在で 101 万回）

③ 日本の魅力を地域から発信する役目を果たす外国人を増やすため、在
留外国人のうち、日本語学習者の割合を 10％（現在の約 1.5 倍）とす
ることを目指す。（2012 年は 7％）

第2　文化芸術振興に関する重点施策

「第 1　社会を挙げての文化芸術振興」の下、重点的に取り組むべき施策の
方向性（重点戦略）については、以下のとおりとする。

参考資料

1　五つの重点戦略

　諸外国の状況も勘案しつつ、文化芸術活動を支える環境を充実させ、国家戦略として「文化芸術立国」を実現するため、以下の五つの重点戦略を強力に進める。

重点戦略1：文化芸術活動に対する効果的な支援

　　我が国の文化芸術水準の向上をり、その成果を広く国民が享受できる環境を整備する。

【重点的に取り組むべき施策】

◆芸術の水準向上に直接的な牽引力となる創造活動に重点的な支援を行うなど、我が国の顔として世界に誇れる文化芸術の創造を支援する。

◆従来の文化芸術活動における各分野の対象領域を超えて、日本と海外との多様な芸術交流により新たな舞台等の創造を推進するなど、分野の特性に配慮しつつ、戦略的かつ工夫を凝らした方法による創造活動を推進するとともに、新たに創造された舞台等作品の国内外への発信を促す。

◆地方公共団体等による、地域の文化芸術団体、企業、ＮＰＯ等の民間団体、大学等と連携した文化芸術政策の立案を促し、地域の文化芸術資源等を活用した計画的な文化芸術活動を支援する。

◆アーティスト・イン・レジデンス等、国内外の芸術家を積極的に受け入れる取組を支援するとともに、劇場、音楽堂等、地域の核となる文化芸術拠点等において、優れた文化芸術が創造され、国内外に発信されるよう、その活動への支援を充実する。

◆文化芸術創造都市に取り組む地方公共団体その他関係者による全国的・広域的ネットワークの充実・強化を図る。また、海外の創造都市やユネスコ等の関係者との交流を促すとともに、文化芸術の持つ創造性を地域振興、観光・産業振興等に活用し、地域課題の解決に取り組む活動を支援する。

◆文化芸術への支援策をより有効に機能させるための日本版アーツカウンシルの本格導入について、現在、独立行政法人日本芸術文化振興会において実施されている試行的な取組の結果を踏まえ必要な措置を講ずる。

◆障害者の優れた芸術作品の所在や制作活動の現状把握や展示等を推進

－ 269 －

し、障害者の芸術活動の振興を図る。

◆衣食住に係る文化をはじめ「くらしの文化」の実態を調査・把握した上で、発掘・再興、連携・交流、発信の局面に応じた振興方策を講ずる。

◆関係府省や企業等の民間団体との連携・協力の下、全国の公演や文化芸術イベント等の情報を国内外へ発信する体制について早急に必要な調査研究を行う。

◆2020 年東京大会を見据えて、企業メセナ協議会が構築した基金をはじめ、民間団体等が設ける様々な基金への寄附等の協力を、民間企業等へ要請するとともに、企業等の文化芸術活動を促す等、民間からの多様な支援の方途を開く。

重点戦略2：文化芸術を創造し、支える人材の充実及び子供や若者を対象とした文化芸術振興策の充実

　文化芸術を創造し、支える人材の育成・充実を図り、もって我が国文化芸術の永続的な継承・発展を図る。また、全ての子供や若者が、学校や地域において本物の文化芸術に触れ、豊かな感性や創造性、コミュニケーション能力を育む機会を充実することにより、次代の文化芸術の担い手や鑑賞者を育むとともに、心豊かな子供や若者の育成を図る。

【重点的に取り組むべき施策】

◆新進芸術家の海外研修やその成果を還元する機会を充実したり、国内での研修機会を得られるようにしたりするほか、顕彰制度を拡充する等、若手をはじめとする芸術家等の育成に関する支援を充実する。また、将来の芸術家、鑑賞者や、伝承者にもつながる子供や若者の「創造力」と「想像力」を豊かにするため、子供の発達の段階に応じて、多彩な優れた芸術の鑑賞機会、伝統文化や文化財に親しむ機会を充実する。

◆子供たちのコミュニケーション能力の育成に資する文化芸術に関する体験型ワークショップをはじめ、学校における芸術教育を充実する。

◆雇用の増大を図ることも念頭に置き、文化芸術活動や施設の運営を支える専門人材の育成・活用を充実する。

◆指定管理者制度の趣旨が適切に生かされるよう、「劇場、音楽堂等の事業の活性化のための取組に関する指針」等に基づき、事業内容の充実、専門的人材の育成・確保、事業の継続性の重要性等、運用に関す

参考資料

る留意事項を周知し、理解の促進を図る。

◆無形文化財や民俗文化財、文化財を支える技術・技能の伝承者に対する支援を充実する。

重点戦略3：文化芸術の次世代への確実な継承、地域振興等への活用

　国民的財産である文化財の総合的な保存・活用を図るとともに、文化芸術を次世代へ確実に継承する。また、文化芸術の地域振興、観光・産業振興等への活用を図る。

【重点的に取り組むべき施策】

◆文化財の種別や特性に応じて、計画的に修復、防災・防犯対策その他の保存に必要な措置を講じ、文化財の適切な状態での保存・継承を図る。

◆文化財の特性や適切な保存に配慮しつつ、多様な手法を用いて積極的な公開・活用を行い、広く国民が文化財に親しむ機会を充実する。また、文化財建造物、史跡、博物館や伝統芸能等の各地に所在する有形・無形の文化芸術資源を、その価値の適切な継承にも配慮しつつ、地域振興、観光・産業振興等に活用するための取組を進める。

◆「日本遺産（Japan Heritage）」認定の仕組みを新たに創設し、歴史的魅力に溢れた文化財群を地域主体で国内外に戦略的に発信するなど、地域の複数の文化財を総合的かつ一体として活用する取組を支援する。

◆歴史文化基本構想による周辺環境を含めた地域の文化財の総合的な保存・活用の推進や、文化財登録制度等の活用により、文化財保護の裾野の拡大を図る。

◆地方公共団体等と連携して、我が国の文化遺産のユネスコ世界文化遺産やユネスコ無形文化遺産への推薦・登録を積極的に推進していくとともに、登録後の文化遺産の適切な保存・活用・継承等に取り組む。

◆水中文化遺産の保存・活用の在り方についての調査研究を進めるとともに、地方公共団体の取組を促す。

重点戦略4：国内外の文化的多様性や相互理解の促進

　伝統文化から現代の文化芸術活動に至る我が国の多彩な文化芸術を積極的に海外発信するとともに、文化芸術各分野における国際文化交流を推進することにより、文化芸術水準の向上を図るとともに、我が国に対するイメージの向上や諸外国との相互理解の促進に貢献する。

【重点的に取り組むべき施策】

◆舞台芸術、美術品等の海外公演・出展、国際共同制作等への支援を充実するとともに、各専門分野の芸術家、文化人等による海外での講演、実演等、世界の人々の日本文化への理解の深化につながる活動を展開する。

◆中核的国際芸術フェスティバルの国内開催や海外フェスティバルへの参加に対して戦略的に支援するとともに、メディア芸術祭については世界的フェスティバルとして一層充実する。

◆文化発信・交流の拠点として美術館や博物館、劇場、音楽堂等、大学の活動・内容を充実する。

◆貴重な各種文化芸術資源を継承し、次代の文化芸術創造の基盤となる知的インフラを構築するため、映画、舞台芸術、アニメ、マンガ、ゲーム、デザイン、写真、建築、文化財等の文化資産及びこれらの関連資料等の収集・保存及びデジタルアーカイブ化等を促進するとともに、国立国会図書館等の関係機関と連携しつつ分野横断的整備を検討する。特に、メディア芸術について、関連の文化施設や大学等の連携・協力を推進することにより、情報拠点を構築し、我が国のメディア芸術を広く海外に発信する。

◆外国人芸術家の積極的受入れなど、各地域において取り組まれている国際文化交流事業（アーティスト・イン・レジデンス等）を支援することで、日本各地に文化創造と国際的発信の拠点づくりを推進する。

◆地域の文化施設や歴史的建造物等を生かしたユニークベニュー[1]の公開・活用の取組を、我が国へのMICE[2]誘致や開催の魅力として位置付ける取組として支援する。

◆人類共通の財産である海外の有形・無形の文化遺産保護等を対象として、我が国の高度な知識・技術・経験を活用した国際協力を充実する。

◆東アジア各国との相互理解を促進するため、東アジア文化都市等の取組や若い世代の芸術家等の交流、関係府省、独立行政法人国際交流基金その他の関係機関等と連携した国際文化交流を推進する。

＊1＜ユニークベニュー＞歴史的建造物、文化施設や公的空間等で、会議・レセプションを開催することで特別感や地域特性を演出できる会場。
＊2＜MICE＞Meeting（企業等のミーティング）、Incentive（企業等の報奨・研修旅行）、Convention（国際会議）、Exbition/Event（展示会・イベント）の総称。

参考資料

◆日本語教育に関する地域における連携体制を構築・強化するなど、日本語教育を推進する。

重点戦略5：文化芸術振興のための体制の整備

　　重点戦略1から重点戦略4までに掲げた各施策を着実に講じていく文化振興のための施設・組織等の体制の整備を行う。

【重点的に取り組むべき施策】

◆国立の美術館、博物館や劇場の機能の充実を図るとともに、より柔軟かつ効果的な運営を行うことができる仕組みを整備する。

◆『アイヌ文化の復興等を促進するための「民族共生の象徴となる空間」の整備及び管理運営に関する基本方針』（平成26年6月13日閣議決定）に基づく取組を推進する。

◆文化芸術振興のための基本的な政策の形成や、各施策の企画立案及び評価等に資する基礎的なデータの収集や各種調査研究の充実を図る。

◆デジタル・ネットワーク社会に対応した著作権制度等の整備を図る。

第3　文化芸術振興に関する基本的施策

　　（略）

地方自治法（昭和22年4月17日法律第67号）（抄）

第1編　総則（抄）

　第1条の3　地方公共団体は、普通地方公共団体及び特別地方公共団体とする。

　　○2　普通地方公共団体は、都道府県及び市町村とする。

　　○3　特別地方公共団体は、特別区、地方公共団体の組合及び財産区とする。

　第2条　地方公共団体は、法人とする。

　　○2　普通地方公共団体は、地域における事務及びその他の事務で法律又はこれに基づく政令により処理することとされるものを処理する。

　　○3　市町村は、基礎的な地方公共団体として、第五項において都道府

－ 273 －

県が処理するものとされているものを除き、一般的に、前項の事務を処理するものとする。

○4　市町村は、前項の規定にかかわらず、次項に規定する事務のうち、その規模又は性質において一般の市町村が処理することが適当でないと認められるものについては、当該市町村の規模及び能力に応じて、これを処理することができる。

○5　都道府県は、市町村を包括する広域の地方公共団体として、第二項の事務で、広域にわたるもの、市町村に関する連絡調整に関するもの及びその規模又は性質において一般の市町村が処理することが適当でないと認められるものを処理するものとする。

○6　都道府県及び市町村は、その事務を処理するに当つては、相互に競合しないようにしなければならない。

○7　特別地方公共団体は、この法律の定めるところにより、その事務を処理する。

○8　この法律において「自治事務」とは、地方公共団体が処理する事務のうち、法定受託事務以外のものをいう。

○9　この法律において「法定受託事務」とは、次に掲げる事務をいう。

　一　法律又はこれに基づく政令により都道府県、市町村又は特別区が処理することとされる事務のうち、国が本来果たすべき役割に係るものであつて、国においてその適正な処理を特に確保する必要があるものとして法律又はこれに基づく政令に特に定めるもの（以下「第一号法定受託事務」という。）

　二　法律又はこれに基づく政令により市町村又は特別区が処理することとされる事務のうち、都道府県が本来果たすべき役割に係るものであつて、都道府県においてその適正な処理を特に確保する必要があるものとして法律又はこれに基づく政令に特に定めるもの（以下「第二号法定受託事務」という。）

○10　この法律又はこれに基づく政令に規定するもののほか、法律に定める法定受託事務は第一号法定受託事務にあつては別表第一の上欄に掲げる法律についてそれぞれ同表の下欄に、第二号法定受託事務にあつては別表第二の上欄に掲げる法律についてそれぞれ同表の下欄に掲げるとおりであり、政令に定める法定受託事務はこ

の法律に基づく政令に示すとおりである。

○ 11　地方公共団体に関する法令の規定は、地方自治の本旨に基づき、かつ、国と地方公共団体との適切な役割分担を踏まえたものでなければならない。

○ 12　地方公共団体に関する法令の規定は、地方自治の本旨に基づいて、かつ、国と地方公共団体との適切な役割分担を踏まえて、これを解釈し、及び運用するようにしなければならない。この場合において、特別地方公共団体に関する法令の規定は、この法律に定める特別地方公共団体の特性にも照応するように、これを解釈し、及び運用しなければならない。

○ 13　法律又はこれに基づく政令により地方公共団体が処理することとされる事務が自治事務である場合においては、国は、地方公共団体が地域の特性に応じて当該事務を処理することができるよう特に配慮しなければならない。

○ 14　地方公共団体は、その事務を処理するに当つては、住民の福祉の増進に努めるとともに、最少の経費で最大の効果を挙げるようにしなければならない。

○ 15　地方公共団体は、常にその組織及び運営の合理化に努めるとともに、他の地方公共団体に協力を求めてその規模の適正化を図らなければならない。

○ 16　地方公共団体は、法令に違反してその事務を処理してはならない。なお、市町村及び特別区は、当該都道府県の条例に違反してその事務を処理してはならない。

○ 17　前項の規定に違反して行つた地方公共団体の行為は、これを無効とする。

第２編　普通地方公共団体（抄）
第３章　条例及び規則（抄）
　第 14 条　普通地方公共団体は、法令に違反しない限りにおいて第二条第二項の事務に関し、条例を制定することができる。

第７章　執行機関（抄）

－ 275 －

第1節　通則（抄）

第138条の4　普通地方公共団体にその執行機関として普通地方公共団体の長の外、法律の定めるところにより、委員会又は委員を置く。

　　○2　普通地方公共団体の委員会は、法律の定めるところにより、法令又は普通地方公共団体の条例若しくは規則に違反しない限りにおいて、その権限に属する事務に関し、規則その他の規程を定めることができる。

　　○3　普通地方公共団体は、法律又は条例の定めるところにより、執行機関の附属機関として自治紛争処理委員、審査会、審議会、調査会その他の調停、審査、諮問又は調査のための機関を置くことができる。ただし、政令で定める執行機関については、この限りでない。

第2節　普通地方公共団体の長（抄）

第2款　権限（抄）

第147条　普通地方公共団体の長は、当該普通地方公共団体を統轄し、これを代表する。

第4款　議会との関係（抄）

第180条　普通地方公共団体の議会の権限に属する軽易な事項で、その議決により特に指定したものは、普通地方公共団体の長において、これを専決処分にすることができる。

　　○2　前項の規定により専決処分をしたときは、普通地方公共団体の長は、これを議会に報告しなければならない。

第3節　委員会及び委員（抄）

第1款　通則（抄）

第180条の5　執行機関として法律の定めるところにより普通地方公共団体に置かなければならない委員会及び委員は、左の通りである。

　　一　教育委員会

　　二　選挙管理委員会

　　三　人事委員会又は人事委員会を置かない普通地方公共団体にあつては公平委員会

　　四　監査委員

（第2項以下略）

第2款　教育委員会

第180条の8　教育委員会は、別に法律の定めるところにより、学校その他の教育機関を管理し、学校の組織編制、教育課程、教科書その他の教材の取扱及び教育職員の身分取扱に関する事務を行い、並びに社会教育その他教育、学術及び文化に関する事務を管理し及びこれを執行する。

第9章　財務（抄）

第9節　財産（抄）

第4款　基金

（基金）

第241条　普通地方公共団体は、条例の定めるところにより、特定の目的のために財産を維持し、資金を積み立て、又は定額の資金を運用するための基金を設けることができる。

 2　基金は、これを前項の条例で定める特定の目的に応じ、及び確実かつ効率的に運用しなければならない。

 3　第一項の規定により特定の目的のために財産を取得し、又は資金を積み立てるための基金を設けた場合においては、当該目的のためでなければこれを処分することができない。

 4　基金の運用から生ずる収益及び基金の管理に要する経費は、それぞれ毎会計年度の歳入歳出予算に計上しなければならない。

 5　第一項の規定により特定の目的のために定額の資金を運用するための基金を設けた場合においては、普通地方公共団体の長は、毎会計年度、その運用の状況を示す書類を作成し、これを監査委員の審査に付し、その意見を付けて、第二百三十三条第五項の書類と併せて議会に提出しなければならない。

 6　前項の規定による意見の決定は、監査委員の合議によるものとする。

 7　基金の管理については、基金に属する財産の種類に応じ、収入若しくは支出の手続、歳計現金の出納若しくは保管、公有財産若しくは物品の管理若しくは処分又は債権の管理の例による。

 8　第二項から前項までに定めるもののほか、基金の管理及び処分に関し必要な事項は、条例でこれを定めなければならない。

第10章　公の施設

（公の施設）

第244条　普通地方公共団体は、住民の福祉を増進する目的をもつてその利用に供するための施設（これを公の施設という。）を設けるものとする。

　2　普通地方公共団体（次条第3項に規定する指定管理者を含む。次項において同じ。）は、正当な理由がない限り、住民が公の施設を利用することを拒んではならない。

　3　普通地方公共団体は、住民が公の施設を利用することについて、不当な差別的取扱いをしてはならない。

（公の施設の設置、管理及び廃止）

第244条の2　普通地方公共団体は、法律又はこれに基づく政令に特別の定めがあるものを除くほか、公の施設の設置及びその管理に関する事項は、条例でこれを定めなければならない。

　2　普通地方公共団体は、条例で定める重要な公の施設のうち条例で定める特に重要なものについて、これを廃止し、又は条例で定める長期かつ独占的な利用をさせようとするときは、議会において出席議員の三分の二以上の者の同意を得なければならない。

　3　普通地方公共団体は、公の施設の設置の目的を効果的に達成するため必要があると認めるときは、条例の定めるところにより、法人その他の団体であつて当該普通地方公共団体が指定するもの（以下本条及び第244条の4において「指定管理者」という。）に、当該公の施設の管理を行わせることができる。

　4　前項の条例には、指定管理者の指定の手続、指定管理者が行う管理の基準及び業務の範囲その他必要な事項を定めるものとする。

　5　指定管理者の指定は、期間を定めて行うものとする。

　6　普通地方公共団体は、指定管理者の指定をしようとするときは、あらかじめ、当該普通地方公共団体の議会の議決を経なければならない。

　7　指定管理者は、毎年度終了後、その管理する公の施設の管理の業務に関し事業報告書を作成し、当該公の施設を設置する普通地方公共団体に提出しなければならない。

　8　普通地方公共団体は、適当と認めるときは、指定管理者にその管理する公の施設の利用に係る料金（次項において「利用料金」という。）

－ 278 －

参考資料

を当該指定管理者の収入として収受させることができる。

9　前項の場合における利用料金は、公益上必要があると認める場合を除くほか、条例の定めるところにより、指定管理者が定めるものとする。この場合において、指定管理者は、あらかじめ当該利用料金について該普通地方公共団体の承認を受けなければならない。

10　普通地方公共団体の長又は委員会は、指定管理者の管理する公の施設の管理の適正を期するため、指定管理者に対して、当該管理の業務又は経理の状況に関し報告を求め、実地について調査し、又は必要な指示をすることができる。

11　普通地方公共団体は、指定管理者が前項の指示に従わないときその他当該指定管理者による管理を継続することが適当でないと認めるときは、その指定を取り消し、又は期間を定めて管理の業務の全部又は一部の停止を命ずることができる。

（公の施設の区域外設置及び他の団体の公の施設の利用）

第244条の3　普通地方公共団体は、その区域外においても、また、関係普通地方公共団体との協議により、公の施設を設けることができる。

2　普通地方公共団体は、他の普通地方公共団体との協議により、当該他の普通地方公共団体の公の施設を自己の住民の利用に供させることができる。

3　前二項の協議については、関係普通地方公共団体の議会の議決を経なければならない。

（公の施設を利用する権利に関する処分についての審査請求）

第244条の4　普通地方公共団体の長以外の機関（指定管理者を含む。）がした公の施設を利用する権利に関する処分についての審査請求は、普通地方公共団体の長が当該機関の最上級行政庁でない場合においても、当該普通地方公共団体の長に対してするものとする。

2　普通地方公共団体の長は、公の施設を利用する権利に関する処分についての審査請求があつたときは、議会に諮問してこれを決定しなければならない。

3　議会は、前項の規定による諮問があつた日から二十日以内に意見を述べなければならない。

第3編　特別地方公共団体（抄）

第2章　特別区（抄）

（都と特別区との役割分担の原則）

第281条の2　都は、特別区の存する区域において、特別区を包括する広域の地方公共団体として、第二条第五項において都道府県が処理するものとされている事務及び特別区に関する連絡調整に関する事務のほか、同条第三項において市町村が処理するものとされている事務のうち、人口が高度に集中する大都市地域における行政の一体性及び統一性の確保の観点から当該区域を通じて都が一体的に処理することが必要であると認められる事務を処理するものとする。

2　特別区は、基礎的な地方公共団体として、前項において特別区の存する区域を通じて都が一体的に処理するものとされているものを除き、一般的に、第二条第三項において市町村が処理するものとされている事務を処理するものとする。

3　都及び特別区は、その事務を処理するに当たつては、相互に競合しないようにしなければならない。

劇場、音楽堂等の活性化に関する法律
（平成24年6月27日法律第49号）

目　次
前　文
第1章　総則（第1条―第9条）
第2章　基本的施策（第10条―第16条）
附　則

　我が国においては、劇場、音楽堂等をはじめとする文化的基盤については、それぞれの時代の変化により変遷を遂げながらも、国民のたゆまぬ努力により、地域の特性に応じて整備が進められてきた。

　劇場、音楽堂等は、文化芸術を継承し、創造し、及び発信する場であり、人々が集い、人々に感動と希望をもたらし、人々の創造性を育み、人々が共

参考資料

に生きる絆を形成するための地域の文化拠点である。また、劇場、音楽堂等は、個人の年齢若しくは性別又は個人を取り巻く社会的状況等にかかわりなく、全ての国民が、潤いと誇りを感じることのできる心豊かな生活を実現するための場として機能しなくてはならない。その意味で、劇場、音楽堂等は、常に活力ある社会を構築するための大きな役割を担っている。

　さらに現代社会においては、劇場、音楽堂等は、人々の共感と参加を得ることにより「新しい広場」として、地域コミュニティの創造と再生を通じて、地域の発展を支える機能も期待されている。また、劇場、音楽堂等は、国際化が進む中では、国際文化交流の円滑化を図り、国際社会の発展に寄与する「世界への窓」にもなることが望まれる。

　このように、劇場、音楽堂等は、国民の生活においていわば公共財ともいうべき存在である。

　これに加え、劇場、音楽堂等で創られ、伝えられてきた実演芸術は、無形の文化遺産でもあり、これを守り、育てていくとともに、このような実演芸術を創り続けていくことは、今を生きる世代の責務とも言える。

　我が国の劇場、音楽堂等については、これまで主に、施設の整備が先行して進められてきたが、今後は、そこにおいて行われる実演芸術に関する活動や、劇場、音楽堂等の事業を行うために必要な人材の養成等を強化していく必要がある。また、実演芸術に関する活動を行う団体の活動拠点が大都市圏に集中しており、地方においては、多彩な実演芸術に触れる機会が相対的に少ない状況が固定化している現状も改善していかなければならない。

　こうした劇場、音楽堂等を巡る課題を克服するためには、とりわけ、個人を含め社会全体が文化芸術の担い手であることについて国民に認識されるように、劇場、音楽堂等を設置し、又は運営する者、実演芸術に関する活動を行う団体及び芸術家、国及び地方公共団体、教育機関等が相互に連携協力して取り組む必要がある。

　また、文化芸術の特質を踏まえ、国及び地方公共団体が劇場、音楽堂等に関する施策を講ずるに当たっては、短期的な経済効率性を一律に求めるのではなく、長期的かつ継続的に行うよう配慮する必要がある。

　ここに、このような視点に立ち、文化芸術振興基本法の基本理念にのっとり、劇場、音楽堂等の役割を明らかにし、将来にわたって、劇場、音楽堂等がその役割を果たすための施策を総合的に推進し、心豊かな国民生活及び活

力ある地域社会の実現並びに国際社会の調和ある発展を期するため、この法律を制定する。

第1章　総則

（目的）

第1条　この法律は、文化芸術振興基本法（平成13年法律第148号）の基本理念にのっとり、劇場、音楽堂等の活性化を図ることにより、我が国の実演芸術の水準の向上等を通じて実演芸術の振興を図るため、劇場、音楽堂等の事業、関係者並びに国及び地方公共団体の役割、基本的施策等を定め、もって心豊かな国民生活及び活力ある地域社会の実現並びに国際社会の調和ある発展に寄与することを目的とする。

（定義）

第2条　この法律において「劇場、音楽堂等」とは、文化芸術に関する活動を行うための施設及びその施設の運営に係る人的体制により構成されるもののうち、その有する創意と知見をもって実演芸術の公演を企画し、又は行うこと等により、これを一般公衆に鑑賞させることを目的とするもの（他の施設と一体的に設置されている場合を含み、風俗営業等の規制及び業務の適正化等に関する法律（昭和23年法律第122号）第2条第1項に規定する風俗営業又は同条第五項に規定する性風俗関連特殊営業を行うものを除く。）をいう。

2　この法律において「実演芸術」とは、実演により表現される音楽、舞踊、演劇、伝統芸能、演芸その他の芸術及び芸能をいう。

（劇場、音楽堂等の事業）

第3条　劇場、音楽堂等の事業は、おおむね次に掲げるものとする。

1　実演芸術の公演を企画し、又は行うこと。

2　実演芸術の公演又は発表を行う者の利用に供すること。

3　実演芸術に関する普及啓発を行うこと。

4　他の劇場、音楽堂等その他の関係機関等と連携した取組を行うこと。

5　実演芸術に係る国際的な交流を行うこと。

6　実演芸術に関する調査研究、資料の収集及び情報の提供を行うこと。

7　前各号に掲げる事業の実施に必要な人材の養成を行うこと。

8　前各号に掲げるもののほか、地域社会の絆の維持及び強化を図るとともに、共生社会の実現に資するための事業を行うこと。

参考資料

（劇場、音楽堂等を設置し、又は運営する者の役割）

第4条　劇場、音楽堂等を設置し、又は運営する者は、劇場、音楽堂等の事業（前条に規定する劇場、音楽堂等の事業をいう。以下同じ。）を、それぞれその実情を踏まえつつ、自主的かつ主体的に行うことを通じて、実演芸術の水準の向上等に積極的な役割を果たすよう努めるものとする。

（実演芸術団体等の役割）

第5条　実演芸術に関する活動を行う団体及び芸術家（以下「実演芸術団体等」という。）は、それぞれその実情を踏まえつつ、自主的かつ主体的に、実演芸術に関する活動の充実を図るとともに、劇場、音楽堂等の事業に協力し、実演芸術の水準の向上等に積極的な役割を果たすよう努めるものとする。

（国の役割）

第6条　国は、この法律の目的を達成するため、劇場、音楽堂等に係る環境の整備その他の必要な施策を総合的に策定し、及び実施する役割を果たすよう努めるものとする。

（地方公共団体の役割）

第7条　地方公共団体は、この法律の目的を達成するため、自主的かつ主体的に、その地域の特性に応じた施策を策定し、及び当該地方公共団体の区域内の劇場、音楽堂等を積極的に活用しつつ実施する役割を果たすよう努めるものとする。

（劇場、音楽堂等の関係者等の相互の連携及び協力等）

第8条　劇場、音楽堂等を設置し、又は運営する者、実演芸術団体等その他の関係者（次項及び第16条第2項において「劇場、音楽堂等の関係者」という。）並びに国及び地方公共団体は、この法律の目的を達成するため、相互に連携を図りながら協力するよう努めるものとする。

2　国及び地方公共団体は、この法律に基づく施策を策定し、及び実施するに当たっては、劇場、音楽堂等の関係者の自主性を尊重するものとする。

（国及び地方公共団体の措置）

第9条　国及び地方公共団体は、この法律の目的を達成するため、必要な助言、情報の提供、財政上、金融上及び税制上の措置その他の措置を講ず

－ 283 －

るよう努めるものとする。

第2章　基本的施策

（国際的に高い水準の実演芸術の振興等）

第10条　国は、国際的に高い水準の実演芸術の振興並びに我が国にとって歴史上又は芸術上価値が高い実演芸術の継承及び発展を図るため、次に掲げる施策その他必要な施策を講ずるものとする。

1　独立行政法人を通じて劇場、音楽堂等の事業を行うこと。

2　地方公共団体が講ずる劇場、音楽堂等に関する施策、劇場、音楽堂等を設置し、又は運営する民間事業者（次項及び第12条第2項において「民間事業者」という。）が行う劇場、音楽堂等の事業及び実演芸術団体等が劇場、音楽堂等において行う実演芸術に関する活動への支援を行うこと。

2　前項に定めるもののほか、国は、地方公共団体及び民間事業者に対し、その求めに応じて、我が国の実演芸術の水準の向上に資する事業を行うために必要な知識又は技術等の提供に努めるものとする。

（国際的な交流の促進）

第11条　国は、外国の多彩な実演芸術の鑑賞の機会が国民に提供されるようにするとともに、我が国の実演芸術の海外への発信を促進するため、我が国の劇場、音楽堂等が行う国際的な交流への支援その他の必要な施策を講ずるものとする。

（地域における実演芸術の振興）

第12条　地方公共団体は、地域の特性に応じて当該地域における実演芸術の振興を図るため、劇場、音楽堂等の事業の実施その他の必要な施策を講ずるものとする。

2　国は、国民がその居住する地域にかかわらず等しく、実演芸術を鑑賞し、これに参加し、又はこれを創造することができるよう、前項の規定に基づき地方公共団体が講ずる施策、民間事業者が行う劇場、音楽堂等の事業及び実演芸術団体等が劇場、音楽堂等において行う実演芸術に関する活動への支援その他の必要な施策を講ずるものとする。

（人材の養成及び確保等）

第13条　国及び地方公共団体は、制作者、技術者、経営者、実演家その他の劇場、音楽堂等の事業を行うために必要な専門的能力を有する者を養

成し、及び確保するとともに、劇場、音楽堂等の職員の資質の向上を図るため、劇場、音楽堂等と大学等との連携及び協力の促進、研修の実施その他の必要な施策を講ずるものとする。

（国民の関心と理解の増進）

第14条　国及び地方公共団体は、劇場、音楽堂等において行われる実演芸術に対する国民の関心と理解を深めるため、教育活動及び啓発活動の実施その他の必要な施策を講ずるものとする。

2　国及び地方公共団体は、この法律に基づく施策を実施するに当たっては、国民の理解を得るよう努めるものとする。

（学校教育との連携）

第15条　国及び地方公共団体は、学校教育において、実演芸術を鑑賞し、又はこれに参加することができるよう、これらの機会の提供その他の必要な施策を講ずるものとする。

（劇場、音楽堂等の事業の活性化に関する指針）

第16条　文部科学大臣は、劇場、音楽堂等を設置し、又は運営する者が行う劇場、音楽堂等の事業の活性化のための取組に関する指針を定めることができる。

2　文部科学大臣は、前項の指針を定め、又はこれを変更しようとするときは、あらかじめ、劇場、音楽堂等の関係者の意見を聴くものとする。

3　文部科学大臣は、第一項の指針を定め、又はこれを変更したときは、遅滞なく、これを公表するものとする。

附　則

（施行期日）

1　この法律は、公布の日から施行する。

（検討）

2　政府は、この法律の施行後適当な時期において、この法律の施行の状況を勘案し、必要があると認めるときは、劇場、音楽堂等の事業及びその活性化による実演芸術の振興の在り方について総合的に検討を加え、その結果に基づいて必要な措置を講ずるものとする。

劇場、音楽堂等の活性化のための取組に関する指針

（平成 25 年文部科学省告示第 60 号）

目次

前文

第1　定義

第2　設置者又は運営者の取組に関する事項

　　1　運営方針の明確化に関する事項

　　2　質の高い事業の実施に関する事項

　　3　専門的人材の養成・確保及び職員の資質の向上に関する事項

　　4　普及啓発の実施に関する事項

　　5　関係機関との連携・協力に関する事項

　　6　国際交流に関する事項

　　7　調査研究に関する事項

　　8　経営の安定化に関する事項

　　9　安全管理等に関する事項

　　10　指定管理者制度の運用に関する事項

第3　国、地方公共団体の取組等に関する事項

　　1　国の取組に関する事項

　　2　地方公共団体の取組に関する事項

　　3　その他の関係機関の協力に関する事項

　本指針は、劇場、音楽堂等の活性化に関する法律（平成 24 年法律第 49 号。以下「法」という。）第 16 条第 1 項の規定に基づき、設置者又は運営者が、実演芸術団体等、国及び地方公共団体並びに教育機関等と連携・協力しつつその設置又は運営する劇場、音楽堂等の事業を進める際の目指すべき方向性を明らかにすることにより、劇場、音楽堂等の事業の活性化を図ろうとするものである。

　劇場、音楽堂等は、文化芸術に関する活動を行うための施設及びその施設の運営に係る人的体制により構成されるもののうち、その有する創意と知見をもって実演芸術の公演を企画し、又は行うこと等により、これを一般公衆に鑑賞させることを目的とするものである。

　劇場、音楽堂等は、文化芸術を継承し、創造し、及び発信する場であり、

また、人々が集い、人々に感動と希望をもたらし、人々の創造性を育み、人々が共に生きる絆を形成するための地域の文化拠点である。また、個人の年齢若しくは性別又は個人を取り巻く社会的状況等にかかわりなく、全ての国民が、潤いと誇りを感じることのできる心豊かな生活を実現するための場として、また、社会参加の機会を開く社会包摂の機能を有する基盤として、常に活力ある社会を構築するための大きな役割を担っている。

　さらに現代社会においては、劇場、音楽堂等は、「新しい広場」として、地域コミュニティの創造と再生を通じて地域の発展を支える機能や、国際化が進む中で国際文化交流の円滑化を図り国際社会の発展に寄与する「世界への窓」になる役割も期待されており、国民の生活においていわば公共財ともいうべき存在である。また、劇場、音楽堂等で創られ、伝えられてきた実演芸術は、無形の文化遺産でもあり、これを守り、育てていくとともに、新たに創り続けていくことが求められる。

　我が国の劇場、音楽堂等については、これまで主に、施設の整備が先行して進められてきたが、今後は、そこにおいて行われる実演芸術に関する活動や、劇場、音楽堂等の事業を行うために必要な人材の養成等を強化していく必要がある。また、実演芸術に関する活動を行う団体の活動拠点が大都市圏に集中しており、地方においては、多彩な実演芸術に触れる機会が相対的に少ない状況が固定化している現状も改善していかなければならない。

　本指針は、こうした諸課題を克服し、劇場、音楽堂等の事業の活性化を図ることを目的として、設置者又は運営者が取り組むべき事項を定めるものである。

　なお、本指針は、劇場、音楽堂等をめぐり新たな課題等が生じた場合には、適時にこれを見直すこととする。

第1　定義

　この告示において使用する用語は、法において使用する用語の例による。

第2　設置者又は運営者の取組に関する事項

1　運営方針の明確化に関する事項

　劇場、音楽堂等を設置する者（以下「設置者」という。）は、法前文に示された趣旨を踏まえつつ、劇場、音楽堂等の事業の実施を通じて、その

設置する劇場、音楽堂等の設置目的を適切に実現することが求められる。このため、設置者は、その設置する劇場、音楽堂等の運営方針を長期的視点に立って明確に定め、同方針の内容に応じ、劇場、音楽堂等において実演芸術の公演又は発表を鑑賞する者、劇場、音楽堂等の事業に参加する者その他の劇場、音楽堂等を利用する者（以下「利用者」という。）、実演芸術団体等その他の国民又は住民（以下「利用者等」という。）に同方針を周知し、新たな課題等が生じた場合には、必要に応じ同方針を適切に見直すよう努めるものとする。なお、地方公共団体が設置する劇場、音楽堂等については、各地方公共団体が定めた文化芸術振興のための条例・計画等に則しつつ、同方針を定める必要がある。

2 質の高い事業の実施に関する事項

(1) 設置者又は劇場、音楽堂等を運営する者（以下「運営者」という。）は、法第3条に規定する劇場、音楽堂等の事業の全部又は一部について、その設置又は運営する劇場、音楽堂等の設置目的及び運営方針を踏まえ、実施する事業を適切に決定するよう努めるものとする。また、実施することを決定したそれぞれの事業については、創造性及び企画性の高い事業、特色のある事業、利用者等のニーズ等に対応した事業その他の質の高い事業として実施するよう努めるものとする。

劇場、音楽堂等の事業の企画及び実施に当たっては、設置者又は運営者は、その設置又は運営する劇場、音楽堂等の実態等を勘案しつつ、次の事項に留意する必要がある。

ア　実演芸術の公演を企画し、実施した実績が相当程度ある劇場、音楽堂等にあっては、創造性及び企画性がより高く、かつ、特色のある実演芸術の公演を実施し、その成果を広く国内外に発信すること。

イ　ア以外の劇場、音楽堂等にあっては、その設置又は運営する劇場、音楽堂等の実態や利用者等のニーズ等を勘案しつつ、創造性及び企画性を要する実演芸術の公演を試行するなどの姿勢が求められること。

ウ　実演芸術の公演を行う者の利用に供する事業の実施に当たっては、その設置又は運営する劇場、音楽堂等の設置目的及び運営方

針を踏まえるとともに、利用者等のニーズ等を十分に勘案すること。

エ　年齢や障害の有無等にかかわらず、より多くの利用者が実演芸術の公演を鑑賞できるよう、字幕を表示した公演を実施するなどの様々な工夫や配慮等を行うこと。

(2) 設置者は、その設置する劇場、音楽堂等の事業について、適切な評価基準を設定し、毎年の利用状況等の短期的な視点のみならず実演芸術の水準の向上や地域の活性化への貢献などの長期的な視点も踏まえた評価を適切に実施するよう努めるものとする。さらに、設置者は、劇場、音楽堂等の事業の評価結果と当該劇場、音楽堂等の設置目的及び運営方針との整合性を検証し、評価結果を事業内容の見直しに適切に反映させるよう努めるものとする。評価の実施に当たっては、設置者は、利用者等の視点に配慮するとともに、定量的指標のみでは測り得ない実演芸術の定性的側面に十分に留意する必要がある。

3　専門的人材の養成・確保及び職員の資質の向上に関する事項

(1) 設置者又は運営者は、その設置する劇場、音楽堂等の運営を適切に行うため、当該劇場、音楽堂等の設置目的及び運営方針を踏まえ、実演芸術の公演等を企画制作する能力、舞台関係の施設・設備を運用する能力、組織・事業を管理運営する能力、実演芸術を創造する能力その他の劇場、音楽堂等の事業を行うために必要な専門的能力を有する人材（以下「専門的人材」という。）の養成を行うよう努めるものとする。このため、設置者又は運営者は、その設置又は運営する劇場、音楽堂等の実態等を勘案しつつ、他の劇場、音楽堂等、実演芸術団体等及び大学等と連携・協力し、実践的な知識及び技術を習得するための研修その他の養成のための機会を設けるとともに、人材交流を行うよう努めるものとする。

この場合において、設置者又は運営者は、次の事項に留意する必要がある。

ア　その設置又は運営する劇場、音楽堂等の設置目的を実現し、運営方針を踏まえた劇場、音楽堂等の事業を実施するために必要な専門的人材が配置されている施設にあっては、指導者の派遣、研究

— 289 —

会の開催等により、自らの専門的知見を広く他の劇場、音楽堂等及び実演芸術団体等に提供すること。

イ　ア以外の劇場、音楽堂等にあっては、必要な専門的人材が配置されている劇場、音楽堂等との継続的な連携・協力関係を構築することにより、専門的助言を得られる体制を確保すること。

ウ　その設置又は運営する劇場、音楽堂等と大学等との連携・協力に当たっては、実践的な知識及び技術の効果的な習得を重視すること。このため、劇場、音楽堂等及び実演芸術団体等の専門的人材が劇場、音楽堂等の施設等も活用しつつ、大学等における授業を行うことなどの取組を行うこと。また、学生が劇場、音楽堂等において専門的な業務を体験する効果的なインターンシップの実施を検討するとともに、将来的には連携大学院制度等の活用等も検討すること。

(2) 設置者又は運営者は、その設置又は運営する劇場、音楽堂等の設置目的及び運営方針を踏まえ、当該劇場、音楽堂等の事業の実施に求められる専門的人材の範囲の特定、確保の方法、職制等を明確にし、専門的人材を配置するとともに、各自の能力を十分に発揮し得る職場環境を確保するよう努めるものとする。

この場合において、設置者又は運営者は、その設置又は運営する劇場、音楽堂等の実態等を勘案しつつ、次の事項に留意する必要がある。

ア　その設置又は運営する劇場、音楽堂等の設置目的を実現し、運営方針を踏まえた劇場、音楽堂等の事業を実施するために必要な専門的人材が配置されている施設にあっては、より質の高い事業を継続的に実施する観点から、年齢構成に配慮しつつ、分野ごとに必要な専門的人材を適正に配置すること。また、劇場、音楽堂等の事業を管理運営する能力を有する専門的人材を配置するに当たっては、質の高い事業を実施するため、各事業間相互の連携が図られるよう配慮すること。

イ　ア以外の劇場、音楽堂等にあっては、必要な専門的人材が配置されている劇場、音楽堂等から必要に応じて専門的な助言・協力を得つつ、その設置又は運営する劇場、音楽堂等の事業の実施に求められる専門的人材を配置する優先順位、配置方法等を検討する

－ 290 －

とともに、職制を整理し、専門的人材の効果的な配置及び充実を
図ること。
(3) 設置者又は運営者は、その設置する劇場、音楽堂等を適切に運営す
るため、関係機関と連携・協力しつつ、職員の資質の向上を図る研修等
を行うよう努めるものとする。

4 普及啓発の実施に関する事項

(1) 設置者又は運営者は、その設置又は運営する劇場、音楽堂等の設置
目的及び運営方針を踏まえ、当該劇場、音楽堂等が実施する普及啓発の
ための事業について利用者等に周知し、関係事業を適切に実施するよう
努めるものとする。

　この場合において、設置者又は運営者は、その設置又は運営する劇場、
音楽堂等の実態等を勘案しつつ、次の事項に留意する必要がある。

　ア　実演芸術の公演等の鑑賞機会の提供にとどまらず、利用者が参加
　　する取組を行うこと。その際には、利用者の実演芸術に対する関
　　心及び実演芸術に関する活動に取り組む意欲を引き出し高めるよ
　　う工夫すること。

　イ　利用者等に対し、実演芸術に親しむ機会を広く提供するため、積
　　極的に実演芸術の公演等の鑑賞機会を設けるとともに、教育機関、
　　福祉施設、医療機関等の関係機関と連携・協力しつつ、年齢や障
　　害の有無等にかかわらず利用者等の社会参加の機会を拡充する観
　　点からの様々な取組を進めること。

(2) 設置者又は運営者は、その設置又は運営する劇場、音楽堂等を活用し、
特に児童生徒等に対して質の高い実演芸術に触れる機会を提供するよう
努めるものとする。

　この場合において、設置者又は運営者は、その設置又は運営する劇場、
音楽堂等の実態等を勘案しつつ、次の事項に留意する必要がある。

　ア　地方公共団体その他の学校の設置者、教育機関及び実演芸術団体
　　等との間に意見交換等の場を設けるなどして、地域全体で児童生
　　徒等を対象とした質の高い実演芸術に触れる機会を充実する取組
　　を行うこと。

　イ　実演芸術団体等と連携・協力し、学校を訪問して実演芸術の公演

を行うなどの取組を行うこと。

5 関係機関との連携・協力に関する事項

　設置者又は運営者は、その設置又は運営する劇場、音楽堂等の事業の活性化を図るため、他の劇場、音楽堂等、実演芸術団体等、教育機関等との連携・協力を積極的に進め、当該劇場、音楽堂等の設置目的及び運営方針との整合性に留意しつつ、長期にわたり相互に利点を享受できる効果的な連携・協力関係を構築するよう努めるものとする。

　この場合において、設置者又は運営者は、その設置又は運営する劇場、音楽堂等の実態等を勘案しつつ、次の事項に留意する必要がある。

　ア　連携・協力する内容を当事者間であらかじめ十分に協議し、必要に応じ、合意した事項を協定等の形で文書化し、定期的に連携・協力する内容の見直しを行うこと。

　イ　近隣に所在する機関同士の連携・協力にとどまらず、所在する地域にかかわらず目指す方向性の一致する機関との間でも連携・協力を行うこと。この場合において、特定の事業の領域において高い実績を有する劇場、音楽堂等にあっては、当該事業の領域における専門的知見を他の劇場、音楽堂等及び実演芸術団体等に積極的に提供するなど、広域的に支援を行う役割を果たすことが望まれること。

　ウ　利用者に対しより質の高い実演芸術の公演を鑑賞する機会を提供する観点から、他の劇場、音楽堂等及び実演芸術団体等と連携・協力し、共同制作、巡回公演、技術提供その他の取組や情報交換を行うとともに、施設の効果的な活用等について検討すること。

　エ　国立劇場及び新国立劇場にあっては、実演芸術に関する高度の専門的知見の提供など他の劇場、音楽堂等と積極的に連携・協力する方策について検討すること。他の劇場、音楽堂等にあっては、国立劇場及び新国立劇場が有する専門的知見の活用などの連携・協力について検討すること。

6 国際交流に関する事項

設置者又は運営者は、その設置又は運営する劇場、音楽堂等の設置目的、運営方針、実態等を勘案しつつ、実演芸術に関する国際交流を推進するよう努めるものとする。

この場合において、設置者又は運営者は、次の事項に留意する必要がある。

　ア　その設置又は運営する劇場、音楽堂等の所在する地域に居住する外国人、訪日外国人旅行者等との交流を図る取組を行うこと。

　イ　必要に応じ、海外の劇場、音楽堂等又は実演芸術団体等と連携・協力し、人的交流や情報交換を行うほか、一定期間地域に滞在し創造活動を行う芸術家の受入れ等を行うこと。

　ウ　必要に応じ、海外の劇場、音楽堂等又は実演芸術団体等と連携・協力して、海外公演の実施、国内への公演の招致、国際共同制作等を行うこと。

7　調査研究に関する事項

設置者又は運営者は、その設置又は運営する劇場、音楽堂等の事業の充実を図るため、実演芸術の動向、事業の効果、利用者等のニーズや評価等に関する調査研究機能の強化に努めるものとする。

この場合において、設置者又は運営者は、その設置又は運営する劇場、音楽堂等の実態等を勘案しつつ、次の事項に留意する必要がある。

　ア　その設置又は運営する劇場、音楽堂等の事業の実施等を通じて得た知見等を他の劇場、音楽堂等に積極的に提供したり、他の劇場、音楽堂等と共同して調査研究を行ったりするなど、他の機関との連携・協力を推進すること。

　イ　必要に応じ、実演芸術に関する豊富な知見等を有する大学等、国立劇場、新国立劇場、実演芸術団体等その他の関係者との連携・協力を推進すること。

8　経営の安定化に関する事項

(1) 設置者又は運営者は、その設置又は運営する劇場、音楽堂等の事業の実施に当たって、国民又は住民の実演芸術に対する関心を高め、利用者の拡大を図るための工夫を行うよう努めるものとする。

この場合において、設置者又は運営者は、その設置又は運営する劇場、音楽堂等の実態等を勘案しつつ、次の事項に留意する必要がある。

ア　利用者等のニーズや評価等に関する調査研究の成果を、その設置又は運営する劇場、音楽堂等の事業の実施に適切に活用すること。

イ　その設置又は運営する劇場、音楽堂等の社会的意義及び事業内容について積極的に広報等を行うことにより、国民又は住民の実演芸術に関する理解の増進並びに当該劇場、音楽堂等及びその行う事業についての支持の拡大に努めること。

ウ　普及啓発のための事業を積極的に実施することにより、劇場、音楽堂等において実演芸術の公演又は発表を鑑賞する者の育成を図ること。

エ　観光、社会福祉等の分野の機関との連携・協力を図り、より多様で効果的な劇場、音楽堂等の活用を図ること。

(2) 設置者又は運営者は、その設置又は運営する劇場、音楽堂等の経営の安定化を図るため、当該劇場、音楽堂等の事業の質を維持することを前提に、多様な財源を確保するよう努めるものとする。

この場合において、設置者又は運営者は、その設置又は運営する劇場、音楽堂等の実態等を勘案しつつ、次の事項に留意する必要がある。

ア　公的助成事業若しくは民間助成事業による助成金又は政策金融機関若しくは民間金融機関による融資等を活用すること。

イ　法人及び個人からの寄附金の活用を図ること。

ウ　賛助会員の制度等の構築及び運用を図ること。

(3) 設置者又は運営者は、利用者等から日常的に寄せられる要望等に対応するための体制を整えるとともに、要望等の内容を積極的に把握・分析し、適切な対応策を講じるよう努めるものとする。

9　安全管理等に関する事項

(1) 設置者又は運営者は、その設置又は運営する劇場、音楽堂等が安全かつ快適な施設として維持管理されるよう、施設・設備の定期的な保守点検等を適切に行うよう努めるものとする。特に、経年劣化した施設・設備の改修等については、設置者において計画を立て着実に実施するとともに、設置者と運営者との間で、それぞれの責任を明確にし、適切な

参考資料

分担を図るよう努めるものとする。

(2) 設置者又は運営者は、質の高い事業の実施と施設・設備の安全管理との両立を図る観点から、事業を安全に実施し得る環境を確保するための安全管理に係る規程を整備し、その設置又は運営する劇場、音楽堂等の職員に徹底するとともに、施設・設備の安全管理を適切に行い得る体制の整備に努めるものとする。この場合において、設置者又は運営者は、実演芸術の公演等の企画制作や舞台関係の施設・設備の運用を行う団体、実演芸術団体等、劇場、音楽堂等の関係団体が連携・協力して作成する劇場、音楽堂等の安全管理に関する基準等を参考とすることも考えられる。

(3) 設置者又は運営者は、避難、救助その他の災害応急対策及び災害復旧等の非常時における対応についてあらかじめ検討し、必要な対策を講じるよう努めるものとする。

　この場合において、設置者又は運営者は、その設置又は運営する劇場、音楽堂等の実態を勘案しつつ、次の事項に留意する必要がある。

　　ア　非常時においても劇場、音楽堂等の業務を適切に執行することができるよう、優先業務を選定するとともに、事業継続体制や他の劇場、音楽堂等との連携・協力体制等を整えること。

　　イ　災害時において一時的に被災者を受け入れることにも配慮すること。

10　指定管理者制度の運用に関する事項

　指定管理者制度は、住民の福祉を増進する目的を持ってその利用に供するための施設である公の施設の管理運営について、民間事業者等が有するノウハウを活用することにより、住民サービスの質の向上を図っていくことで、それぞれの施設の設置目的を効果的に達成するため、設けられたものである。

　指定管理者制度により劇場、音楽堂等の管理運営を行う場合には、設置者は、創造性及び企画性が劇場、音楽堂等の事業の質に直結するという施設の特性に基づき、事業内容の充実、専門的人材の養成・確保、事業の継続性等の重要性を踏まえつつ、同制度の趣旨を適切に生かし得る方策を検討するよう努めるものとする。

この場合において、設置者は、その設置する劇場、音楽堂等の実態等を勘案しつつ、次の事項に留意する必要がある。

ア　劇場、音楽堂等の機能を十分発揮するため、質の高い事業を実施することができる専門的な知識及び技術を有する指定管理者を選定すること。このため、指定管理者を公募により選定する場合には、適切な者を選定できるよう、選考基準や選考方法を十分に工夫すること。

イ　優れた実演芸術の公演等の制作、有能な専門的人材の養成・確保等には一定期間を要するという劇場、音楽堂等の特性を踏まえ、適切な指定管理期間を定めること。

ウ　指定管理者が実演芸術の公演を企画し、実施する場合には、これを円滑に実施できるようその実施方法等を協定等に適切に位置付けるなど配慮すること。

エ　指定管理者が劇場、音楽堂等の事業を円滑に行うことができるよう、指定管理者との間で十分な意思疎通を図ること。

第3　国、地方公共団体の取組等に関する事項

1　国の取組に関する事項

国は、法前文の趣旨を踏まえるとともに、法第1条に規定された目的を達成するため、法各条の規定に基づき、次の事項について適切な対応を行うものとする。

ア　劇場、音楽堂等に係る環境の整備その他の必要な施策を総合的に策定し、実施する役割を果たすよう努めること。

イ　設置者又は運営者、実演芸術団体等その他の関係者及び地方公共団体と相互に連携を図りながら協力するよう努めること。

ウ　必要な助言、情報の提供、財政上、金融上及び税制上の措置その他の措置を講ずるよう努めること。

エ　国際的に高い水準の実演芸術の振興並びに我が国にとって歴史上又は芸術上価値が高い実演芸術の継承及び発展を図るため、次に掲げる施策その他必要な施策を講ずること。

（ア）独立行政法人を通じて劇場、音楽堂等の事業を行うこと。

（イ）地方公共団体が講ずる劇場、音楽堂等に関する施策、民間事業

者が行う劇場、音楽堂等の事業及び実演芸術団体等が劇場、音楽堂等において行う実演芸術に関する活動への支援を行うこと。

オ　エのほか、地方公共団体及び民間事業者に対し、その求めに応じて、我が国の実演芸術の水準の向上に資する事業を行うための必要な知識又は技術等の提供に努めること。

カ　外国の多彩な実演芸術の鑑賞の機会が国民に提供されるようにするとともに、我が国の実演芸術の海外への発信を促進するため、我が国の劇場、音楽堂等が行う国際的な交流への支援その他の必要な施策を講ずること。

キ　国民がその居住する地域にかかわらず等しく、実演芸術を鑑賞し、これに参加し、又はこれを創造することができるよう、２エに基づき地方公共団体が講ずる施策、民間事業者が行う劇場、音楽堂等の事業及び実演芸術団体等が劇場、音楽堂等において行う実演芸術に関する活動への支援その他の必要な施策を講ずること。

ク　制作者、技術者、経営者、実演家その他の劇場、音楽堂等の事業を行うために必要な専門的人材を養成し、及び確保するとともに、劇場、音楽堂等の職員の資質の向上を図るため、劇場、音楽堂等と大学等との連携及び協力の促進、研修の実施その他の必要な施策を講ずること。

ケ　劇場、音楽堂等において行われる実演芸術に対する国民の関心と理解を深めるため、教育活動及び啓発活動の実施その他の必要な施策を講ずること。

コ　法に基づく施策を実施するに当たっては、国民の理解を得るよう努めること。

サ　学校教育において、実演芸術を鑑賞し、又はこれに参加することができるよう、これらの機会の提供その他の必要な施策を講ずること。

2　地方公共団体の取組に関する事項

　地方公共団体は、法前文の趣旨を踏まえるとともに、法第１条に規定された目的を達成するため、法各条の規定に基づき、次の事項について適切

な対応を行うものとする。

　　ア　自主的かつ主体的に、その地域の特性に応じた施策を策定し、及び当該地方公共団体の区域内の劇場、音楽堂等を積極的に活用しつつ実施する役割を果たすよう努めること。

　　イ　設置者又は運営者、実演芸術団体等その他の関係者及び国と相互に連携を図りながら協力するよう努めること。

　　ウ　必要な助言、情報の提供、財政上、金融上及び税制上の措置その他の措置を講ずるよう努めること。

　　エ　地域の特性に応じて当該地域における実演芸術の振興を図るため、劇場、音楽堂等の事業の実施その他の必要な施策を講ずること。

　　オ　制作者、技術者、経営者、実演家その他の劇場、音楽堂等の事業を行うために必要な専門的人材を養成し、及び確保するとともに、劇場、音楽堂等の職員の資質の向上を図るため、劇場、音楽堂等と大学等との連携及び協力の促進、研修の実施その他の必要な施策を講ずること。

　　カ　劇場、音楽堂等において行われる実演芸術に対する国民の関心と理解を深めるため、教育活動及び啓発活動の実施その他の必要な施策を講ずること。

　　キ　法に基づく施策を実施するに当たっては、国民の理解を得るよう努めること。

　　ク　学校教育において、実演芸術を鑑賞し、又はこれに参加することができるよう、これらの機会の提供その他の必要な施策を講ずること。

3　その他の関係機関の協力に関する事項

　法前文の趣旨を踏まえるとともに、法第1条に規定された目的を達成するため、本指針に定める事項を設置者又は運営者、国及び地方公共団体が実施するに当たっては、実演芸術団体等、教育機関等は積極的に協力することが求められる。

参考文献

W.J. ボウモル・W.G. ボウエン著、池上惇・渡辺守章監訳『舞台芸術 芸術と経済のジレンマ』芸団協出版部、1994 年

デイヴィッド・スロスビー著、後藤和子・阪本崇監訳『文化政策の経済学』ミネルヴァ書房、2014 年

池上惇『文化と固有価値の経済学』岩波書店、2003 年

池上惇・端信行・福原義春・堀田力編『文化政策入門―文化の風が社会を変える―』丸善、2001 年

池上惇・植木浩・福原義春編『文化経済学』有斐閣、1998 年

伊藤裕夫・片山泰輔・小林真理・中川幾郎・山崎稔恵『新訂アーツ・マネジメント概論』水曜社、2004 年

内田新「文化財保護法概説（1）」『自治研究（第 58 巻第 4 号）』第一法規、1982 年、pp.42-66

内田新「文化財保護法概説（2）」『自治研究（第 58 巻第 7 号）』第一法規、1982 年、pp.42-75

木田拓也「『工芸館』の誕生：『近衛師団司令部庁舎』の再生と谷口吉郎」東京国立近代美術館『工芸館開館 30 周年記念展Ⅰ 工芸館 30 年のあゆみ』、2007 年、pp.170-179

小林直樹『憲法の構成原理』東京大学出版会、1961 年

小林直樹『憲法講義上〔新版〕』東京大学出版会、1980 年

小林真理『文化権の確立に向けて―文化法の国際比較と日本の現実―』勁草書房、2004 年

後藤和子『文化と都市の公共政策』有斐閣、2005 年

後藤和子編『文化政策学―法・経済・マネジメント―』有斐閣コンパクト、2001 年

後藤和子『芸術文化の公共政策』勁草書房、1998 年

佐々木雅幸『創造都市への挑戦―産業と文化の息づく街へ―』岩波書店、2001 年

佐々木雅幸＋総合研究開発機構編『創造都市への展望―都市の文化政策とまちづくり―』学芸出版社、2007 年

佐藤良子「文化芸術活動への公的支援の枠組み－芸術文化振興基金の創設以降を中心に」日本音楽芸術マネジメント学会『音楽芸術マネジメント第 4 号』、2012 年、pp.37-47

椎名慎太郎「第 1 部 文化財保護法・学術法」椎名慎太郎・稗貫俊文『文化・学術法』ぎょうせい、1986 年、pp.1-212

清水裕之・菊池誠・加藤種男・塩谷陽子『新訂 アーツ・マネジメント』（財）放送大学教育振興会、2006 年

田中二郎『新版行政法下Ⅰ〔全訂第二版〕』弘文堂、1969 年

俵静夫『地方自治法』有斐閣、1965 年

根木昭『文化政策学入門』水曜社、2010 年

根木昭「公立文化会館の『公の施設』概念及び住民の利用関係等に関する文化行政法上の性格に関する一考察」日本音楽芸術マネジメント学会『音楽芸術マネジメント第 1 号』、2009 年、pp.91-96

根木昭『文化行政法の展開—文化政策の一般法原理—』水曜社、2005 年

根木昭「我が国の文化政策の構造」（大阪大学博士論文）1999 年

根木昭・佐藤良子『公共ホールと劇場・音楽堂法－文化政策の法的基盤Ⅱ－』水曜社、2013 年

野田邦弘『創造都市・横浜の戦略—クリエイティブシティへの挑戦—』学芸出版社、2008 年

林迪廣・江頭邦道『歴史的環境権と社会法』法律文化社、1984 年

村上武則編『応用行政法〔第二版〕』有信堂高文社、2001 年

『新版新法律学辞典』有斐閣、1967 年

（公社）企業メセナ協議会「2014 年度メセナ活動実態調査報告書」、2015 年

（公財）新国立劇場運営財団「劇場紹介パンフレット」

（公社）全国公立文化施設協会編集・発行「平成 26 年度劇場、音楽堂等の活動状況に関する調査研究報告書」、2015 年

（公社）全国公立文化施設協会編集・発行「平成 25 年度劇場、音楽堂等の活動状況に関する調査研究報告書」、2014 年

（公社）全国公立文化施設協会「平成 21 年度地域の劇場・音楽堂等の活

動の基準に関する調査研究報告書」、2010 年

（社）全国公立文化施設協会「平成 22 年度公立文化施設における指定管
　　理者制度導入状況に関する調査報告書」、2011 年

（社）全国公立文化施設協会「公立文化施設における指定管理者制度導
　　入状況に関する調査 II 報告書（平成 18 年 10 月 1 日現在の導入状況）」
　　2006 年 11 月 20 日

（財）地域創造「地域の公立文化施設実態調査」報告書（平成 19 年度）、
　　2008 年

（公社）日本芸能実演家団体協議会「芸能による豊かな社会づくりのた
　　めに―提言と具体化への道筋―PART I」、2004 年

（株）野村総合研究所「平成 24 年度文化庁委託事業 諸外国の文化政策
　　に関する調査研究（平成 26 年度一部改訂）諸外国の文化予算に関
　　する調査報告書」、2015 年

文化庁監修『文化芸術立国の実現を目指して―文化庁 40 年史―』ぎょ
　　うせい、2009 年

文化庁『我が国の文化と文化行政』ぎょうせい、1988 年

文化庁編『文化行政のあゆみ―文化庁創設 10 周年にあたって―』、1978
　　年

文化庁『平成 27 年度　我が国の文化政策』、2015 年

文化庁『平成 26 年度　我が国の文化政策』、2014 年

文化庁「平成 27 年度文化庁予算の概要」

文化庁「地方における文化行政の状況について（平成 25 年度）」、2015
　　年 9 月

文化庁「文化プログラムの実施に向けた文化庁の基本構想～ 2020 年東
　　京オリンピック・パラリンピック競技大会を契機とした文化芸術立
　　国の実現のために～」2015 年 7 月

文化庁「文化芸術立国中期プラン～ 2020 年に日本が、『世界の文化芸術
　　の交流のハブ』となる～」2014 年 3 月

文化庁「文化審議会文化財分科会企画調査会報告書」2007 年 10 月 30
　　日

文化庁・文化政策推進会議報告「文化政策推進会議審議状況について」、
　　1992 年

文化庁「日本遺産」パンフレット

（独）日本芸術文化振興会「平成 24 年度文化庁委託事業 芸術文化活動
　　に対する助成制度に関する調査分析事業 報告書」2013 年 3 月

（独）日本芸術文化振興会「平成 27 年度 文化芸術振興費補助金 トップ
　　レベルの舞台芸術創造事業 助成金募集案内」

（独）日本芸術文化振興会「平成 27 年度 文化芸術振興費補助金 映画製
　　作への支援 助成金募集案内」

（独）日本芸術文化振興会「平成 27 年度 芸術文化振興基金 助成金募集
　　案内」（〈その 1〉から〈その 3〉）

（独）日本芸術文化振興会「日本芸術文化振興会要覧」（毎年度）

（独）日本芸術文化振興会「平成 27 事業年度事業報告書」
　　(http://www.ntj.jac.go.jp/assets/files/about/disclosure/pdf/annual_
　　report_2016.pdf)（2016 年 10 月 5 日最終閲覧）

文化芸術活動への助成に係る審査・評価に関する調査研究会「文化
　　芸術活動への助成に係る新たな審査・評価等の仕組みの在り方につ
　　いて」報告書、2011 年 6 月

索　引

あ行

アイヌ文化の振興並びにアイヌの伝統等に関する知識の普及及び
　啓発に関する法律　67

アウトリーチ　37、151

アジア太平洋無形文化遺産研究センター　56、132、173

明日香村における歴史的風土の保存及び
　生活環境の整備等に関する特別措置法　68

アーツプラン21　76、140、141、144、150

アートマネジメント　27、29、34、39 ～ 43、111、166、189、192、

営造物　190、195 ～ 202

公の施設　69、73、195 ～ 202、278、279、295

音楽文化の振興のための学習環境の整備等に関する法律　67

か行

管理委任　60、171、197、208

関連文化財群　41、122、127、128、130、133

企業メセナ協議会　39、74、83 ～ 85、88、89、270

技術者　127、177、183、190、206、245、284、297、298

規制行政　14、22、25 ～ 27、32、33、45、106、108、119、122、124、125、
　　129、130、225、231、232、236 ～ 238

寄附　74、83 ～ 86、139、140、257、267、270、294

九州国立博物館　56、173

給付行政　14、22、25 ～ 27、32、33、45、106、108、119、124、125、225、
　　231、232、236 ～ 238

旧文部省設置法　16、17、53

教育基本法　35 ～ 37、52、61、62、90、94、95、109、208

共生社会　203、283

京都国立近代美術館　54、174

京都国立博物館　55、173

- 303 -

経営者　183、190、206、284、297、298

芸術文化振興基金　39、53、56、66、76、138、140 ～ 144、146、147、149
　　～ 151、154、155、157、158、164、167、168、195、204、205

芸術文化助成財団協議会　86、89

芸団協　39、191、193、194、239

劇場、音楽堂等の活性化に関する法律　37、67、69、77、120、142、183、
　　185、188、195、196、201、209、216、241、280、286

劇場、音楽堂等の事業の活性化のための取組に関する指針　37、188、203、286

劇場、音楽堂等の定義　190、202

劇場法　188 ～ 190、193、198、201 ～ 206

憲法　17、46、51、63、88、91、94、241

公益財団法人国立劇場おきなわ運営財団　174、176

公益財団法人新国立劇場運営財団　57、175、179

公益社団法人全国公立文化施設協会　191

公益社団法人日本芸能実演家団体協議会　191

公共財　124、195、201、206、211、215 ～ 220、222 ～ 224、239

公文協　191 ～ 194

効率性・経済性　197、200、202

国語の改善　14、16、18、48

告示　37、183、188、203、241、286、287

国立演芸場　57、169、174 ～ 176、178

国立近代美術館　53、54、174、240

国立劇場　53、56、57、66、140、169、172、174 ～ 181、292、293

国立劇場おきなわ　57、169、174 ～ 176、179

国立国語研究所　53

国立国際美術館　53、55、174

国立新美術館　55、174

国立西洋美術館　53、55、174

国立能楽堂　57、169、175、176、178

国立博物館　53、55、56、169、172、173、233

国立文化財研究所　53

国立文楽劇場　57、169、175、176、178

古都における歴史的風土の保存に関する特別措置法　68

さ行

支援行政　14、22 ～ 27、41、43、56、57、60、76、106 ～ 112、118、119、
　　138、141、143、144、152、153、170、174、226、228、230、231、
　　233、237

指針　37、72、88、188 ～ 190、203、204、206 ～ 210、241、267、270、285
　　～ 287、298

自治体文化行政　18、35 ～ 38、58、59、60、71、81、185、186、227

実演家　56、66、70、159、169、174、179 ～ 181、183、190、191、206、
　　209、284、297、298

実演芸術団体等　283、284、286、288 ～ 290、292、293、295 ～ 298

実演芸術の振興　196、201 ～ 203、282、284 ～ 296、298

指定管理期間　198、296

指定管理者制度　43、46、60、73、171、187 ～ 190、191、195 ～ 197、201、
　　202、206、208、270、286、295

社会教育法　52、185、186、208

社会権　63、64

社会的財産　64、211、216、220 ～ 223、265

宗教法人審議会　50、51、65、249、250

宗教法人法　51、58、59、70、71、88

自由権　63

重点施策　268

重点戦略　167、268 ～ 271、273

宗務行政の運営　14、18、70

銃砲刀剣類所持等取締法　69

生涯学習の振興のための施策の推進体制等の整備に関する法律　37

新国立劇場　53、56、57、66、169、172、174、175、178 ～ 181、208、233、
　　292、293

政策形成過程　31 ～ 33

政策策定機関　33、51

制作者　183、190、206、284、297、298

－ 305 －

税制優遇　84 ～ 86

世界の文化遺産及び自然遺産の保護に関する条約　131

設置者行政　14、22、24 ～ 27、41、43、44、53、56、57、60、106 ～ 110、
　　118、119、122 ～ 125、169、170、172、174、183、185、186、225、
　　229、231 ～ 234、236、237

専門的人材の養成・確保　190、195、209、210、270、286、289 ～ 291、
　　295、296

創意と知見　282、286

創造型　190、192、194

た行

第一次「文化芸術の振興に関する基本的な方針」　32、90

第三次「文化芸術の振興に関する基本的な方針」　162、163、167

第四次「文化芸術の振興に関する基本的な方針」　136、165、167、206

地域伝統芸能等を活用した行事の実施による観光及び
　特定地域商工業の振興に関する法律　69

地域の核となる文化芸術拠点　269

地域文化の自律性の確立　21、23、92、93、98、99、114、117 ～ 121、128

地方教育行政の組織及び運営に関する法律　59、61、70

地方自治法　57 ～ 61、69 ～ 73、171、187、195 ～ 202、209、273

地方独立行政法人　60、195、206、245

地方の時代　35、45、58、81、118、185

直営　140、149、171、196、197、206、208

著作権等管理事業法　69

著作権の保護　14、18、21、48、68、100

著作権法　16、61、67 ～ 69、102、249、258

帝国芸術院　52

東京国立近代美術館　54, 174、240

東京国立博物館　55、173

東京五輪の文化プログラム　106、116、117、138、149、151、152

東京文化財研究所　56、133、173

特定非営利活動促進法　70

独立行政法人国立美術館　46、53 〜 55、65、104、132、169、173
独立行政法人国立美術館法　53、54、65、69
独立行政法人国立文化財機構　46、53 〜 55、65、69、104、132、169、173
独立行政法人国立文化財機構法　53、55、65、69
独立行政法人日本芸術文化振興会　46、53、54、56、61、65、66、69、88、
　　138、141、154、163、169、174、175、179、240、269
独立行政法人日本芸術文化振興会法　53、56、61、65、66、69、174、175
図書館法　69、71

な行

内容不関与の原則　29、32、33、91、108、109、167
奈良国立博物館　55、173
奈良文化財研究所　56、173
日本芸術院　46、50、51、65、70、250
日本芸術院令　51、70
日本国憲法　241

は行

博物館法　52、53、69、71、171、185、208
万国著作権条約の実施に伴う著作権法の特例に関する法律　69、249
美術品の美術館における公開の促進に関する法律　67
プログラムの著作物に係る登録の特例に関する法律　69
文化遺産　268、271、272、281、287
文化勲章令　69
文化経営学　39、40
文化経済学　39、40、45、120、240
文化芸術振興基本法　14、16、17、31、32、90、94、95、108、109、208、
　　211、217
文化芸術創造享受権　61 〜 64、91、93、108、109
文化芸術の外部性　215、218
文化芸術の公共財性　216、217，222
文化芸術の公共性　64、213、216、220、222

− 307 −

文化芸術の本質面と効用面　211、213、216、222

文化功労者年金法　70、249

文化財の保護　14、17 〜 19、21 〜 27、36、40、41、43 〜 45、57 〜 59、62、67、69 〜 71、77、79、95、96、100、103、109、117、122 〜 126、133、157、169、170、177、178、225、226、228、232 〜 234、236、237

文化財の保存と活用　14、20、21、27、93、95、96、109、122、123、125

文化財保護法　16、17、23、44、55、58、59、61、62、67、68、71 〜 73、88、90、94、95、101、109、124、126、128、134、135、216、217、232、239、247、249

文化審議会　249、250、253

文化政策学　40、45、94、209、239、240

文化政策推進会議　227

文化政策部会　51

文化庁　17、18、28、34、36 〜 40、44 〜 51、53、56、64 〜 66、70、74 〜 80、82、86、88、89、99、103、104、113、114、116、117、122、129、132 〜 152、154、165、167、168、171 〜 173、175、179、186、188、189、195、204 〜 206、208、217、227、232、240、248 〜 250

文化の基盤の整備　14、20、21、25、27、93、167、169

文化の均霑　20、23、92、93、99、114、117、118、120、140、149

文化の国際交流の推進　14、20、21、90、93、100、103

文化の時代　35、58、81、118、185

文化の振興と普及　17 〜 19、21 〜 27、30、31、44、57、65、66、76、77、95、96、100、106、107、109、112、114、117、125、138、140、145、157、170、174、225、226、228、231、233、234、236、237

文化の裾野の拡大　14、20、21、24、27、93、99、114、149、157

文化の多様性　99、137

文化の頂点の伸長　14、20、21、24、27、92、93、99、100、106 〜 109、114、118、144、149、157

法的基盤の整備　193、201

保護行政　14、22、27、41、43、118、119、122 〜 125、128、170、226、228、231、233、234、236、237

ま行

無形文化遺産　51、56、70、101、122、124、127、131 〜 133、136、137、173、177

無形文化遺産の保護に関する条約　70、132、137

メセナ活動　74、82 〜 88、103

文部科学省　16、17、47、48、50、51、61、64、65、74、88、103、203、241、242、245、248、249、258、286

文部科学省設置法　16、17、47、48、50、51、53、61、64、65、74、88、103、203、242、258

文部科学省組織規則　49、65

文部科学省組織令　48、52、65

ら行

理念・目的・目標　25、90、94、103、106、107、109、123、125、169、170、233

利用料金制度　197

類型化　191、193

謝　辞

　本書の執筆は2014年夏頃から開始され、2015年冬までにほぼ原稿完成の状態にありましたが、2016年春の根木昭の逝去により一時保留となりました。しかしながら、「文化政策学要説」出版企画委員会及び株式会社悠光堂の御尽力により、このたび上梓の運びとなりました。ここに、衷心より感謝の意を表します。

　また、本書は、「文化政策学要説」出版企画委員会代表　川村　恒明様をはじめとする同委員会の皆様、学校法人東成学園　昭和音楽大学理事長　下八川　共祐様、そしてここでは個別には控えさせていただきますが、今回の出版の趣旨に賛同しご協力を頂いた多くの方々の格別の御厚志を賜り、出版に至ったものです。

　ここに記し、厚く御礼申し上げます。

佐藤　良子

〈著者紹介〉

根木　昭
（ねぎ　あきら）

東京藝術大学・長岡技術科学大学名誉教授。法学博士。専攻は文化政策論。
大阪大学法学部卒業。旧文部省各局、文化庁、長岡技術科学大学・東京藝術
大学教授を経て、2010年昭和音楽大学教授就任。同大学院研究科長等を歴任。
著書に、『文化芸術振興の基本法と条例―文化政策の法的基盤Ⅰ―』（共著、
2013年）、『公共ホールと劇場・音楽堂法―文化政策の法的基盤Ⅱ―』（共著、
2013年）、『文化政策学入門』（2010年）、『文化政策の展開』（編著、2007年）、
『文化行政法の展開』（2005年）、『文化政策の法的基盤』（2003年）、『文化財
政策概論』（編著、2002年）、『日本の文化政策』（2001年）ほか。
2016年死去。
〔執筆担当〕第1章、第2章第1節・第2節、第3章、第4章第1節第3項、
第6章

佐藤　良子
（さとう　よしこ）

昭和音楽大学専任講師。学術博士。専攻は舞台芸術政策論。
京都市立芸術大学音楽学部（ピアノ専攻）、同大学院音楽研究科修士課程（ピ
アノ専攻）を経て、2010年東京藝術大学大学院音楽研究科博士後期課程（応
用音楽学）修了。昭和音楽大学研究員、同助教を経て、2015年から現職。
著書に、『文化芸術振興の基本法と条例―文化政策の法的基盤Ⅰ―』（共著、
2013年）、『公共ホールと劇場・音楽堂法―文化政策の法的基盤Ⅱ―』（共著、
2013年）。論文に、「文化芸術活動への公的支援の枠組み」、「文化施設におけ
る人材の育成方策に関する一考察」、「公立文化施設の類型と地域における芸
術家育成の可能性」ほか。
〔執筆担当〕第2章第3節、第4章（第1節第3項以外）、第5章、参考資料

文化政策学要説

2016 年 11 月 15 日　　初版第一刷発行

著　者　　根木　昭・佐藤　良子
発行人　　佐藤　裕介
編集人　　遠藤　由子
発行所　　株式会社　悠光堂
　　　　　〒 104-0045 東京都中央区築地 6-4-5
　　　　　シティスクエア築地 1103
　　　　　電話：03-6264-0523　FAX：03-6264-0524
　　　　　http://youkoodoo.co.jp/
制　作　　原田　昇二
デザイン　株式会社　キャット
印刷・製本　中和印刷株式会社

無断複写を禁じます。定価はカバーにて表示してあります。
乱丁本・落丁本は発行元にてお取替えいたします。

ISBN978-4-906873-72-2　C0036
© 2016 Akira Neki and Yoshiko Sato, Printed in Japan